移动商务应用实例

傅四保　杨兴丽　许琼来　编著
宁连举　主审

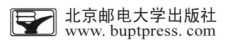

内 容 简 介

本书以移动商务的应用案例为主,辅助少量理论基础。首先,基于移动商务概念及世界各国发展移动商务的情况,引入韩国运营商移动商务案例。而后分别从技术理论、价值链理论、商业模式理论依次引入相应的移动商务应用案例。其次,重点介绍移动商务应用及移动商务行业应用的案例,并加强移动商务的重要应用——移动支付的案例。最后,介绍基于移动商务应用的移动营销,以及移动商务面临安全问题的应用案例。本书加入了进一步阅读提示,以期帮助读者建立对相关知识认识的拓展途径,从而加深对移动商务应用创新性的理解。并力图通过大量的移动商务应用实例,帮助读者建立对移动商务提供支撑的技术及理论的概念认识,以便通过不断地学习加强对移动商务应用的理解,建立对移动商务发展趋势的认识。

本书既可以作为经济管理类大学本科及高等职业教育的相关专业,如市场营销、电子商务、信息管理等的案例教材,也可以作为移动商务相关领域管理人员的参考资料。

图书在版编目(CIP)数据

移动商务应用实例/傅四保,杨兴丽,许琼来编著.--北京:北京邮电大学出版社,2011.7(2021.4重印)
ISBN 978-7-5635-2647-5

Ⅰ.①移… Ⅱ.①傅…②杨…③许… Ⅲ.①电子商务—案例 Ⅳ.①F713.36

中国版本图书馆 CIP 数据核字(2011)第 120236 号

书　　名:	移动商务应用实例
作　　者:	傅四保　杨兴丽　许琼来
责任编辑:	赵玉山　马　琳
出版发行:	北京邮电大学出版社
社　　址:	北京市海淀区西土城路 10 号(邮编:100876)
发 行 部:	电话:010-62282185　传真:010-62283578
E-mail:	publish@bupt.edu.cn
经　　销:	各地新华书店
印　　刷:	保定市中画美凯印刷有限公司
开　　本:	787 mm×1 092 mm　1/16
印　　张:	15.75
字　　数:	394 千字
版　　次:	2011 年 7 月第 1 版　2021 年 4 月第 9 次印刷

ISBN 978-7-5635-2647-5　　　　　　　　　　　　　　　　　　　　定 价:39.00 元
・如有印装质量问题,请与北京邮电大学出版社发行部联系・

前　言

作为一门新兴学科,移动商务的理论、技术和应用在不断地发展变化,到底什么是移动商务?不少专家和学者自"移动商务"这个字眼出现之时就开始了跟踪调查和研究,但是现在,人们依然不能确定,移动商务到底能给我们的社会带来什么样的变革?20 世纪有人预言了互联网带给人类的变革,看到今天互联网的发展,就知道它已经远远超出了人类的想象力。依此类推,在不久的将来,人类对移动商务的预言不但会变为现实,还会超出人们的想象。以技术为基础所创造的商务应用,以信息沟通开始,以信息沟通结束,完全商务自由的一种完美状态,离我们还有多远?

正是这样一种状态使人类对移动商务的未来充满了憧憬,可以说,不管是技术支撑层面的研发、基础设施的建设,还是应用层面的商业模式探索及市场推广,人类已经开始了大规模的淘金活动。尽管机遇和风险共存,但还是抵挡不住人类对未知状态的探索。不管是三网融合的实施愿望,还是物联网的概念,都极大地调动了人们的神经,也反映出移动商务大发展是不可逆转的潮流。有人说,人类已经步入移动商务时代。

但是,世界各地移动商务发展的步调并不一致,欧洲的一些国家,例如瑞典和芬兰,亚洲的日本和韩国,都走在了世界移动商务发展的前列,打电话、发短信、移动支付、移动银行、移动互联网和移动定位等众多的移动商务的应用已经步入本国人民的生活,对人们的工作方式、生活方式及商业交往关系等都产生了不同于传统商务的影响。

为满足我们国家移动商务快速发展对移动商务知识、理论及移动商务人才等方面的需求,我们编写了本书,通过本书向更多有志于在移动商务领域大显身手的相关人员提供一个基于知识架构的应用集锦。对于不熟悉移动商务技术的商务人士来说,通过每章的技术及理论基础的说明,可以快速地建立一个移动技术和移动商务应用联系的概念,随着学习的深入,能够加深对移动商务的发展趋势及应用方向的认识。而对于了解移动技术的人员来说,可以通过本书的学习,更好地将技术和现实的移动商务应用结合起来理解。所以本书的受众面相对较广,既可以作为经济管理类大学本科及高等职业教育的相关专业,如市场营销、电子商务、计算机应用、信息管理等的教材。也可以作为移动商务相关领域科研、管理人员的基本参考资料。

傅四保负责全书的组织及统编定稿工作,宁连举负责书稿的审核,各章节的编写由多位老师共同努力完成,具体分工如下:傅四保负责第1、4、5、7章,杨兴丽负责第2、3、6章,许琼来负责第8章,在本书的编写过程中,琚潇、王伟和王慧同学的资料收集及具体的图表编辑工作,在此对他们的无私付出表示特别的感谢,同时,还要感谢本教材中参考引用的大量国内外文献的作者们。

随着移动通信技术的飞速发展,人们对网络经济的研究与认识不断深入,促使移动商务处于不断地发展变化和完善中。既使在完成《移动商务理论应用》之后,在此基础上编写《移动商务应用实例》,依然感觉到内心的诚惶诚恐。由于学识和时间有限,难以把控其内在的客观规律,难免会出现内容和观点上的错误,在此,恳请广大读者给予批评指正。

编 者

2011 年 4 月

目 录

第1章 移动商务概述 ·· 1
  1.1 基本原理 ·· 1
    1.1.1 移动商务概念 ··· 1
    1.1.2 移动商务与传统电子商务的区别 ··· 3
  1.2 案例 ·· 5
    1.2.1 案例1 移动商务在韩国的发展 ·· 5
    1.2.2 案例2 韩国SK电讯 ··· 6
  进一步阅读——济州岛车载信息服务 ··· 14
  复习思考题 ··· 15
  本章参考文献 ··· 15

第2章 移动商务技术 ·· 16
  2.1 基本原理 ·· 16
    2.1.1 移动通信技术 ··· 16
    2.1.2 移动终端 ··· 17
    2.1.3 操作系统 ··· 18
  2.2 案例 ·· 18
    2.2.1 案例1 LTE技术 ··· 18
    2.2.2 案例2 移动终端 ··· 23
    2.2.3 案例3 智能手机操作系统 ··· 32
  进一步阅读——纽约时报：下一代智能手机应具备的六大新功能 ················· 37
  复习思考题 ··· 38
  本章参考文献 ··· 38

第3章 移动商务模式及价值链 ·· 39
  3.1 基本原理 ·· 39
    3.1.1 移动商务价值链概念 ·· 39
    3.1.2 移动商务模式 ··· 40

3.2 案例 ... 41
3.2.1 案例1 i-Mode ... 41
3.2.2 案例2 移动梦网 ... 47
延伸阅读——中国电信互联星空 ... 53
3.2.3 案例3 亿美软通"卖三次"模式 ... 54
3.2.4 案例4 腾讯 ... 59
3.2.5 案例5 超女短信实证分析 ... 63
延伸阅读——其他移动商务的业务模式 ... 64
复习思考题 ... 66
进一步阅读提示 ... 66
本章参考文献 ... 66

第4章 移动商务应用 ... 68
4.1 基本原理 ... 68
4.1.1 移动应用概念 ... 68
4.1.2 移动商务应用展望 ... 69
4.2 案例 ... 70
4.2.1 案例1 手机阅读 ... 70
4.2.2 案例2 Flipboard——新的阅读模式 ... 75
4.2.3 案例3 手机网络游戏 ... 80
4.2.4 案例4 井下人员定位系统 ... 83
4.2.5 案例5 福建移动爱贝通平安卡系统 ... 86
4.2.6 案例6 移动搜索 ... 88
4.2.7 案例7 移动门户 ... 96
4.2.8 案例8 可口可乐数据空港 ... 100
4.2.9 案例9 惠普SDK ... 102
进一步阅读提示——移动互联网 ... 104
进一步阅读提示——其他应用 ... 111
复习思考题 ... 114
本章参考文献 ... 114

第5章 移动商务行业应用 ... 115
5.1 基本原理 ... 115
5.1.1 手机银行 ... 115
5.1.2 移动证券 ... 116
5.1.3 移动保险 ... 117
5.1.4 移动SCM ... 118
5.1.5 移动OA ... 119
5.1.6 移动商务在旅游业中的应用 ... 120

  5.1.7　移动电子票务 …… 121
 5.2　案例 …… 122
  5.2.1　移动商务平台的三种常见企业应用案例 …… 122
  5.2.2　交通银行WAP手机银行应用 …… 123
  5.2.3　中国建设银行短信平台应用 …… 125
  5.2.4　智能终端期货行业应用 …… 127
  5.2.5　中国人寿移动商务应用 …… 129
  5.2.6　阿姆赫斯特大学的无线教育 …… 132
  5.2.7　移动物流行业应用 …… 135
  5.2.8　巴枪物流管理应用 …… 140
  5.2.9　宝洁与移动商务 …… 141
  5.2.10　长春市无线政府移动政务平台应用 …… 143
  5.2.11　政府应急指挥调度：无线政务网 …… 145
  5.2.12　农信通 …… 147
  5.2.13　江苏盐城农业信息化应用 …… 150
  非洲农村：一个移动电话发展潜力巨大的市场 …… 152
  5.2.14　旅游通开启数字旅游新天地 …… 153
  5.2.15　长沙移动公司VIP客户关怀 …… 155
  5.2.16　手机话费购买电影票 …… 157
 本章参考文献 …… 158

第6章　移动支付 …… 160

 6.1　基本原理 …… 160
  6.1.1　移动支付系统 …… 160
  6.1.2　移动支付运营 …… 161
 6.2　案例 …… 161
  6.2.1　案例1　基于NFC的移动支付系统 …… 161
  进一步阅读提示——NFC论坛 …… 165
  国外移动支付发展情况 …… 165
  6.2.2　案例2　亚洲 …… 165
  6.2.3　案例3　欧美 …… 171
  6.2.4　案例4　中国移动支付发展 …… 174
  6.2.5　案例5　中国移动世博手机票 …… 178
  6.2.6　案例6　电子钱包 …… 180
  6.2.7　案例7　翼卡通打造零现钞校园手机支付新生活 …… 186
  6.2.8　案例8　江苏移动支付平台 …… 191
  进一步阅读提示——捷银支付 …… 193
  进一步阅读提示——移动运营商加大移动支付投入的原因分析 …… 195
 复习思考题 …… 195

本章参考文献 ··· 195

第7章　移动营销 ··· 197

7.1　基本原理 ··· 197
7.1.1　移动营销的运作模式 ··· 198
7.1.2　移动营销的4I模型 ··· 201

7.2　案例 ··· 202
7.2.1　案例1 Nokia神话般的移动营销 ··· 202
7.2.2　案例2 三星:双赢天下三星双卡商务手机双剑合璧 ··· 203
7.2.3　案例3 星巴克:借力手机即时传递艺术之声 ··· 205
7.2.4　案例4 蒙牛冠益乳:千里之外速递关爱 ··· 207
7.2.5　案例5 惠普:试鲜无线富媒体广告 ··· 209
7.2.6　案例6 LG甜蜜系列:无线社交,聊到爽 ··· 210
7.2.7　案例7 百事:群音无线音乐革命 ··· 211
7.2.8　案例8 移动互联网营销---LBS营销应用案例 ··· 211

中国的移动营销总结——多个环节亟待发展 ··· 221
复习思考题 ··· 221
本章参考文献 ··· 221

第8章　移动商务安全 ··· 223

8.1　基本原理 ··· 223
8.1.1　移动商务的安全需求 ··· 223
8.1.2　我国的电子商务立法情况 ··· 224
8.1.3　移动设备的安全问题 ··· 224
8.1.4　无线网络的安全问题 ··· 225
8.1.5　移动商务的主要安全技术 ··· 226

8.2　案例 ··· 227
8.2.1　案例1 手机钱包带来的便利与担忧 ··· 227
8.2.2　案例2 定位资料易曝光GPS需注意安全隐私 ··· 229
8.2.3　案例3 手机银行存款被盗起诉银行败诉 ··· 230
8.2.4　案例4 电子签名法颁布后第一案 ··· 231
8.2.5　案例5 手机木马产业链惊人黑洞:年入10亿 ··· 232
8.2.6　案例6 智能手机病毒 ··· 233
8.2.7　案例7 网络安全:无线攻击何时休? ··· 234
8.2.8　案例8 德保罗大学安全远程访问 ··· 240

复习思考题 ··· 243
本章参考文献 ··· 243

第1章　移动商务概述

本章关键词

移动商务	Mobile Commerce
电子商务	E-Commerce
SK 电讯	SK Telecom
NATE 业务	NATE Business
June 业务	June Business
车载定位服务	Vehicle Location Service
SK 电讯营销策略	Marketing Strategies of SK Telecom

1.1　基本原理

1.1.1　移动商务概念

1. 移动商务的定义

移动商务（Mobile Commerce），顾名思义，就是移动的商务。移动是手段，商务是目的。

究竟什么是移动商务，业界和学术界并没有给出统一的答案。有学者指出移动便意味着轻便、好携带，指那些可以通过语音、文本、数据和视频进行通信、处理和传输信息的设备。有人认为这些通信设备包括智能手机、个人数字助理（PDA）、笔记本式计算机、GPS 和移动支付系统。用户可以使用这些设备完成购物、交易、支付及其他的一些应用业务，无论身处何地，也不需要固定在某个位置用有线来连接了。

王汝林等在其《移动商务理论与实务》中给出移动商务的定义：在网络信息技术和移动通信技术的支撑下，在手机等移动通信终端之间，或者移动终端与 PC 等网络信息终端之间，通过移动商务解决方案，在移动状态下进行的、便捷的、大众化的、具有快速管理能力和整合增值能力的商务实现活动。

移动商务的定义可以理解为：移动商务是指通过移动通信网络,使用移动通信终端所进行的各种商业经营活动的一种新型电子商务模式。与传统的电子商务相比,移动商务可以不受时间、地点的限制而获得信息和服务。随时随地的信息交流意味着需求的增加和多样化,同时也为企业带来了更多的商业机会。

2. 移动商务的概念误区

王汝林等在其《移动商务理论与实务》中指出移动商务的五大概念误区,在此一一认识这五种典型的观点。

(1) 技术替代说:移动技术的特征就是移动商务的特征

由于移动商务的发展是以移动技术的发展为基础和前提的。因此,一些人只看到移动技术的作用,认为移动技术的特征必然等同移动商务的特征。这种单纯从技术角度看问题的思路和观点是不全面的。

这种不全面的移动商务观,会在移动商务发展的进程中形成唯技术论,影响移动商务的发展和移动商务效果的发挥。比如,在价值链构建问题上,唯技术论的人只认为技术研发机构应该成为移动价值链的基础,按照他们的构想,其价值链的构成就会是不完全的。

再看移动商务的特点。单纯从电信技术和电信服务着眼的观点认为:移动商务的重要特征是服务对象的移动性。事实上,移动商务的本质特征不是服务对象的移动性而应该是商务主体的移动性。忽视了主体的重要性,就从本质上忽视了对服务对象的尊重。

(2) 加号说:移动商务是移动技术＋商务活动

移动商务是移动技术＋商务活动,这种说法听起来几乎没什么问题。但是,仔细一想,就会发现这种说法也是片面的、不完全的。不完全在什么地方呢？在于没有全面准确地反映移动商务的内涵和特点。

其一,移动商务在进行中不仅会运用移动技术,而且会通过移动整合能力的释放,整合电子商务中的网络信息技术,共同实现同一个商务活动目的或目标。正是这种整合能力的灵活和便捷,不仅能够把分散资源变成综合资源,而且能够把不完全信息变成完全信息。这样一来,就能很快、很好地释放出移动商务的价值和能量。

那种认为移动商务就是移动技术＋商务活动的说法,在技术实现的过程中,就会不注重移动商务整合能力的发挥和释放,这就降低了移动商务价值开发的能力。因此,上述说法是不全面、不准确的。

其二,移动商务本身是一种创新。但是,它不仅是技术上单一的创新,还包括商务运营模式和企业经营管理模式的创新。在这种创新中,技术的突破和创新起主要作用,它带动和促成了商务运营模式和经营管理模式的创新。

但是,在移动商务的整个价值链中,如果仅仅强调和注重技术上的单一创新,不注重营销和管理上的对应和跟进创新,仅仅强调技术一个方面的作用,就不能构建起完整的价值链,不能很好地开发移动商务的真正价值,不能在移动商务实现的过程中很好地去整合网络和其他相关资源,实现价值的最大化,因此,也就不能很好地发挥移动商务的优势。

(3) 等同说:移动商务的特征等同于电子商务的特征

当前还有一些人认为:移动商务既然是电子商务的一部分,那么,移动商务的特征等同于电子商务的特征。这种说法也是值得研究的。

移动商务本身并不是对有线网络方式的替代,因为商务活动对通信的需要并非是移动,而是及时、有效、安全地满足和实现商务需求。由于目前固网、有线的方式不能在全时空下满足这样的需要,所以移动商务首先是固网方式的一种拓展、延伸和补充。因此,移动商务具有很多电子商务的一般特征,但是它又不能等同于电子商务的全部特征,因为移动商务还具有很多电子商务不具备的特征。正是这种差异化优势,显示了移动商务独有的特点和魅力。

(4) 唯一说:移动商务仅是两个手机之间进行的商务活动

移动商务仅是两个手机之间进行的商务活动,这种说法同样是片面的。因为,移动商务是利用各种移动设备和移动通信技术,通过创新的业务模式,在移动的状态和环境中,完成和实现的商业活动。各种移动设备可以包括手机、传呼机、PDA和笔记本式计算机等多种移动通信设备。当然,手机是一种经常的、大量的、普遍使用的移动终端,但却不是唯一的,因此,把移动商务仅仅定位为在两个手机之间进行的商务活动就片面了。

从另一个方面讲,移动商务既可以是以两个手机为移动终端,进行的商务活动,但也可能是在手机和网络之间进行和完成的商务活动,还可能是在其他移动终端之间进行的商务活动,更可能是在电子商务和传统商务之间以移动终端为纽带或中间件而进行的商务活动。

(5) 现象说:移动商务仅是一种便捷的商务活动

移动商务的确是一种便捷的商务活动,但是,移动商务不完全是一般便捷的商务活动,而是一种具有增值能力的、便捷的商务活动。这里,只承认移动商务的便捷,丢掉了"具有增值能力"这句话,就丢掉了移动商务最本质的优势。

移动商务的移动性,促成了商务活动的便捷性。但是,这种移动性,只是移动商务的一种表象特征。其本质特征在于通过这种移动性达到目的、实现效果、产生的结果:使移动商务具有增值能力。正是由于具有这一本质特征,才具有客户吸引力,才能从根本上满足商务活动及时、有效的要求。因此,认为移动商务仅具有便捷性的特征,而忽视其具有增值性的特征是不应该的。

走出上述五大概念误区,我们发现移动商务是指通过移动通信网络,使用移动通信终端进行各种商业经营活动的一种新型电子商务模式。既然移动商务是一种新型的电子商务模式,那么其与传统的电子商务有什么区别呢?

1.1.2 移动商务与传统电子商务的区别

简单地说,与传统的电子商务相比,移动商务可以不受时间、地点的限制而获得信息和服务。具体来看,可以从技术、服务特性和商业模式三个方面对两者进行比较。

1. 技术比较

电子商务与移动商务在技术维度上的主要区别见表1-1。

表1-1 电子商务与移动商务在技术维度上的主要区别

		基于互联网的电子商务	移动商务
网络基础设施	起源	政府资助的Internet项目	私有的蜂窝电话通信服务
	所有权	大众共享	企业私有
	连接性	全球范围的通用连接	短距离、地区范围和全球范围的相互分割的系统
	网络容量	较宽,可以无限扩充	受到可用频谱的限制
	数据传输	主要用于数据通信	主要用于语言通信
	协议	一致和标准的互联网协议	多个互相竞争的移动通信协议
	地理定位系统	无	有多种地理定位技术

续表

		基于互联网的电子商务	移动商务
应用开发平台	服务发现	基于统一资源定位符（URL）域名和超链接进行资源定位	没有统一的资源定位符
	方便交互	基于 HTTP/Web 的查询-反馈系统	短消息和简化的 Web 访问功能，智能代理技术
	应用开发工具	多种通用的编程工具	编程语言特殊、种类有限
	应用互操作性	开放式的系统、运行于任何 PC	不同的设备各不相同
	应用集成	容易与已有系统集成	难以与其他信息系统集成
	支付系统	第三方支付机制	内置的持有者支付机制
终端设备	终端类型	以个人计算机为主	多种类型的终端设备
	人机交互界面	具有很大的显示屏幕和文本输入键盘，也可能有声音与视频通信功能	用于语音的蜂窝电话和用于数据通信的 PDA，屏幕和键盘都很小
	处理能力	功能强大的 CPU，很大的内存和磁盘空间，存储空间几乎是无限的	处理能力有限、存储空间有限、电源的可用时间有限
	移动性	固定位置、不能移动	可移动
	地理定位	难以定位	可以定位
	设备识别	不能识别	容易识别
	个人识别	无	可用生物信息技术进行个人识别

2. 服务特性

电子商务与移动商务在服务特性上的主要区别见表 1-2。

表 1-2　电子商务与移动商务在服务特性方面的主要区别

		基于互联网的电子商务	移动商务
用户群	用户特点	有互联网连接的个人计算机用户	蜂窝电话和 PDA 用户
	地理分布	大部分教育程度较高	移动商业用户和年轻的、受教育程度较低的用户
	领先的地区	北美	欧洲和亚洲
交易	复杂性	复杂和全面的交易	简单的、经常是只需回答是与否的问题
	产品信息	丰富、容易搜寻	简短和关键的信息
	所提供产品和服务的范围	选择多种多样	特殊的产品或服务
	支付	主要是信用卡	可以使用内置的支付方式
	与后端系统的连接	容易连接到 EDI/ERP/内联网系统	与后端系统的连接有限
移动性	服务提供	服务提供到家庭或办公室，避免旅行	服务提供给移动中的人，方便旅行者的需求
	移动目标的跟踪	无	实时跟踪移动的目标
位置特征	位置感知	位置无关，位置作为一个应被克服的约束条件	位置作为一个产生价值的新维度，基于位置的服务
	服务范围	全球市场	局部/需求发生的地方
时间	时间敏感	永远在线（24 小时×7 天），时间作为应被克服的约束条件	时间敏感，紧急事件的处理、临时的购买需求

3. 商业模式

电子商务与移动商务在商业模式方面的主要区别见表1-3。

表1-3　电子商务与移动商务在商业模式方面的主要区别

		基于互联网的电子商务	移动商务
价值取向	通信需求	低成本、全球通信	移动通信,可直接找到个人
	信息需求	丰富、免费、容易搜寻的信息	时间关键和位置敏感的信息
	方便性	全球市场、无地域限制;避免了旅行;无时间限制	导航、局部地区服务引导;容易支付
	成本	交易成本低	未必能降低成本,但可改进物流效率
	紧急性和安全性	无	方便紧急求助服务
	服务质量	个性化、客户自服务	位置敏感的服务
	工作者支持	支持办公室工作人员	支持移动工作者
成本结构	市场进入成本	低	高
	内容生成成本	高	低
	内容分发成本	低	高
	物流成本	有形商品的物流成本高,信息商品和服务的成本低	有形商品的物流成本低,信息商品和服务的成本高
	应用开发成本	低	高
	技术投资成本	低	高
利润来源	商业成本	减少了搜寻成本、促销成本、顾客服务成本、交易成本	改进了移动工作者和物流运作的效率和生产率
	广告	主要的收入来源	有限
	通信费用	访问互联网的成本低,通信是一种成本而非利润来源	按时间或流量收费,主要的利润来源
	基础设施建设	增长不明显	增长明显
	在线销售	全球市场的机会	少数商品、小批量
	服务费用	免费或者收费较少	按订阅方式进行收费

4. 总结

移动商务不是移动电子商务,也不是电子商务的简单扩展。在技术方面,移动通信底层基础设施的复杂性使得移动商务应用的开发比电子商务要困难得多,且移动通信技术尚未成熟。由于技术方面的限制,移动商务中所提供的服务通常比电子商务中所提供的服务要简单。然而,无线技术确实产生了一些电子商务无法覆盖的细分市场,如移动通信、基于位置的服务、医疗和军事方面的紧急事故处理和公共安全等。

1.2　案　　例

1.2.1　案例1　移动商务在韩国的发展

从全球信息产业发展来看,韩国一直走在世界的前列。在2007年,韩国移动数据业务市场规模达到 38 870 亿韩元,平均年复合增长率达到 20%。全国 4 800 万人口中,网民数达到 4 000 万人,移动通信用户数逾 5 000 万人,超过了国家人口数,成为世界上无线互联网使用率最高的国家。在 3G 业务方面,韩国是全球 3G 业务发展最快的市场之一,其发展也一直领先于欧美国家。2008 年 11 月,韩国 3G 用户数量约为 1 586 万人,占移动通信用户总数的 34.95%,比欧美国家 28% 的平均水平高出许多。其手机电视、手机音乐、手机游戏和手机定位等 3G 业务开展得有声有色。

纵观韩国信息产业的发展,得益于其政府对信息产业的大力支持,造就了良好的市场环境,使其产业链上下各方得以紧密合作,移动商务产业得以蓬勃发展。

在韩国,三大处于领导地位的运营商分别为 SK 电讯(SK Telecom)、KTF 和 LG,占据了主要的市场份额,它们的用户占有比例大体为 5:3:2。这三家运营商,网络覆盖率高,地位强势,主要采用 CDMA2000 制式的无线技术,并主要在 CDMA2000 1X 和 CDMA2000 EVDO 上开展业务。

SK 电讯是韩国最大的运营商,其在移动商务上的开拓和创新一直备受全球关注,凭借出色的运营和业务表现以及在 CDMA 技术上丰富的运营经验,不仅使得移动商务在国内蓬勃发展,而且还开启了海外市场的运营。

1.2.2 案例 2 韩国 SK 电讯

韩国 SK 电讯是韩国领先的移动通信运营商,其前身是成立于 1984 年的韩国移动通信(KMT)。1994 年,SK 集团开始参与 KMT 的经营,并成为最大的股东,1997 年,KMT 正式改名为 SK Telecom。SK 电讯在韩国占据的市场份额超过 50%,服务用户 2 000 多万。2007 年,营业额达到 120 亿美元。

SK 电讯在电信行业被认为是最具创新性的科技公司之一。公司通过发展技术和提供世界第一的服务让世界各地紧密地联系在一起,加强了人们的沟通。SK 电讯是全球最先把通信技术市场化和商业化的企业,具有 CDMA、2.5G CDMA2000 1X、3G CDMA EVDO、3.5G HSDPA、卫星数字多媒体广播(Digital Multimedia Broadcasting,DMB)以及众多的其他服务。

SK 电讯把焦点集中在让每一个消费者都可以享受的移动媒介,通过开发大范围的集中服务,使得人们无论何时何地,都可以不断地接近娱乐、财经事务、家庭网络以及其他服务。SK 电讯提供的这些服务在世界范围内都处于领先地位,并在全球市场中扮演着越来越重要的角色。近几年在中国数字音乐市场独领风骚的彩铃,其技术和运营模式便是始于 SK 电讯。

1. 公司战略

SK 电讯的成就得益于不懈地创新和及时调整战略。在过去的 20 多年间,SK 电讯进行了多次重大转型,每一次成功转型都不断地发展壮大了公司,并最终成就了 SK 电讯世界一流通信运营商的地位。

SK 电讯最近一次的转型开始于 2001 年。为了适应技术发展、用户的多样性需求和产业融合的发展趋势,SK 电讯从原有的以话音为主的服务转到文字、数据、信息等多样性服务,充分使用无线互联网,及时满足市场需求及细分用户市场,努力成为下一代移动通信时代的先锋。

SK 电讯转型时的核心决策是：寻找新的业务进行融合，同时使移动服务这个原有的核心业务进一步实现个性化。

2. 主要产品及服务

2000 年 10 月，SK 电讯开始提供 CDMA2000 1X 服务。此后，SK 电讯不断提高网络质量，推出各种各样新的增值业务，从而使 3G 无线数据业务得到越来越多用户的认可。

基于 CDMA 技术，SK 电讯先后推出 NATE、June、MelOn 等 3G 业务品牌，以及 MONETA、DMB、Telematics、GXG、BCP 等具体的服务品牌。其中，MelOn、GXG 以及 NATE 的 NATEON 和赛我成为 SK 电讯无线业务收入的主要来源。

（1）有线无线整合门户——NATE

2001 年 10 月 SK 电讯在国内首次推出综合有线、无线新概念的互联网服务 NATE。NATE 是集互联网、移动电话、PDA、车载系统等有线和无线功能于一体的基于 3G 网络的业务。NATE 打破了原有线下服务、有线互联网服务、无线互联网服务的界线，提供无论何时何地都能访问的多种内容服务的多互联网服务。

① 服务目标

NATE 在整合有线和无线的原则下构建和提供服务，以便快速应对各种有线无线融合的需求。这种整合的服务给用户带来了整合的业务体验，例如用户使用一个手机号或者虚拟的识别身份，就能在各种终端上形成有机的统一，用户在有线网络上的使用行为能帮助他在无线互联网上获得更高的信用值，在无线互联网上得到的返券和奖励也能拿到有线网络上使用。

② 服务模式

基于有线和无线的网络环境，NATE 提供 NATE.com（门户网站）、Wireless NATE（无线互联网服务）、NATE PDA（PDA 无线服务）、NATE Drive 等服务。其中，NATE.com 于 2002 年合并了著名的搜索引擎 Lycos Korea，并于 2003 年合并了移动虚拟世界赛我。

③ 服务内容

NATE.com 提供有线和无线的即时通信平台 NATEON 以及购物中心、检索、新闻、俱乐部、动漫、虚拟人服务等。具体服务内容如表 1-4 所示。

表 1-4 NATE 服务具体内容

类别	内 容
沟通服务	NATEON、电子邮件、文字短信、M 卡/音乐信件
网上社区服务	俱乐部、聊天、赛我、博客、主题讨论
娱乐服务	电影、舞曲、音乐广播、照片、漫画、游戏、运势
信息服务	检索、新闻、金融、女性、旅行、位置信息、票务、就业等
手机美容	图画朋友、彩铃、我的铃声、NATE Air
购物	NATE 商城、团购、合作商城

通过 Wireless NATE，用户可以在 NATE 手机上使用多种信息和内容的无线互联网服务。通过 NATE PDA，用户可在 PDA 上使用包括游戏、铃声、e-Book 在内的无线服务。NATE Drive 提供导航、手机免提等多种方便驾驶的无线互联网服务，实时通报交通信息及播报生活信息，还可在发生紧急状况时提供急救服务。

④ 服务发展情况

a. 2004 年 3 月推出赛我，6 个月之后，手机下载数量达到了 50 万次，2005 年 8 月用户突破了 100 万大关,目前已成为韩国最大的社区门户网站。

b. 2005 年 3 月,NATEON 跃居韩国即时消息平台榜。

c. 2007 年 3 月,NATEON 的用户数为 1 073 万,首次超过 MSN 用户数。

d. 2008 年年底,NATE 用户数已超过 1 000 万,收入高达 1.31 万亿韩元。NATEON 和赛我已经成为 SK 电讯众多增值业务中的闪亮点。

(2) 3G 多媒体服务——June

2002 年 11 月,SK 电讯基于 CDMA2000 1X EV-DO 网络推出了 June 业务。June 是将之前在低速网络上基于文本的简单无线互联网服务发展为大规模的高速多媒体服务。初始,June 就将过去无线互联网无法实现的大容量数据内容、实时电视点播(VOD)、实时音乐点播(MOD)、可视电话、多媒体信息、TV 广播等高级多媒体服务展示给用户,引起了用户的极大兴趣。尤其是 2003 年 6 月在世界上首次实现同步方式的可视电话,给用户带来了前所未有的 3G 体验。

① 战略定位

SK 电讯为 June 制定了以内容主导市场、集中反映媒体特点的市场战略。

② 服务内容

SK 电讯在 June 品牌下提供 9 个频道的服务,包括首映会、音乐、电视、电影/Cizle/动画、体育/游戏、成人、手机装饰、交友等。通过 June,用户可以采用下载或通过流媒体的方式欣赏 VOD/MOD 内容,可以获得国内新闻、游戏、有线电视、实时广播等服务,还可以收发包括视频、音频、文本等在内的彩信。具体服务内容如表 1-5 所示。

表 1-5 June 服务内容

频道	内容
首映会	显示 June 各频道的最新内容,让用户更方便、更迅速地浏览
音乐	欣赏所有的最新流行歌曲、原创音乐、唱片、音乐电视、音乐会等
电视	提供多种电视节目和 VOD 服务
电影	通过 June 的多媒体服务观赏最新的电影、移动电影、演出和录像带等,可以获得所有与电影相关的内容
动画	展现各种类型的动画片
体育	精选经典体育赛事和体育消息,提供精彩纷呈的体育世界资讯
游戏	提供网络游戏、个人游戏、游戏广播等游戏内容服务
成人	提供高品位的成人内容,包括有特色的成人电影、杂志和医疗资讯等
手机装饰、交友	提供各种手机装饰产品并提供交友服务,包括铃声、墙纸、彩铃、恋爱表白技巧等

③ 营销策略

在推出 June 的同时,SK 电讯开展了多种促销活动,包括免费提供数据通话时间、开发满足顾客多种需求的话费结算方式、通过预约下载减免电话费等,从而使全国 81 个城市 90%的用户加入 3G 无线互联网,使用户能够更方便地连接 June。

④ 服务发展情况

June 已经成为 SK 电讯业务发展的巨大引擎。在 June 服务商用 8 个月之后,其用户突破了

100万,到2004年8月用户达到了300万,2005年年底则达到了670万,占总用户数的34%。

(3) 音乐门户——MelOn

为了灵活应对快速变化的数字音乐市场环境,加强在数字业务领域的增长动力,SK电讯于2004年11月推出了无论何时何地皆可使用的音乐服务——MelOn。

① 服务特点

MelOn的优势在于它不单纯地局限在移动网络,而是连接无线CDMA EV-DO网络和有线高速网络。基于无所不在的音乐门户,无论何时、何地、使用何种机型,都让用户真正实现无所不在的音乐娱乐享受。

② 服务内容

用户可使用PC、MP3手机、MOD手机、MP3播放器等终端,通过流媒体进行实时音乐欣赏、音乐下载、手机装饰等。应用SK电讯在全球率先发明彩铃服务的运营经验,用户还可以通过SK电讯提供的创新服务把自己喜欢的音乐制作成手机铃声,这一服务获得了用户的极大欢迎,喜欢拥有只属于自己铃声的新一代用户在急剧增加。

③ 盈利模式

MelOn推出了每月租赁费率制,用户加入后可无限制使用MelOn网站提供的所有歌曲,解决了此前单曲下载费用过高的问题,同时点播的歌曲受到音乐版权保障,避免了盗版问题。这一运营商主导的服务模式使得用户可以方便享受正版音乐服务和系统、透明地结算每月的使用费,形成了音乐制作人、服务提供商、用户三方共赢的模式。

④ 技术优势

SK电讯在MelOn服务中使用整合了有线和无线、防止网络平台和数字化内容非法流通及使用的DRM技术,保护了音乐制作企业的合法权益,不受盗版和免费下载等无偿音乐服务的损害。

⑤ 服务发展情况

SK电讯针对韩国主要娱乐内容制作企业展开一系列收购行动,不仅获得了大量歌曲的知识产权,为MelOn以及DMB服务提供更加稳定的音乐来源,还先行掌握音乐市场的流通渠道,为用户制作出更好的数字音乐。

在推出MelOn的当年,SK电讯就提供了57万多首歌曲。在推出MelOn后1个多月就发展了包括12万包月用户在内的45万名会员,并取得了12亿韩元的销售成果。2005年9月创下了320万用户的记录,并拥有85万多首歌曲资源,12月底用户达到了420万户,每月包月的用户突破60万,如今,MelOn用户数已突破千万。

(4) 3D游戏门户——GXG

在手机终端上实现3D画面是全球手机游戏市场的发展趋势,为激活韩国国内市场,并进而抢滩全球市场,SK电讯于2005年4月推出了游戏门户——GXG。

3D游戏是指内置加速引擎和图像专用芯片,用游戏专用手机玩的三维游戏。游戏的速度更快,画面的感觉更加生动细腻,使手机游戏的水平进一步升级换代。

2005年9月,GXG推出5个月后,SK电讯就已售出20万台以上的3D游戏专用终端,并相继推出了以著名网络游戏为原型的大型移动3D游戏《洛奇》M-Live、《仙境传说战略版》、《奇迹》等的手机版,受到用户的欢迎。在2005年年底,SK电讯已同62个顶级移动游戏公司展开合作,以保证每月都推出新的游戏。

(5) 移动金融服务——MONETA

2001年,SK电讯推出了名为MONETA的移动支付业务品牌。起初,MONETA只是一种有理财帮手之称、安装了IC芯片的多功能卡,通过与VISA等信用卡机构合作,使用户可轻松使用信用卡、电子货币、公共汽车卡及地铁卡等电子化支付功能。

随着NATE平台的建立,SK电讯将MONETA移植到手机上,成为结合了通信业务和金融业务的一种新型信用卡,具备信用卡、电子货币、交通卡、SK电讯会员等多种用途,是移动电话金融增值服务的一种,属于新一代的通信支付结算方式。

① MONETA在线结算服务

SK电讯在推出MONETA卡后,于2003年8月还开通了MONETA在线结算服务,即在手机上装载IC芯片,实现移动支付结算功能。MONETA在线结算服务可以通过无线因特网,实现信用卡信息传送及结算功能的服务。该项服务的出台可以防止因特网上直接输入信用卡号码导致信用卡信息被盗用,使用户能够安心、方便地使用。

② MONETA卡的盈利模式

SK电讯对MONETA卡的盈利模式做如下设计。

其一,收取手续费、代理费等获得直接收益。这类方式的MONETA业务收入主要来自三类支付方式:PG、CA与DLS。PG是通过对有线/无线互联网上的电子商务发生的支付结算进行密码化处理的服务,主要是收取手续费。CA是移动电子商务安全认证的解决方案,企业通过发放认证书及进行管理收取手续费。DLS则是用手机对电子货币进行充值的服务,征收的是对电子货币公司充值服务的手续费。

其二,通过节省补贴、防止用户流失等间接获利。SK电讯利用消费者心理做出了科学的优惠方案:只要使用MONETA卡自动支付移动电话资费,每月就可以享受一定额度的优惠。该卡以使用额2%的高积分率再加上通信资费的让利,对用户有极大的吸引力,使得韩国处在停滞状态的信用卡市场重新复活。

③ 使用及支付方式

应用最广的是手机小额结算。使用装上了MONETA芯片的手机结算时,用户只需要轻轻按下手机上的热键,就能切换到信用卡功能,待用户输入密码后,手机屏幕将显示请把手机对准接收器,接收器将接收手机传来的信号,并与数据中心交换,此时,手机将显示结算结束,这样在CAT终端机上输入金额就可以实现结算,用户还可以得到发票。

④ 技术安全

传统的信用卡在划卡时,卡号、到期日、用户号等要先传输到VAN公司,之后再传输到信用卡公司,在这个过程中存在着很多安全隐患,信用卡信息容易被人盗取。而MONETA在结算过程中把结算信息密码化,输入密码后,将密码化的信息反馈到SK电讯,进行身份确认之后,再传输到VAN公司和信用卡公司得到交易确认。整个过程中,所有信息都是安全的,密码化的信用卡信息、用户信息、结算信息等内容在当前的技术状态下还无法破译,即使用户手机丢失,也不会被别人盗用。

⑤ 发展情况

2003年年底SK电讯向市场投放了36万部MONETA信用卡读卡机,到2004年读卡机数量飞速上升到56万部,MONETA用户数也激增到300万。

做到MONETA的普及,需要三个条件,一是终端接收机的普及(加盟店),二是安装芯片手机的普及,三是与信用卡公司的合作。

(6) 车载定位服务——Telematics

在汽车工业发达的韩国,越来越多的驾驶者希望能够在车中享受和在公司或家中一样的信息服务。SK 电讯推出的车载定位服务——Telematics 正迎合了市场的这种需求,也体现了数字时代产业融合的大趋势。为汽车制造商和电信运营商等相关企业带来了新的业务契机。

① 服务内容

Telematics 是 SK 电讯基于 NATE Drive 开发出的车载定位服务。Telematics 服务中心建立了丰富的内容和信息数据库,为驾驶者提供无线通信、上网、道路指南、个人信息服务、电子邮件、旅游、娱乐游戏等各种 24 小时遥控接入的车辆门户服务。通过 Telematics 的无线互联网和多种娱乐信息,用户可以在汽车里办公和处理家务。当安装有 Telematics 的汽车发生意外时,Telematics 终端可向 Telematics 中心发送求救信号。

② 服务发展情况

济州岛是风光秀丽的旅游名胜地,每年游客达 510 万人,73% 的济州岛游客使用汽车租赁服务,Telematics 业务潜力非常巨大。2004 年 8 月 SK 电讯在济州岛建立了世界上第一个 Telematics 示范城市。截止到 2005 年 12 月,SK 电讯发展了 28.5 万 Telematics 用户。Telematics 业务的实施把以旅游观光为核心产业的济州岛打造成为高科技的 IT 城市作出了重要贡献。

(7) 移动电视服务——S-DMB

2004 年 3 月 SK 电讯联合日本东芝成功发射了全球第一颗能够向手机和移动中的汽车终端传输数字电视信号的数字多媒体广播卫星,并于 5 月 1 日正式在韩国市场推出卫星 DMB 服务,利用 DMB 技术为移动终端提供电视业务。DMB 的传播方式打破了传统的地面广播,融合了卫星广播、有线电视及互联网等多种传输手段。

2005 年 5 月 1 日 SK 电讯和卫星移动电视业务提供商 TU Media 正式推出 S-DMB 移动电视业务。

① 服务内容

S-DMB 提供视频频道、音频频道和综合娱乐信息频道,其中视频频道包括音乐、电视剧、体育、游戏、新闻、教育、电影等 10 多个子频道,音频频道包括 24 小时滚动播出的流行音乐和 DJ 音乐等 22 个子频道。使用 S-DMB 业务,用户通过手机或车载终端等手持终端可以接入到视频、音频和数据业务,欣赏到信号不中断的 DVD 水准的画质和 CD 水准的音质,在看电视的过程中可随时拨打接听电话和收发短信。

② 服务发展情况

在业务推出之初,S-DMB 以日均 1 500 名新用户的速度发展了 42 000 多名用户。2006 年,SK 电讯抓住德国足球世界杯的契机,推出了一系列相关应用,并不断完善信号覆盖。2006 年 2 月 S-DMB 用户数达 44 万,同年 5 月,S-DMB 信号覆盖到韩国高速列车的所有线路以及釜山和首尔的地铁。

3. 营销模式

SK 电讯独特的市场营销策略不仅为其各类业务的推广增添砝码,还对 SK 电讯的壮大起到至关重要的作用。

(1) 低价策略

SK电讯一直采取低价策略来吸引用户,这是其成功的一个重要因素。2002年年初,SK电讯通过降低移动电话和移动上网的资费来增加移动用户和移动增值业务用户数。在发展3G业务上,SK电信也采取了低价策略。2002年11月底,在推出3G多媒体服务June时,SK电讯不仅提供优惠的通话资费,开发多样化资费选择模式,还按照不同的套餐级别赠送给消费者相应的免费通话时间。这种低廉的价格和人性化的资费套餐为SK电讯吸引了大量的June用户。

(2) 体育营销

SK电讯充分利用2002年釜山亚运会和2002年世界杯的机会,向全世界展示其世界最高水准的通信技术。在世界杯期间首次成功提供商用化的同步方式IMT-2000服务(CDMA)、最尖端的无线移动通信服务以及国际漫游服务,引起世界瞩目。利用体育营销将其要传递的梦想与活力,通过生龙活虎的竞技场传递给广大用户。

(3) 品牌营销

SK电讯的品牌策略是SK电讯的经营策略中最成功、最受到关注的策略。SK电讯根据不同的标准推出了许多被大家接受与关注的品牌。

如在前面提到的NATE、June、MelOn、Telematics和GXG这些移动数据业务均以品牌的形式加以推广,并且取得了非常好的市场效果。

此外,SK电讯还十分注重市场细分。在韩国,由于各年龄段的入网比例从10%到70%不等,而且这种年龄段之间的差别很大,各个年龄用户需求也各有不同。因此,SK电讯采用差异化策略对用户进行细分,为各种细分市场确定品牌。部分品牌营销策略如表1-6所示。

表1-6 SK电讯部分品牌营销策略

品牌	目标人群	特点	服务内容	经营策略
i-Kids	儿童	年龄小,对安全性需求较高	GPS定位、放心区域位置自动通报、活动路径追踪、位置自动显示等	通过提供高质量的服务、高覆盖率、特别的产品和服务来强化其品牌形象和公司信誉;
TTL Ting	13~18岁的青少年	热爱生活,爱交朋友	实惠的资费套餐、聊天室、英语角和高考讲座等与学习有关的信息	研究用户需求,不断推出差异化的服务和富有创新的产品满足用户需求;
TTL	20多岁的青年人	追求新潮,乐于接受新事物	经济的资费套餐、大量的娱乐活动、品牌旗舰俱乐部、新一代文化区和国外交流计划等	通过提供新颖而个性化的服务来巩固其市场领导地位,个性化的服务充分考虑了顾客的年龄特征和生活方式;
UTO	25~35岁的、有一定消费能力的职业人士	有一定的经济实例,可以接受新鲜事物	量身定做的资费套餐、VIP待遇、休闲信息、赠送优惠券、职业培训以及享受打折优惠的会员卡等	通过广告和市场营销活动增强品牌意识和产品形象
CARA	已婚女性	热爱生活,体贴家人	指定号码资费优惠、美容、餐饮、购物、文化、旅游等多种生活信息和服务	

SK 电信根据每个品牌所包含的目标人群的特点为用户提供完善的电信服务,使品牌深入用户。

(4) 差异化定价策略

SK 电讯针对人群进行细分,推出不同的品牌,又根据每一个品牌用户的通话习惯和消费习惯为用户提供了不同的资费套餐。用户可以根据自己的习惯选择适合自己的,而且价格划算的套餐。资费套餐的推出不仅可以为用户提供优惠的电信服务,还可以帮助公司吸引新用户,留住老用户。表 1-7 是 TTL 的资费套餐,从中可以看出 SK 电讯的差异化定价策略。

表 1-7 TTL 资费套餐概况

TTL 套餐类型	基本费用	分类	通话费(每 10 秒钟)			免费通话时间
			正常资费	折扣资费	晚间资费	
地区分类资费	17 000 韩元(一个基本折扣区域)	折扣的地区	9 韩元	9 韩元	9 韩元	5 分钟手机邮件 100 条铃声下载 2 次
	每增加一个区域增加 1 500 韩元	增加非折扣地区	20 韩元	16 韩元	9 韩元	5 分钟
亲情套餐	16 500 韩元	一般资费	21 韩元	16 韩元	11 韩元	100 分钟
		亲情号码资费	40%的折扣			
朋友套餐	17 500 韩元	无分类	20 韩元	20 韩元	9 韩元	

(5) 渠道营销

随着基于 CDMA 的增值业务不断推出,手机终端和新业务之间的关系变得非常微妙,种类丰富的业务服务对移动终端的要求变得更高。SK 电讯拥有自己的手机品牌 SKY,虽然 SKY 的市场占有率并不是最大的,但却是韩国市场上最受欢迎的、拥有最高用户忠诚度的高端手机。

SK 电讯不仅掌握了产业链上游的终端制造商,同时也十分注重对下游代理业务经营者的管理。SK 电讯代理店的业务全部来自 SK 电讯,代理店都是采用特许经营形式。而且,SKY 新机型的上市销售和新服务捆绑在一起进行,既保证新服务顺利地推向市场,又能很好地控制代理店。

(6) 全球化营销

SK 电讯与其合作伙伴一起,不断携手开拓市场,开发新的商业模式。

① 建立了以韩国为中心的全球 CDMA 通信带,实现 CDMA 全球漫游服务;

② SK 电讯与中国香港的和记黄埔、澳大利亚电讯、日本的 NTT-DoCoMo 和 KDDI、加拿大的 TELUS Mobility、新西兰的 Telecom Mobile 等共同提供 CDMA 全球漫游服务;

③ 2002 年与中国联通和美国的 Sprint PCS 建立起全球漫游领域的合作关系;

④ 为了尽快形成亚洲 CDMA 单一通话圈,SK 电讯积极地参与和促进亚洲移动通信服务市场的发展。已和中国、越南、蒙古、柬埔寨等国建立了紧密的协作关系。

SK 电讯的多种营销策略把整个移动通信服务变成了一个大众喜爱的商品。

进一步阅读——济州岛车载信息服务

SK电讯集导航、旅游、信息、娱乐、安全、文化与生活常识6大功能于一身的Telematics车载信息导航服务,为美丽的济州岛增添了新的亮点。

1. 背景

2004年韩国信息通信部选定济州岛为Telematics示范都市,示范时间为2004年8月至2006年7月底,投入资金建设各种通过车辆终端提供实时信息服务的系统。

济州岛的Telematics示范事业分成两个年度实行。两阶段皆为济州岛观光客提供1 000台便携式Telematics终端机,让观光客体验Telematics服务。

(1) 第一阶段2004年8月至2005年7月底,投入50亿韩元(约480万美元)经费,SK电讯集团设立Telematics服务中心与体验宣传馆,开发Telematics的6大服务:交通信息、济州文化活动、V-Shop、旅游及休闲信息、娱乐生活、安全的济州(定位紧急救援)。

(2) 第二阶段2005年8月至2006年7月底,投入49.8亿韩元(约470万美元),重点提供uIT-839策略中与新兴技术结合的Telematics服务。SK电讯在第二年度的Telematics示范事业中强化了娱乐服务,与三星电子共同开发专用终端机,追加DMB与3D导航服务等功能。

2. 服务系统

该服务系统由GPS/DMB卫星、信息中心及车载终端设备组成,地面通过CDMA 1x EVDO/WCDMA/WLAN网络连接,提供24小时全天候信息服务。车内配有20G硬盘,6.5英寸大显示屏,可支持多种语言,装卸简便的一体型手机。

3. 服务内容

SK电讯与济州岛共同提供6大Telematics服务,包括:

(1) 根据旅游日程安排,在手机上接受导航服务;
(2) 量身定做型旅游及交通信息服务;
(3) 能够了解济州岛旅游信息及各种文化活动日程的济州文化活动服务;
(4) 通过无线局域网和移动电话网,订购济州特产并进行结算的V-Shop服务;
(5) 有危急状况发生时直接连接消防管理中心的safe服务;
(6) 休闲生活信息服务。

Telematics服务的包月费为50美元。

4. 模拟场景

假如游客初次来到济州岛,车载信息导航服务会告诉游客这里有哪些景点和特产,是否有诸如登山、高尔夫、钓鱼等娱乐活动,并且根据游客感兴趣的去处及逗留时间给出一套特定的解决方案。这里,不妨跟大家分享几个画面,从中能窥见它的不俗之处。

镜头一:小鹿受伤,紧急救护。

一天,一位男士驾车旅行,途中发现一只受伤的小鹿,于是他拨动Telematics救护呼叫系统,顷刻,其位置信息及小鹿腿部受伤的图片传到了救援中心,救援人员旋即驱车赶到,小鹿得到了及时救治。

镜头二:移动喂食,了却牵挂。

一日清晨,一位女记者匆匆驾车外出采访,突然记起出门前忘记了饲养宠物狗,家中狗正饿着肚皮。这时,她连忙将手机切换至家庭智能系统并接通智能饲料罐。透过手机屏幕,女主人清楚地看到饥饿的宠物狗贪食的可爱模样儿。移动喂食功能帮她解了燃眉之急,宠物狗即可马上享用美餐,她也可以安心工作。

镜头三:智擒偷车贼。

有位男士猛然发现自己的轿车刚刚落入窃贼手中,情急之下,他连忙按动手机的报警服务。这时,手机与车载系统相连的 GPS 定位系统和报警系统同时发挥作用,疯狂逃窜的窃贼怎么也逃不出监控的眼睛,很快就被擒获,爱车完璧归赵。

坐在装有车载信息服务系统的车中,全心感受卫星定位、无线局域网与移动电话网的无缝接入,真的是一件惬意的事。

复习思考题

1. 将来某种移动终端是否能完全代替其他移动终端?
2. SK 电讯的营销策略对我国移动商务业务的推广有什么启示?
3. SK 电讯的众多品牌和服务是否都属于移动商务?说说你对移动商务的理解和感受。

本章参考文献

[1] 冰马. 韩国 SK:移动支付日渐风行[N]. 人民邮电报,2004-03-05.
[2] 郭小红. SK Telecom 发掘蓝色海洋——韩国 SK 电讯成功转型启示录[J]. 中国电信业,2005(10):68-71.
[3] 姜艳青. SK 电讯辉煌的背后[J]. 通讯世界,2005(10):18-20.
[4] 陈婷. 在发展中融合 在融合中发展——从 SK 电讯的移动金融服务业务看行业的融合[J]. 移动通信,2005(6):43-45.
[5] 陈婷. "June"带你进入 3G 多媒体服务的精彩世界——SK 电讯 3G 业务介绍[J]. 移动通信,2005(9):71-73.
[6] 王科. SK 电讯:用现在演绎未来[J]. 中国新通信,2006(1):53-54.
[7] 鲁义轩. 从 SK 电讯看 3G 应用之道[J]. 通信世界,2008(23):B6-B9.
[8] 李建平. 移动商务与电子商务的特征比较分析[J]. 现代电信科技,2007(12):49-51.
[9] 王雅茈. 国际成功业务营销模式大汇总 AT&T 注重渠道营销[J]. 通信世界,2004(39):45-46.
[10] 吉亮. 韩国电信运营商 SK 电讯的成功策略[J]. 中国电子商情:通信市场,2003(10):64.
[11] 王汝林,等. 移动商务理论与实务[M]. 北京:清华大学出版社,2007.
[12] 杨兴丽,刘冰,李保升,等. 移动商务理论与应用[M]. 北京:北京邮电大学出版社,2010.

第 2 章　移动商务技术

本章关键词

长期演进	LTE
TD-SCDM 长期演进	TD-LTE
智能手机	Smart Phones
iPhone	iPhone
上网本	Netbook
G3 上网本	G3 Netbook
平板电脑	Tablet PC
iPad	iPad
操作系统	Operating System
Windows Mobile	Windows Mobile
Symbian S60	Symbian S60
iPhone OS 系统	iOS
Android	Android

2.1　基本原理

2.1.1　移动通信技术

在移动商务的技术中,无线通信技术是移动商务发展的基础,起着至关重要的作用,深入了解无线通信技术的结构与发展是理解移动商务的根本。正是无线通信技术的发展使得移动商务的功能和应用越来越广泛。

移动通信网络是移动商务进行的核心技术,它决定了移动终端的类型,根据其覆盖范围的大小,可以将通信网络分为三类:卫星通信系统、陆地蜂窝移动通信系统、无线通信系统,如表 2-1 所示。

表 2-1 移动通信系统

移动通信系统	代表性技术	说 明
卫星	卫星网络	卫星通信系统、GPS 定位系统
陆地蜂窝	移动通信网络	GSM、GPRS、3G、PHS 以及正在发展中的各种无线通信系统
无线	无线城域网	Wimax 提供组织内部通信和信息资源的无线访问
	无线局域网	Wi-Fi 实现小范围内数字设备的无线通信
	无线个域网	Bluetooth、红外线等低成本、跨平台、点对点高速数据连接

(1) 卫星通信系统。就是利用通信卫星作为中继站来转发无线电波,实现两个或多个地面站之间的通信。卫星通信系统由卫星和地面站两部分组成。卫星在空中起中继站的作用,即把地面站发送过来的电磁波放大后再返送回另一地面站。地面站则是卫星系统与地面公众网的接口,地面用户通过地面站出入卫星系统形成链路。卫星通信是现代通信技术与航天技术相结合并由计算机实现其控制的先进通信方式。早在 20 世纪 60 年代中期,卫星就被应用于电信领域。70 年代以后,大部分的国际电话是通过卫星传送的。

(2) 陆地蜂窝通信系统。这是目前使用最为广泛的无线通信系统。相对于长距离的卫星通信系统,陆地蜂窝通信系统属于中距离的无线通信系统。根据其覆盖范围的大小,又可以分为宏蜂窝通信系统及微蜂窝通信系统。宏蜂窝移动通信系统即所谓的 1G、2G、2.5G、3G 等几代移动通信系统,而这几代移动通信系统都实现了功能的不断增强。

(3) 短距离无线通信系统。随着通信技术的发展,短距离无线通信技术已逐渐成为无线通信技术的一个重要分支。这是因为在现实生活中,存在着许多这样的应用需求,系统所传输的数据通常为小量的突发信号,即数据特征为数据量小,要求进行实时传送。针对这样的应用场合,人们更希望利用具有成本低、体积小、能耗小和传输速率低的短距离无线通信技术。

2.1.2 移动终端

移动商务终端是移动商务进行的前提。根据不同的应用需求,移动终端使用不同的硬件平台、不同的网络接口、不同的操作系统、不同的应用系统,需要根据个人的需求购买特定类型的终端。一般来说,移动终端是由移动运营商提出要求,并由终端制造商根据某些特别需求而定制生产。我国的运营商主要为中国电信、中国联通和中国移动等,分别提供不同类型的网络接口,也因此产生了众多类型不同的终端,可以说没有任何一种移动终端可以拥有所有的功能。

良好的移动终端是进行移动商务的前提条件。移动终端不同于传统的固定终端,有一些特别的要求,如移动性、可携带性、待机持久性和多功能性等。而移动终端的待机持久性能否实现,关键在于电池消耗问题。移动终端的功能(内存、存储容量、计算能力等)越强大,意味着能耗也越大,结果必然会减少其工作时间。另外,人机交互界面是移动设备所面临的另一个难题,一方面,为了保证移动设备的便携性,人机界面必须要做得比较小;另一方面,由于用了非常小的键盘或手写输入,会造成用户操作的不便。同时,屏幕尺寸又进一步限制了设备的输出能力,导致其无法显示高质量的图像。而且由于目前并没有哪种移动终端可以提供所有的应用及服务,所以必须根据不同的应用需求,选择具有特定功能和服务的移动终端类型。

2.1.3 操作系统

操作系统(Operating System)是管理计算机硬件与软件资源的程序,同时也是计算机系统的内核与基石。在操作系统的帮助下,开发人员在操作设备时,避免了对计算机系统硬件的直接操作。

操作系统有开放式和封闭式之分。封闭式操作系统是指那些用户不能装卸任何第三方软件的操作系统,如早期的 BP 机、手机采用的都是封闭式操作系统。这种方式的优点是系统占用的存储空间小、设备造价低、耗电量小,缺点是功能过于简单、用户不能根据需要自由变通。开放式操作系统,如 Windows、Linux 等,允许用户自由安装或删除支持操作系统的软件。这种方式带来了功能的极大丰富,用户可自行配置系统功能,但造价相对昂贵、占用储存空间大、耗电量大。随着 IT 及无线通信技术的发展,开放式的操作系统开始逐步取代封闭式的操作系统,发挥越来越大的作用。

2.2 案　例

2.2.1 案例 1 LTE 技术

1. 技术介绍

(1) 发展背景

随着 GSM 网络演进到 GPRS/EDGE 和 WCDMA/HSPA 网络,以及 CDMA 网络演进到 CDMA2000 1X 网络,数据业务开始迅猛发展,多媒体消息、在线游戏、视频点播、音乐下载和移动电视等开始成为新一代移动运营的主导业务。而个人通信设备的微型化和多样化,进一步推动了移动通信的发展,从而为提供更多样化的通信和娱乐业务,降低无线数据网络的运营成本打下了良好的基础。

现有的 GSM/GPRS/EDGE 移动运营商,为提供更多样化的通信、娱乐业务和降低无线数据网络的运营成本,已纷纷将网络升级为 WCDMA 网络。而 HSPA 作为 WCDMA 系统的升级版,可以提供更高的带宽,并已在全球范围内处于大规模商用化阶段。

虽然 WCDMA/HSPA 与 GPRS/EDGE 相比,无线性能大大提高,但由于以 CDMA 为代表的第三代移动通信系统的核心专利被少数公司持有,专利授权费用已成为广大移动通信设备厂商的巨大负担,而运营商在专利问题上也因此处处受到掣肘。寻求一种 CDMA 替代通信系统,已经成为业界亟待解决的首要任务。

此外,众多非传统移动运营商纷纷加入了移动通信市场,以期凭借 WLAN 等低成本、高带宽的无线技术在移动通信市场的高速发展期分一杯羹,使得传统移动运营商在业务模式上面临着前所未有的挑战。与此同时,广大用户也对运营商提出了更高的期望,期望传统移动运营商提供的终端设备、网络服务的价格更加低廉。

显然,从运营成本、竞争挑战、用户需求等方面考虑,传统移动运营商都必须加快现有网络演进,从而在激烈的竞争中处于不败之地。

(2) LTE 项目

2004 年在多伦多会议中,第三代移动通信合作计划(The 3rd Generation Partnership Project,3GPP)提出了 3GPP 长期演进(Long Term Evolution,LTE)项目,即 LTE 项目。

LTE 项目以 OFDM/FDMA(Orthogonal Frequency Division Multiplexing/Frequency Division Multiple Access)为核心,通过对无线接口以及无线网络的架构进行改进,达到降低时延、提高用户的数据速率、增大系统容量和覆盖范围以及降低运营成本的目的。LTE 长期演进是 GSM 阵营的现时最先进网络,其演进路线如表 2-2 及图 2-1 所示。

表 2-2 LTE 演进路线

演进路线	GSM	GPRS	EDGE	WCDMA	HSD/UPA	HSD/UPA+	LTE
传输速度/bit·s^{-1}	9k	42k	172k	364k	4.4M	42M	300M

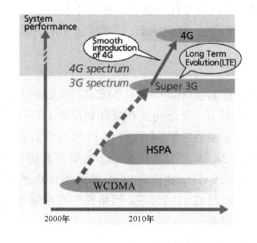

图 2-1 LTE 演进图

LTE 并非人们普遍误解的 4G 技术,而是 3G 与 4G 技术之间的一个过渡,是 3.9G 的全球标准,3GPP 的标准发展过程分为两个阶段:

① 2004 年 12 月至 2006 年 9 月研究项目(Study Item,SI)阶段

研究项目阶段主要完成对目标需求的定义,以及明确 LTE 的概念等;然后征集候选技术提案,并对技术提案进行可行性评估,确定其是否符合目标需求。

② 2006 年 9 月至 2007 年 6 月工作项目(Work Item,WI)阶段

工作项目阶段是在前一阶段的基础上,完成系统核心技术的规范化和标准化制定的编写工作。

LTE 和传统移动通信系统的区别在于:LTE 系统只有分组域,没有电路域,话音业务将由 VoIP 实现。此外,LTE 支持多媒体广播多播技术(Multi Broadcast Multimedia Service,MBMS)。

在 2005 年 6 月的魁北克会议上,最终确立了 LTE 的主要性能需求指标:

① 支持 1.25~20 MHz 带宽;

② 目标峰值数据率达到上行 50 Mbit/s,下行 100 Mbit/s;

③ 以尽可能相似的技术,支持成对(Paired)和非成对(Unpaired)频谱;

④ 频谱效率达到:下行链路为 5 bit/(s·Hz),上行链路为 2.5 bit/(s·Hz);

⑤ 降低系统延迟,用户平面内部单向传输时延低于 5 ms,控制平面从睡眠状态到激活状态迁移时间低于 50 ms,从驻留状态到激活状态迁移时间小于 100 ms;

⑥ 提高小区边缘的用户吞吐量;

⑦ 系统对低速移动用户可提供优化服务,同时支持高速移动用户;

⑧ 尽可能支持简单的临频共存。

此外,LTE 还有下列设计需求:

① 支持与现有 3GPP 和非 3GPP 系统的互操作;

② 降低建网成本,实现从 R6 版本的低成本演进;

③ 让终端复杂度、成本和耗电更加合理;

④ 支持增强的 IMS(IP 多媒体子系统)和核心网;

⑤ 强调后向兼容,同时兼顾兼容性与性能改进的平衡。

LTE 的高数据速率、分组传送、延迟降低、广域覆盖和向下兼容等特性,使其与 3G 相比更有技术优势。

(3) 发展概况

根据全球移动设备供应商协会(the Global Mobile Suppliers Association,GSA)的数据统计,目前全球共有 41 个国家 101 家公司正在或计划部署 LTE 网络,其中包括 3 个已经商用的系统,即瑞典、挪威和乌兹别克斯坦;全球另有 31 家运营商着手 LTE 试点或技术测试,为正式的商用服务做准备;全球 56 个国家共有 132 家运营商正在对 LTE 进行投资;丹麦、德国以及荷兰政府已经完成 2.6 GHz 频谱的拍卖;德国还在欧洲率先完成了 800 MHz 频谱的拍卖。截止到 2010 年年底,已有 22 个 LTE 网络提供商用服务,预计到 2012 年年底至少有 45 个 LTE 网络提供商用服务。

2. 国内运营商在 LTE 上的发展

(1) 中国移动

① 基本情况介绍

中国移动获得 TD-SCDMA 标准的 3G 牌照,其在 TD-SCDMA 上的长期演进为 TD-LTE。

TD-SCDMA 演进路线可以归纳为:TD-SCDMA 基本版本 → TD-SCDMA 增强版本 (HSDPA/HSPA+/MBMS) → TD-SCDMA 长期演进版本(TD-LTE) → TD-SCDMA 的 4G 版本,如图 2-2 所示。

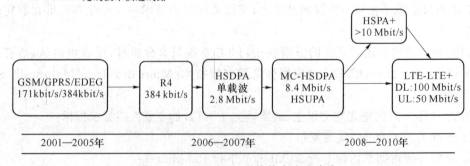

图 2-2　TD-SCDMA 无线技术演进路线

TD-SCDMA 向 LTE 的演进,首先是在 TD-SCDMA 的基础上采用单载波的 HSDPA 技术,速率达到 2.8 Mbit/s;其后采用多载波的 HSDPA,速率达到 7.2 Mbit/s;到 HSPA+阶段,速率将超过 10 Mbit/s,并将在此基础上继续逐步提高它的上行接入能力。最终在 2010 年后,从 HSPA+演进到 LTE。

中国移动作为 TD-LTE 发展进程的牵头人,在 TD-LTE 的发展过程中发挥最直接的作用。中国移动在 2010 年上海世博园区对 TD-LTE 试验网的成功演示,再次将 LTE 在国内市场的发展推向高潮。这不仅表示 TD-LTE 已经具备了基本的端到端能力,还说明 TD-LTE 正逐步迈入规模部署和应用的第三阶段。

② TD-LTE 的应用

a. TD-LTE 在世博会的应用

2010 年 4 月 15 日,中国移动在上海世博园区内开通了全球首个 TD-LTE 演示网。该网络共建有 TD-LTE 室外站 17 个,实现了对世博园内 9 个场馆的室内覆盖(浦东 7 个场馆,浦西 2 个场馆)。演示网的数据传输速度下行可达 100 Mbit/s,上行可达 50 Mbit/s。

上海世博会已经顺利落下帷幕,TD-LTE 世博实验网成功经受住 7 000 万人次的业务考验,为全球来宾带来了丰富多彩的无线接入、无线监控、高清视频等移动宽带业务。TD-LTE 演示网的搭建无疑是世博会科技世博的最大亮点,体现了我国通信产业界在宽带无线移动通信领域的最新自主创新成果。上海世博会的成功展示,标志着 TD-LTE 技术已经成熟,为迈入商用做好了准备。

b. TD-LTE 在亚运会的应用

2010 年 11 月,广东移动在广州铺设近 30 个 TD-LTE 演示网络基站,为第 16 届亚运会服务。在网络实测中,广东移动 TD-LTE 演示网络已能够提供高达 50 M 以上的实际带宽,可同时传输 5 路以上的 1080P 高清信号。在 11 月 9 日的亚运会火炬传递过程中,广州移动联手广东电视台,利用 TD-LTE 传送实时高清视频信号,完成了技术零时延的直播过程,这是 TD-LTE 首次应用于重大活动中。

在亚运会期间,TD-LTE 演示网络提供高清无线视频点播、高清无线视频监控、高清即摄即传、视频墙、3D 视频点播等 10 个演示业务,帮助媒体更机动、实时地采访,使用户更快速便捷地使用手机收看亚运赛况、新闻等信息。TD-LTE 成为广州亚运会上科技亚运、数字亚运的重要亮点。

➢ 视频播放类方面。TD-LTE 高清无线视频点播以及 3D 视频点播业务。其中,通过 IPTV 机顶盒连接 LTE 终端,接入到 IPTV 系统平台,获取高清节目码流,进行解码播放,并在高清电视机上使用 IPTV 实现高清 VOD 功能,就可实现无线方式的高清视频点播;通过 3D 视频点播业务,如用户点播了亚运开闭幕式节目,只需戴上三维眼镜,就能如同身临现场般观看节目。

➢ 远程监控、管理等方面。高清无线视频监控和 TD-LTE 视频墙两大视频传输类业务。用户通过高清无线视频监控可将分散、独立的采集点图像信息进行联网处理,实现跨区域的统一监控、统一管理及分级存储,该业务将进行广州风景实景、亚运场馆、企业馆等 5 个 LTE 无线高清视频采集;而 LTE 视频墙则可实现无线方式的监控及多路视频的同时观看。

➢ 新闻媒体的需求。TD-LTE 移动媒体采访车和 TD-LTE 即摄即传业务。通过 TD-

LTE移动媒体采访车,利用最新TD-LTE技术进行数据传输,媒体记者就可完成高清和标清视频节目的实时视频采编播功能。通过LTE即摄即传业务则可实现移动方式的高清媒体采访,使得媒体采访信息源可实时传回转播中心,更方便灵活地进行采访。

➢ 会议系统。"无线网真"会议系统,打破了传统视频会议的复杂模式,以体现融合、沉浸式的全新远程呈现设计理念,简洁而不简单。通过TD-LTE技术以无线的方式打造零距离的会议室,拥有全方位的声像同位、高保真宽频语音体验,在会议室的任何一个角落小声讲话,远端都能立刻辨别出具体的坐标,实现带空间感的音频效果和会议环境的完美结合。无论用户是在办公室还是在路上,均能无缝地办公及参加会议。

c. TD-LTE的其他应用

中国移动还不断扩大TD-LTE在国内城市的试点工作。中国移动在TD-LTE试验网"3个城市、每个城市100个基站"计划的基础上,扩大部署范围和规模,在北京、上海、广州、深圳、南京、厦门6个城市耗资15亿元共建3 060个TD-LTE基站,每个城市大约500个,为TD-LTE商用网络的部署铺平道路。

与此同时,2010年10月在重庆召开的国际电信联盟无线通信部门(ITU-R)第五研究组国际移动通信工作组(WP5D)第9次会议上,LTE-Advanced和802.16m被确定为新一代移动通信(4G)的国际标准,其中包含我国提交的TD-LTE-Advanced。之后不久,工业和信息化部将2.6 GHz频段TDD方式的国际移动通信(IMT)系统工作频段规划在2 570~2 620 MHz(含保护频带)。

由此可以看出,TD-LTE预商用网络建设事实上已经进入加速轨道。

d. TD-LTE的海外市场

中国移动对TD-LTE的发展并不局限在国内,TD-LTE作为国际化的标准,拥有广阔的海外应用前景,是全球运营商向移动宽带时代演进的重要选择。

中国移动积极与NGMN、LSTI等国际组织以及全球顶尖运营商开展深入合作。2008年,中国移动即与Verizon Wireless、Vodafone联合起来,共同开展了TD-LTE的技术试验和测试,而其他包括T-Mobile、Orange等多家国际著名运营商也都以不同形式参与推动TD-LTE的商用化进程。

目前,欧洲、美洲、亚洲等多个国家和地区的海外运营商已经与我国产业建立了TD-LTE合作,多家运营商都在2010年启动试验网建设以及商用网络部署,TD-LTE国际市场机遇已经显现。目前,中国移动TD-LTE实验网和预商用网络建设正在全球范围内展开,截止到2010年年底已经建成11个实验网。

e. TD-LTE的终端设备

已经出现的TD-LTE终端主要是数据卡。在世博会期间,中国移动展示的TD-LTE试验网测试的数据卡有4款,分别由三星、创毅视讯、Sequans(法国芯片制造商)和ST-Ericsson提供。到2010年年底,TD-LTE数据卡增加至6款,同时还有3款用于即摄即传业务的转换终端CPE,另外全球首款TD-LTE测试手机也推出上市。

目前,包括华为、大唐、爱立信、Nokia、西门子、摩托罗拉、上海贝尔、中兴、高通、ST-Ericsson、海思、创毅视讯、Sequans等设备与芯片厂商都成为推动TD-LTE产业发展的中坚力量。

(2) 中国电信

① 基本情况介绍

2008年,中国电信接手联通CDMA网络,正式开始拥有了与中国移动、联通抗衡的武器,并于2009年中,将自己打造成了仅次于Verizon的全球第二大C网运营商。2010年,中国电信CDMA基站数已达30万,其中室外基站21万,室内基站9万多。CDMA 3G网络已经覆盖全国342个大中城市、2 055个县以及20 000多个乡镇,中国电信CDMA用户达6 145万,其中3G用户超过了600万。

中国电信选择LTE作为网络未来的演进方向,积极推动LTE的标准化和产业化进程,重点推进LTE与CDMA之间互操作的标准化以及系统和终端设备开发进展,以最大限度利用现有设备。为了保证CDMA能平稳地从3G网络演进到LTE网络,中国电信制定了技术、标准、业务、终端、互操作性五步走策略。

② LTE的应用

中国电信积极地规划LTE试验网,上海电信在世博园区建成了全国最大LTE试验网,总面积达8.1平方公里,比中国移动的TD-LTE试验网还要多出2.72平方公里。其试验网覆盖整个世博园区以及包括中国馆、主题馆、演绎馆、世博中心、世博轴和信息通信馆以及浦东和浦西两个营业厅在内的室内覆盖。上海电信在20 M频段下实现了下行速率100 Mbit/s,上行速率50 Mbit/s。为用户提供基于LTE FDD的高清视频监控、数据传输等应用服务。

③ 中国联通

与中国移动、中国电信相比,中国联通在LTE方面的进展比较低调。在全球WCDMA运营商开始向LTE演进时,中国联通规划WCDMA后向演进过程主要分为三个阶段。第一阶段支持MBMS和HSPA+64QAM,下行最高速率为21 Mbit/s;第二阶段支持HSPA+MIMO,下行最高速率28 Mbit/s;第三阶段向LTE进一步演进,实现最高速率下行100 Mbit/s,上行50 Mbit/s。

目前中国联通在LTE方面的进展比较缓慢,参与了TD-LTE网络测试。鉴于中国联通HSPA+频谱利用率能够满足现有业务的需求,其考虑在以后有大规模的数据业务需求时再进行LTE的商用。

2.2.2 案例2 移动终端

1. 智能手机

(1) 背景知识介绍

智能手机是由掌上电脑演变而诞生的。最早的掌上电脑不具备手机的通话功能,但是由于用户不断地依赖掌上电脑的个人信息处理功能,却又不习惯于随时都携带手机和掌上电脑两个设备,所以厂商将掌上电脑的系统移植到了手机中,这才出现了智能手机的概念。

智能手机具有独立的操作系统,像个人电脑一样支持用户自行安装软件、游戏等第三方服务商提供的程序,并可通过此类程序不断地对手机功能进行扩充,同时可实现无线网络接入。目前,全球多数手机厂商都有智能手机产品,芬兰Nokia、美国苹果、加拿大RIM(黑莓)、美国摩托罗拉、中国台湾宏达(HTC)更是智能机中的佼佼者。

① 基本功能

一般来说,智能手机除具备普通手机的全部功能以外,还有更强大的扩展及网络支持功能。智能手机与普通手机的对比如表2-3所示。

表2-3 智能手机与主流手机及简版手机对比

	智能手机	主流手机	简版手机
图标式用户界面	√	√	
彩色屏幕	√	√	
蓝牙	√	√	
高级电话功能	√		
彩信/短信功能	√	√	√
文档查看	√		
POP3/IMAP 电子邮件	√	√	
公司电子邮件	√		
高性能处理器	√		
高级个人信息管理功能	√		
大容量内存	√		
可扩展应用软件	√		
扩展硬件	√		
高级移动游戏	√		
MP3 播放	√	√	
视频播放	√		
集成式数字相机	√	√	
Web 浏览器	√	√	
紧凑式外形设计		√	√
可扩展存储设备	√		

② 发展情况

从2011年2月IDC发布的报告中获知,2010年,全球智能手机出货量为3.026亿台,比2009年的1.735亿台增长74.4%。2010年第四季度,全球智能手机出货量达1.009亿台,比2009年的5 390万台增长87.2%;而2010年第四季度全球PC出货量为9 210万台,这意味着2010年第四季度智能手机出货量首度超过了PC。

2010年第四季度,Nokia智能手机出货量最高,为2 830万台,其市场份额28.0%;2009年同期为2 080万台,其市场份额38.6%,环比增长36.1%。

搭载Android OS系统的智能手机(如三星、HTC等)出货量继续呈跳跃式增长,成为整个智能手机市场的驱动力。2010年HTC出货同比增长165.4%,而三星增长318.2%。三星2009年第四季度的市场份额为3.3%,2010年第四季度猛增到9.6%。HTC也由2009年第四季度的4.5%增长到2010年第四季度的8.5%。HTC的市场份额2009年为4.5%,2010年为7.1%。具体数据如表2-4所示。

表 2-4　2010 年第四季度五大智能手机品牌出货量

生产商	2010 年第四季度出货量/百万台	2010 年第四季度市场份额	2009 年第四季度出货量/百万台	2009 年第四季度市场份额	环比增长量
Nokia	28.3	28.0%	20.8	38.6%	36.1%
苹果	16.2	16.1%	8.7	16.1%	86.2%
RIM	14.6	14.5%	10.7	19.9%	36.4%
三星	9.7	9.6%	1.8	3.3%	438.9%
HTC	8.6	8.5%	2.4	4.5%	258.3%
其他	23.5	23.3%	9.5	17.6%	147.4%
总和	100.9	100.0%	53.9	100.0%	87.2%

(2) 苹果 iPhone

① 发展历程

从苹果公司首席执行官史蒂夫·乔布斯在 2007 年 1 月 9 日举行的 MacWorld 大会上宣布推出 iPhone 至今，iPhone 经历了 4 代，其发展历程如表 2-5 所示。

表 2-5　iPhone 发展历程

型号	介　　绍
第一代 iPhone	2007 年 1 月，乔布斯在 MacWorld 大会上发布了 iPhone 手机，自此正式拉开苹果 iPhone 的神话故事，iPhone 从此大红大紫，开创了一个时代
第二代 iPhone 3G	在 WWDC 2008 大会上发布 iPhone 3G，带来了一项足以载入史册的服务——App store，彻底改变了舆论对于 iPhone 的态度
第三代 iPhone 3GS	在 WWDC 2009 大会上发布 iPhone 3GS，S 是 Speed 的缩写，即全新的 iPhone 3GS 比 3G 版在运行速度上有更大的提升
第四代 iPhone4	2010 年 4 月，苹果公司发布了 iPhone OS 4 系统，加入了多任务处理、文件夹等功能

② 销售情况

从 2007 年第三季度至 2010 年第二季度的销售数据可以看出，苹果 iPhone 的销量是惊人的。具体数据如表 2-6 所示。

表 2-6　全球 iPhone 销售情况（以百计）

年份	第一季度	第二季度	第三季度	第四季度	总销量
2007			270	1 119	1 389
2008	2 315	1 703	717	6 890	11 625
2009	4 363	3 793	5 208	7 367	20 731
2010	8 737	8 752			17 489

③ 硬件特点

iPhone 是结合照相、手机、个人数码助理、媒体播放器以及无线通信设备的掌上设备，在硬件方面有许多闪耀之处。以 iPhone 4 为例：

外观设计。直板机型,iPhone 4 采用棱角分明的全平面后盖,机身左侧的音量键转为分离式设计,变为了两个圆形,机身上的电源、静音等按钮以及侧边框全部采用金属材质。其金属材质边框被用做手机接收各种信号的天线,iPhone 4 的厚度仅有 9.3 mm。

显示屏。触摸显示屏尺寸为 3.5 英寸,没有实体键盘。显示屏的分辨率达到了 940×640 像素,其超高的像素密度已超过肉眼能分辨的范围,让文字和画质都极度清楚锐利。其显示屏采用板内切换(IPS)技术,实现较标准液晶显示器更宽阔的视角。任何方式握持 iPhone 4,都能获得同样绚丽的画面效果。显示屏包含 LED 背光和环境光传感器,可智能调整屏幕亮度,带来最佳观看效果和电池使用时间。当将手机举到耳边进行通话时,接近度传感器会立即关闭屏幕,以节约电量并防止误拨。

处理器。iPhone 4 采用的是与 iPad 相同的苹果 A4 处理器,其主频可达到 1 GHz,能够更加高效地支持新版的 iPhone OS 4.0 系统(iOS 4)。

续航能力。iPhone 4 可支持 7 小时 3G 通话,6 小时 3G 网络浏览,10 小时 Wi-Fi 浏览,10 小时视频播放,40 小时音乐播放,理论待机时间达 300 小时。

三轴陀螺仪。iPhone 4 内置 3 轴陀螺仪,可以与加速器和指南针一起工作,实现 6 轴方向感应。

拍照功能。苹果 iPhone 4 的摄像头 500 万像素并支持 5 倍数码变焦、背侧照明及触控对焦,配备闪光灯,支持 30 帧每秒的 720P 视频拍摄。

系统。iPhone 4 采用已先一步发布的 iOS 4,其中包含了多任务处理、文件夹整合、无分类邮件等多项重大升级。

④ 功能服务

iPhone 是一款革命性的新型移动电话,具有许多让人耳目一新的功能。

电子邮件服务。iPhone 带有一个功能强大的 HTML 电子邮件客户端,能够在后台从大多数 POP3 或 IMAP 邮件服务器获取电子邮件,并将照片和图形连同文字一起显示。iPhone 具备多任务功能,用户可以一边阅读网页,一边在后台下载电子邮件。iPhone 支持大多数基于行业标准的 IMAP 和 POP 电子邮件服务,例如 Microsoft Exchange、Apple、Mac Mail、AOL Mail、Google Gmail 以及大多数 ISP 邮件服务。

可视语音信箱。iPhone 首创性的可视语音信箱(Visual Voicemail)能让用户观看他们的语音邮件列表,决定要聆听的消息,然后直接转至这些消息。可视语音信箱使用户能够立即随机访问那些他们最感兴趣的消息。

FaceTime 可视电话。可以通过 WLAN 连接两部 iPhone 4 或一部 iPhone 4 和一部新 iPod touch,只要轻点一下按钮,就可实现可视通话。FaceTime 开箱即可工作,无需设立专门的账户或账户名,使用简单。iPhone 4 为可视电话打造了双摄像头,一个在机身前端的屏幕上方,另一个在机背的 LED 闪光灯旁边。前置摄像头专为 FaceTime 而设,其视野范围和焦距都恰好可按手臂长度对焦拍摄用户面孔,总是以尽可能的最佳灯光效果呈现用户形象;后置摄像头可以分享用户所见。

移动娱乐。iPhone 的 3.5 英寸显示屏带有播放—暂停、章节快进—后退和音量触控等按钮,为在袖珍设备上观看电视节目和电影提供了终极的途径。iPhone 能够播放用户从 iTunes 在线商店购买的可在电脑和 iPod 上欣赏的相同视频。iTunes 在线商店提供超过 350 个电视节目、250 多个故事片以及 5 000 多个音乐视频。iPhone 可以从用户 PC 或 Mac

上的 iTunes 曲库同步内容，并能播放他们从 iTunes 在线商店购买的任何音乐或视频内容。

iBooks。苹果正式将 iBooks 引入到 iPhone 4 当中。iPhone 将和 iPad 共用同一个书库，使用者只需购买一次，就可以在同一账号下用 iPhone 和 iPad 同时阅览图书。

iAd。苹果将 iAd 移动广告服务植入 iPhone 4，给用户带来前所未有的广告体验。用户可以直接通过广告定制全新的商品。

其他。iPhone 包含一个带有完整 QWERTY 软键盘的 SMS 软件，可在多个会话中轻松收发短消息。当用户需要输入时，iPhone 会呈现一个能够防止和纠正错误的典雅触摸键盘。另外，iPhone 还包含一个日历软件，支持与用户的 PC 或 Mac 自动同步日历。此外，还有众多针对 iPhone 设计的多种功能软件，用户可以通过下载，体验更多的功能特色。

2. 上网本

（1）背景知识介绍

加拿大 ATIC 公司于 1996 年 6 月提出可上网的笔记本，即上网本(Netbook)这一名词，并在北美市场销售。后来这个商标出售给加州多伦多的一家笔记本电脑公司继续作为笔记本的商标，该笔记本电脑就是强调多功能、可直接上网、便携的网络型笔记本计算机(Network-linkable notebook)。中文名字上网本是英特尔在台北国际电脑展会上创造的，之前大家都管它叫 Netbook。

上网本是一种针对互联网设计的流线型移动设备，能够满足用户随时保持联网状态，获取最新消息资讯、赛事比分、天气预报、访问电子邮件、社交网站、享受数字视频、照片和音乐等需求，但没有一台计算机的完整功能，而是专注于便携和联网，所以非常适合旅行，或者作为主 PC 的补充。所以，总的来说，上网本是一种以上网为主要诉求的超便携移动 PC。

① 起源和发展

上网本的雏形来源于一个教育项目——OLPC(One Laptop Per Child)，就是让每个孩子都拥有一台笔记本电脑。OLPC 计划是由被誉为数字化教育的先行者尼古拉斯·庞蒂提出的，其目的在于让那些不发达国家的孩子也可以像发达国家的孩子一样能受到数字化时代的教育，感受到信息时代的来临。计划初期，由于技术上的壁垒和一些 IT 尖端企业的不合作，再加上一些知识产权问题，使得这一计划一度濒临破产。但是，由于第三世界国家的大力支持，这一计划最终顺利完成，首批生产的每台价值 100 美元的笔记本电脑投放到非洲以及拉美国家。这些用于资助贫困国家儿童的教育类电脑正是时下走在时尚前沿的上网本的雏形。

在 OLPC 推出之后不久，英特尔公司嗅到了其中的商机，立刻推出了自己的对应产品 Classmate PC，主要面向学生用户。第一代的 Classmate PC 价格不足 400 美元，它可以让学生初步了解笔记本电脑的使用，还可以为学生提供一个上网学习的平台。来看看 Classmate PC 硬件配置：

a. 液晶屏幕为 7 英寸，分辨率为 800×480，配备 900 MHz 赛扬 M CPU。

b. 存储部分只搭载了 256 MB 内存，由于 915GM 集成显卡共享显存，可用内存只有 248 MB。

c. 在操作系统上，采用微软 Windows XP Embedded Version 2002 包含 Service Pack 2，只集成了最必要的组件以及很少的附件。

d. 不包含硬盘，只是采用了 1 GB 的闪存，闪存通过 USB 总线连接。

e. Realtek Wi-Fi 模块也是采用 USB 界面的产品。接口上,机身左侧包含耳机话筒接口,一个 USB 和以太网接口。右侧则是电源接口和另外一个 USB。

图 2-3 中这款 Classmate PC 与目前的上网本相比,只是一个未完成品。对中国用户来说,真正意义上的上网本应该是华硕的 Eee PC。Eee PC 是华硕与英特尔合作的低价笔记本式计算机项目,采用了英特尔 Classmate PC 的架构。

图 2-3 Classmate PC

Eee PC 沿用常规笔记本式计算机外观,并提供多种颜色供用户选择。并进行了全面的商业推广,还针对女性消费者和时尚人群进行了宣传。

可以说,Eee PC 是第一款大批量零售的上网本。然而在 Eee PC 刚刚推出时饱受争议,其竞争对手认为上网本的市场并不大,并且低价小本的功能不够优秀,所以业内人士普遍认为 Eee PC 必定会失败。而 Eee PC 的销量让争议者们彻底哑口无言。由此,Eee PC 成为低成本、小尺寸笔记本式计算机的标杆,也成为各大厂商借鉴经验的对象。

② 功能特点

通过对比上网本与传统的笔记本式计算机,可以更清楚上网本的一些功能特点。

外形和价格。从外形上来说,上网本和普通笔记本电脑看起来相似,但屏幕尺寸会有一定的差别。上网本的屏幕尺寸多在 7～10 英寸,少数在 10～12 英寸之间,而普通笔记本基本上都在 12 英寸之上。上网本强调便携性,其外形小巧轻薄,重量大多在 1～1.2 千克。普通笔记本要更重一些,多在 1.2 千克左右及以上。价格方面,上网本的价格较传统的笔记本电脑来说更为便宜。

配置和性能。从配置和性能上来说,上网本基本上都采用英特尔 Atom 处理器,强调低能耗和长时间的电池续航能力,性能以满足基本上网需求为主,比较强调无线上网能力;普通笔记本电脑则拥有更强劲的多媒体性能。另外上网本硬盘大小也不如普通笔记本电脑。

用途。从用途上来说,上网本主要以上网为主,可以支持网络交友、网上冲浪、听音乐、看照片、观看流媒体、即时聊天、收发电子邮件、基本的网络游戏等。而普通笔记本电脑则可以安装高级复杂的软件、下载、存储、播放 CD/DVD,进行视频会议,打开、编辑大型文件、多任务处理以及体验更为丰富的需要安装的游戏等。

简单而言,上网本是一个功能不完全的笔记本电脑,上网是核心应用,Wi-Fi 无线宽带是核心功能。

(2) G3 上网本

为迎接 3G 时代,中国移动与多家知名电脑公司联合推出随 e 行 G3 上网笔记本,简称 G3 上网本。定制并推出的机型有惠普、海尔、戴尔、三星等多个品牌。

G3 上网本均内置了 TD-SCDMA 无线上网模块,并安装了各种实用办公、娱乐软件,客户通过 G3 上网笔记本内预装的 G3 随 e 行软件,就可随时随地无线接入互联网,满足获取信息、娱乐或移动办公的需要。

① 特点

G3 上网本是专业用于上网的笔记本电脑,主要针对随时关注信息的客户人群,比如炒股客户、新闻记者、各类对网上信息及时性要求高的客户。作为一款上网本,它具有上网本的一些基本特点,如机身轻薄、易于携带等,另外,它还有如下两个独特优势:

上网速度快。普通的上网本用户一般会选择购买无线上网卡或者通过外置的网络终端进行网络连接,存在上网速度慢以及由此带来的不便等问题。所以,普通的上网本,在很多时候被当作屏幕很大的 MP5 使用。G3 上网本可在 3G 和 2G 网络中自由切换。客户在 3G 网络覆盖良好的区域无线上网时,速率可达 2.8 Mbit/s,切换到 2G 网络时,速率可达 460 kbit/s。上网、下载速度的大幅度提高,完全升级了网速,即使在家和公司之外的区域上网也非常方便。

上网资费优惠。目前几款 G3 上网本一经推出即受到了广大消费者的热捧。除了优惠的价格,移动 G3 笔记本实现全国无线上网统一资费,没有漫游费,不管客户在国内任何地方使用 G3 笔记本上网,资费都是一样的。同时,上网费用与现有的中国移动号码捆绑,实现统一发票、账单。

② 海尔 X105 G3 上网本

2009 年 4 月,广州国美与中国移动签订 G3 上网本首销协议,独家发售海尔 X105 G3 上网本。同时,通过赠送话费和网费礼包等一系列促销手段,吸引了大批市民前来试用、咨询和购买。随后,广州城内迅速掀起 G3 上网本的关注热潮,海尔电脑也先于其他电脑厂商,成功夺得国内 G3 上网本首发权。

海尔 X105 G3 上网本的更多独有特性,使其区别于其他上网本。

a. 显示功效。海尔 X105 出自海尔 & 英特尔创新产品研发中心,拥有 10 英寸的显示屏,并植入了海尔独特的润眼技术,可吸收多重有害光波,保持眼睛水分,呵护脸部皮肤,有超便携绿色迷你宝贝的美誉。同时,海尔 X105 的润眼屏融入 LED 技术,其分辨率达到 1024×600,不仅可浏览完整网页,其视图画质和色彩也更加清晰逼真。内置的 130 万像素摄像头,让商务沟通、亲友联络更是零距离。

b. 高端配置。海尔 X105 采用主流的配置,1.2 kg 的机身采用了英特尔最新的 45 纳米凌动 N270 处理器,以及最高可升级至 2G 的 DDR2 内存,可同时轻松处理工作和娱乐任务;其功耗仅为 2.5 W,足以应付一下午的移动办公而不用担心电池电量不足。此外,海尔 X105 拥有 160 G 超大容量的存储空间,留有足够的升级空间,在迷你机型中属于顶级配置。百部大片、十万首歌曲、无数图文轻松收入,超凡的读写速度以及降噪能力,足以在节日外出途中轻松打发时间。

(3) 市场定位

上网本的市场定位于四大人群:

a. 需要第二台甚至第三台笔记本式计算机的商务人士;

b. 青少年一族,大学生、中小学生等需要上网的群体,便于学习和应用;

c. 某些特殊职业者,如记者、地质勘探者等经常需要出差的人员,甚至喜欢上网炒股的家庭主妇,也是上网本的目标人群;

d. 时尚一族,他们喜欢旅游,喜欢新奇事物。

3. 平板电脑

(1) 背景知识简介

平板式计算机是个人电脑家族新增加的一名成员,其外观和笔记本电脑相似,但不是单纯的笔记本电脑,它可以被称为笔记本电脑的浓缩版,是下一代移动商务 PC 的代表。从微软提出的平板式计算机产品概念上看,平板电脑就是一款无须翻盖、没有键盘、小到足以放入女士手袋,但功能完整的个人电脑。与笔记本电脑相比,它除了拥有其所有功能外,还支持手写输入或者语音输入,移动性和便携性都更胜一筹。

① 类型

平板电脑按结构设计大致可分为两种类型,即集成键盘的可变式平板电脑和可外接键盘的纯平板电脑。平板式电脑本身内建了一些新的应用软件,用户只要在屏幕上书写,即可将文字或手绘图形输入计算机。

可变式平板式计算机。可变式平板电脑是将键盘与计算机主机集成在一起,电脑主机则通过一个巧妙的结构与数位液晶屏紧密连接,液晶屏与主机折叠在一起时可当做一台"纯平板电脑"使用,而将液晶屏掀起时,该机又可作为一台具有数字墨水和手写输入/操控功能的笔记本电脑。它的屏幕不仅可以进行上下翻折,还可以进行 180 度的旋转,从而使它可以更方便地将显示画面展示给用户或计算机旁的其他人员。总体上看,相比于纯平板电脑,可变式平板电脑更接近于笔记本电脑。最常见的可旋转型平板电脑生产商是宏基和东芝。

纯平板电脑。纯平板电脑是将电脑主机与数位液晶屏集成在一起,将手写输入作为其主要输入方式,更强调在移动中使用,当然也可随时通过 USB 端口、红外接口或其他端口外接键盘/鼠标(有些厂商的平板电脑产品将外接键盘/鼠标作为可选件)。最常见的纯平板型平板电脑的生产商有 Motion Computing、Gateway Computers、富士通、惠普、康柏等。

② 功能特点

平板电脑的主要特点是显示器可以随意旋转,一般采用小于 10.4 英寸且带有触摸识别的液晶屏幕,可用电磁感应笔手写输入。平板式电脑集移动商务、移动通信和移动娱乐为一体,具有手写识别和无线网络通信功能,被称为笔记本电脑的终结者。

总结来说,其具有以下几种特点。

输入方式多样,移动性能好。平板电脑由于不再局限于键盘和鼠标的固定输入方式,可以采用手写和触摸的方式进行操作,因此无论是站立还是在移动中都可以进行操作。如果是纯平板式平板电脑则可以做得更加轻薄,因此移动性能较好。

全屏触摸,人机交互更好。使用键盘和鼠标在电脑上进行输入其实是一种人机交互的妥协,而通过手指对窗口进行拖放,放大或者缩小照片更符合人们的实际的行为习惯。这一切都可以在平板电脑全触摸屏上实现。

手捧阅读,可用作电子书。平板电脑尤其是纯平板式平板电脑,较为轻便的体积和重量,使得人们可以直接捧在手上进行操作,改变了人们在电脑上进行阅读的习惯。目前,已经有适合阅读的双屏平板电脑问世了。

手写识别,文字输入方便。平板电脑可以像掌上电脑那样用手写笔输入文字和进行画图,还支持数字墨水技术;用户手写笔输入的文字形状不用转换成文本,就像我们用普通的笔在纸上写下的字一样,大大提高了工作效率。

(2) 苹果 iPad

iPad(图 2-4)是一款苹果公司于 2010 年 1 月发布的平板电脑,定位介于苹果的智能手机 iPhone 和笔记本电脑产品(MacBook、MacBook Pro 与 MacBook Air)之间,提供浏览互联网、收发电子邮件、观看电子书、播放音频或视频等功能。

图 2-4 iPad 外观图

① 硬件配置

iPad 配备 9.7 寸支持多点触控的 IPS 屏幕,其分辨率为 1024×768,具备虚拟的 QWERTY 键盘。机身厚度 1.27 cm,重量约 700 g,十分轻巧便携。采用主频为 1 GHz 的 Apple A4 处理器,操作系统为 iOS,硬盘则采用 SSD 闪存介质,提供 16~64 GB 的规格供选择,续航时间约 10 小时(连续运行游戏或视频),待机时间超过 1 个月,并且能够更换电池。此外,iPad 还内建了 802.11n 模块和蓝牙 2.1+EDR 模块。

② 软件服务

主屏幕。iPad 的主屏幕上显示了各种应用图标,点击便可直接进入到相应应用。主屏幕菜单也支持定制,用户可以把喜欢的程序或网页显示在上面,可以用自己的图片作为背景,也可进行各个图标的位置安排。

聚光灯搜索。该功能可以搜索到 iPad 上的各种应用,包括内置的软件、邮件、联系人、日历、iPod 等程序,也可搜索到下载的程序。

Safari。iPad 搭载 Safari 浏览器,整个页面可以一次呈现,通过手指在屏幕上移动便可进行翻页、滚动,也可对相片进行放大缩小操作,支持网页缩略,体验更为直观。

邮件。通过触摸进行邮件操作。支持多种邮件附件格式和各大主流邮件服务商,屏幕不管是在平放还是垂直模式下,邮件均可自动跟着旋转并铺满全屏,通过屏幕上的虚拟键盘,可进行邮件的查看回复。如果在邮件中附有图片,可直接把图片保存到内置的 Photo 程序上。

游戏。游戏用户可以在 iPad 之上找到自己的所爱,包括 SEGA 游戏的多种选择、大屏幕高清触控屏结合重力感应器的支持,比 iPhone 更加紧张和刺激。

iPod。通过 iPad 上内置的 iPod 程序,用户可以浏览整张专辑,也可对歌曲、艺术家、歌曲种类进行单独查看。通过点触敲击便可播放歌曲。

地图。iPad 内置地图软件，用户可让看到世界各地的街景，也可以搜索附近的饭店旅馆，通过点触便可获得路线和方向。

iTunes 商店。通过点触 iTunes Store 图标，可进行无线浏览，并购买音乐、电视剧、短片等，或者进行影片租赁。iTunes 商店上有成千上万部电影和电视剧可供选择，歌曲则多达数百万首。iPad 可同步 Mac 或 PC 上已有的 iTunes 内容。

iBooks 书籍购买。iBooks 是一个用来阅读和购买电子书的全新程序，在 App Store 上可免费在线阅读。内置的 iBook store 上有各种经典和畅销书籍，用户可购买任何喜欢的数字书籍。一旦购买后，这些书籍便可在用户的 iBook shelf 书架上显示，直接点触便可进行阅读。

App Store。iPad 可以运行 App Store 近 20 万个应用程序，从游戏到商务应用，一应俱全。只要点击 iPad 界面上的 App Store 图标，便可选择喜欢的程序进行下载。

此外，iPad 还具有许多其他的优秀软件功能，总体来说，它是一款集成了多种电子设备特性的多媒体移动设备，集合了笔记本电脑、电子书、有线设备、手机、电子相框等功能。

2.2.3 案例3 智能手机操作系统

1. 智能手机操作系统概览

在 2G 时代，手机的操作系统并不重要，因为手机的基本功能只有语音和短信，它们的文件格式是通用的，完全不同的手机之间打电话和发短信，没有任何问题。但是 3G 时代的多种应用需求使得操作系统显得极为重要。然而目前多种手机操作系统的并行发展带来了诸多问题，例如每个业务应用都需要多次开发来适应这些不同的操作系统，而且手机之间的互不通用，使得用户每换一次手机都是一场噩梦。

解决手机操作系统问题的途径无非两个，一是通过全球性的国际组织，形成统一的标准；二是通过市场的竞争和选择，形成一统天下的格局。对于手机操作系统来说，暂时还没有国际组织来形成统一标准，我们来对比一下现有的几大主流智能手机操作系统，其优缺点如表 2-7 所示。

表 2-7 主流智能手机操作系统对比

名称	优点	缺点	手机品牌
Windows Mobile	界面和操作与 Windows 十分接近，用户熟悉并容易上手；各种保存在电脑或手机里的信息、资料可以轻松实现共享；有大量的应用软件可供用户选择	占用系统资源高，系统容易崩溃，机型价格相对较高	HTC
Symbian OS	Symbian 系统一直占据智能手机系统的市场霸主地位，系统能力和易用性等各方面都较强	一般配置的机型反映较慢，对主流媒体格式的支持性较差，不同版本的软件兼容性不好	Nokia
iOS	全触摸设计，娱乐性能强，支持的第三方软件较多	系统封闭，功能不太全面	iPhone
Android	具备触摸屏、高级图形显示和上网功能，界面强大，是一种融入全部 Web 应用的单一平台	待机能力不足，对互联网依赖性强，流量费用较高，质量高的软件较少	Google 手机、HTC、摩托罗拉

续表

名称	优点	缺点	手机品牌
BlackBerry	Blackberry 与桌面 PC 同步堪称完美，BlackBerry 的经典设计是宽大的屏幕和便于输入的 QWERTY 键盘，BlackBerry 一直是移动电邮的巨无霸	在多媒体播放方面的功能较弱	黑莓
Linux	具有自由、免费、开放源代码的优势，可以由用户自主研究代码，自定义多数系统的内容	来自官方的第三方软件很少，需要用户自行刷机后才能安装更多的程序，操作起来有些困难	摩托罗拉
Palm OS	系统运行占用资源少，处理速度快，且简单易操作	功能单一，用户群少，支持中文的操作平台开发缓慢	PDA

2. 不同手机操作系统

纵观智能手机的操作系统，Nokia 主推的 Symbian S60、微软的 Windows Mobile、苹果 iOS、Google 的 Android，俨然形成了四足鼎立之势。

（1）用户界面及操作

① Symbian S60

Nokia 主推的 Symbian S60 界面拥有两个版本，即传统的 S60 V3 版和支持触控的 S60 V5 版。

S60 V3。S60 V3 已经拥有非常成熟的用户界面。从 FP2 版开始，S60 手机拥有了更多不同形式的待机界面，允许用户不必进入主菜单就可以快速地开启某项功能，提高了易用性。不过总的来说，S60 V3 系列界面一直没有革命性的变化，但是这种非常接近普通手机的用户界面、物理键盘的传统操作方式，获得了大部分用户的认可。

S60 V5。随着触控手机的逐渐流行，Nokia 推出了 S60 的触控版本——S60 V5。首款终端产品是 Nokia 5800XM，其优点是宽大的 16∶9 触摸屏，细腻的回馈效果，强大的影音功能。但是也暴露出 S60 V5 系统的不成熟之处，比如不支持全屏滑动效果。相比 S60 V3，S60 V5 的菜单设计并没有太大区别，让人感觉仅仅是简单的支持触控功能的升级版本。随着后续产品的推出，Nokia 也在不断完善 S60 V5 的用户界面，在 N97 中出现了 widget（互联精灵）的设计，在 5530XM 上出现了全屏滑动，而 N97 mini 内置的优酷、人人网等全新互联精灵，搭配 3G 网络，使 S60 V5 拥有了更好的触控体验。

② Windows Mobile

相比 S60 V5，微软的 Windows Mobile 6.5 的用户界面就显得很新颖了。自 Windows Mobile 2003（SE）开始直至 Windows Mobile 6.1，经典的开始菜单就一直没有发生变化：位于左上角、细小的弹出式列表，完全不适合手指操作。

在 Windows Mobile 6.5 系统中，看到了来自微软官方的革新。首先是开始菜单的巨大变化，将开始菜单改为更加适合手指操作的大图标形式。滑动则是贯穿整个 Windows Mobile 系统的精髓，包括滑动解锁、全面支持滑动的今日界面、可自由定义图标位置的开始菜单等，这些改变使 Windows Phone 可以真正意义上抛弃触控笔，用手指进行所有操作。当然，不支持电容材质屏幕的 Windows Mobile 6.5 在滑动操作时所获取的感受还是与苹果 iOS、Android 存在一定的差异。

③ iOS

苹果 iPhone 之于手机操作的影响,是具有革命性意义的。触摸屏手机在 iPhone 推出之前并不是什么新鲜的概念,但是流畅的滑动操作、多点触摸技术、重力感应,则是之前所有触摸屏手机不敢想象的。由于采用了独特的电容式屏幕,搭配 iOS 用户界面,iPhone 为手机操作带来了顺滑的畅快感,是同时期的机型所无法超越的。

苹果将 iPhone 的界面命名为 Spring Board,所有程序及功能平铺在界面中,用户不必再进入主菜单,就能用最快的速度找到自己喜欢的应用。其好处是非常直观,不足则是不便于管理。通过不断升级,iOS 3.1.2 在操作的流畅度方面更上一层楼,全局搜索等新功能的加入也很好地提升了 iPhone 的易用性。

总体来说,iPhone 仍然是目前最为纯正的全触控手机,极少的物理按键使其大部分操作都要依靠手指进行。而电容材质屏幕的特性,在带来流畅操作感的同时,也会产生小小的不便;例如,在冬天戴上手套的情况下,手指操作无效,又不能借助传统硬物,只好选择购买昂贵的经典触控笔等。

④ Android

Google 的 Android 系统在用户界面及操作方面融合了各家的优势。它使用电容材质屏幕,部分机型可完美支持多点触摸操作,而 Home 键、菜单键、搜索键、返回键等物理按键,与触控屏幕结合达到了非常完美的操作体验。

与 Windows Mobile 的情况类似,Android 的用户界面的个性化更多地来源于手机厂商的定制。在 HTC Hero 之前,G1、G2 手机呈现的都是传统的 Android 系统界面:简单的三屏分页,可将程序的快捷方式放置于待机界面中。而 Hero 的 Sense 界面则在很大程度上丰富了这种形式。Sense 内置了六种不同的场景,在页面上呈现出不同的风格:如旅行模式内置了多国时钟,娱乐模式则以多媒体播放为主。同时,Sense 还允许用户新建更适合自己的自定义模式,为手机带来了更多的娱乐性。

(2) 软件资源、系统特性

① Symbian S60

S60 是最早的手机智能系统之一,软件资源丰富。以 S60 V3 版为例,互联网论坛上拥有数千款软件资源,多媒体、即时通讯工具、游戏等分类一应俱全。而且由于用户基数庞大,S60 V3 平台是众多手机软件厂商最先考虑的平台。相比之下,S60 V5 资源的丰富度就差一些。Nokia 针对国内 3G 的主流机型大部分集中在中国联通 WCDMA 网络的情况,在一些机型中内置大量的互联精灵(widget),用户无需输入网址,即可快捷地登录互联网站,享受 3G 网络带来的移动互联网生活。

在苹果 iPhone 的影响下,Nokia 也全力主推其 Ovi 互联网服务,主要的是 Ovi 软件商店,提供丰富的程序、图铃等内容下载,丰富用户的手机娱乐内容。但是,传统的 S60 用户已经习惯了先下载到电脑再传输到手机的传统模式,Ovi 的成功尚需时日。

在系统平台升级方面,Nokia S60 手机的可玩性相对其他三大智能系统稍显逊色。也就是说,如果用户想通过刷机来实现 S60 新版本系统的体验,几乎是不可能的,但这也是 Nokia 保证自家手机销量的一种策略。

② Windows Mobile

Windows Mobile 的软件资源很丰富,并且在商务应用、图像处理等方面拥有更多优势。首先,使用 Windows Mobile 处理 Office 文档更加得心应手,与桌面版 Windows 的信息同步也变得异常轻松,深受商务人士喜爱。另外,由于对触控屏幕的良好支持,在 Windows Mobile 上使用掌上 Photoshop 等软件处理图片更加得心应手,在某些情况下完全可以代替个人电脑来实现部分功能。

同时,随着互联网软件服务的逐渐兴起,Windows Mobile 也推出了相应的软件商店服务——Windows Marketplace For Mobile,将软件资源有效地进行整合,使用户可以通过手机上网方便地下载软件。与其他智能系统不同的是,Windows Mobile 的软件商店并不仅仅是微软一家来做,诸如 Acer 等 Windows Phone 制造商也将在自家的产品内设置软件商店服务,给消费者更多的选择。

在系统平台的升级方面,Windows Mobile 拥有超高的自由度。在各大论坛中,均有 HTC、三星等热门 Windows 手机的 ROM 资源,不同 ROM 制作者根据使用人群定位集成了很多软件到 ROM 当中,为用户提供了便利。

③ 苹果 iPhone

苹果一直在对 iOS 进行完善,不断地推出新版本,增加功能,使 iPhone 变得越来越完美。即使推出新款的硬件,也仍然提供对老款硬件的软件版本升级服务,所以 iPhone 一代仍然是目前最受欢迎的二手交易产品。可以说,苹果 iPhone 是最受欢迎的娱乐手机,包括生化危机、合金装备和极品飞车在内的众多游戏均被移植到 iPhone 平台上,使手机游戏产业呈现出全新的活力。

但是 iPhone 的系统传输是封闭的,只有苹果产品本身使用,支持的手机非常少,形成一个独立的小王国,这种情况使它缺乏爆发力;而且无法识别移动存储,只能借助 iTunes、91 手机助手来传输文件或同步,无法通过蓝牙传输文件,在四大智能手机系统中拥有绝对的封闭性。

④ Android

作为互联网手机的代表,Android 手机拥有很丰富的内置互联网软件,包括 Gmail、Google maps、Google Talk、You Tube 等热门软件,一个 Google 账户,便可以满足用户的移动互联网需求。当然,Android 手机也内置了 Android Market 软件商店,但是相比苹果的 App Store,软件种类和数量稍微逊色,Android 手机正逐步进入成熟期,2010 年是 Android 手机快速增长的一年。

(3) 终端及硬件配置

① Symbian S60

Nokia 在手机市场上一家独大,使得用户在购买 S60 手机时首选 Nokia,所以有时候甚至会忽略系统本身。从 Nokia 旗下的产品定位来看,包括多媒体旗舰 N 系列、音乐手机 XM 系列、商务 E 系统等,均拥有大量的 S60 产品。

S60 V5 作为新兴的触控操作平台,给用户带来了很大的新鲜感。Nokia 也通过不断的系统完善来包装产品,从 5800XM 到 N97 再到 5530XM,Nokia 的触控手机已经颇受市场及用户的认可。

在 S60 领域,除了 Nokia 自家的产品,还有三星和索尼爱立信。三星凭借 G810、i8510 等明星机型吸引了用户的目光。索尼爱立信在 Symbian UIQ 失败后,发展方向出现了比较大的变化。其备 1 200 万像素镜头的索尼爱立信 Satio,独立打造的 UI,出色的成像效果令人印象深刻。

通过 S60 代表机型的发展可以看出,不论是 Nokia、三星还是索尼爱立信,都在朝着大屏幕、高像素拍照,甚至高清视频播放的发展方向努力,强悍的多媒体功能将是 S60 手机未来的看点。

② Windows Phone

Windows Phone 的制作商很丰富，上到国际知名品牌，下到山寨，微软针对终端厂商的门槛并不高。主流的 HTC 拥有很多明星机型，如经典的钻石、Touch HD。HTC 在 Windows Mobile 领域多年，拥有丰富的硬件制造及系统优化能力，如 HTC HD2（Leo）机型，拥有 4.3 英寸 400×800 的高分辨率屏幕，高通 Snapdragon QSD2850 1 GHz 处理器，匹配 448MB RAM、512 MB ROM 的内存，是当之无愧的上网本级别。

近年来在 Windows Mobile 领域崭露头角的三星，也拥有市场反应良好的明星机型。三星 i900 是第一款搭载 500 万像素摄像头的 PPC 手机，内置了众多专业的拍摄模式和功能，改变了 PPC 手机在拍照领域的颓势。其后续产品三星 i8000，不仅内置了 800 MHz 主频的 CPU，同时 3.8 英寸 AMOLED 屏幕、3D Cubic 界面，使 Windows Phone 在显示、操作方面达到了新的高度。另外索尼爱立信 X2、东芝 TG03 等强悍机型，也将 Windows Phone 的水准提升到新的层次。

③ 苹果 iPhone

相比其他系统，苹果 iOS 的硬件要少得多。单纯从种类上来说，仅有苹果 iPhone、iPhone 3G 版、iPhone 3GS、iPhone 4 这几款硬件，而且硬件配置无法和现在高端智能手机相比。iPhone 3G 版的最大升级是支持 WCDMA 3G 网络，iPhone 3GS 则是采用了更高端的 CPU 及更大的 RAM 内存，系统运行速度有了明显的改善。运营在 App Store 模式下的苹果 iPhone 系统，每一代的升级都不是特别突出。

④ Android

Android 的魅力在于它的理念，Google 拥有不逊色于微软的号召力。目前 Android 的明星机型以 HTC 和摩托罗拉为主，HTC Desire、摩托罗拉里程碑等机型已经拥有很强大的市场号召力。而三星等厂商也期望在此领域分得一杯羹，Android 手机在未来将拥有很丰富的终端产品。

3. 发展展望

2008 年，全球智能手机出货量为 1.39 亿部，2009 年为 1.72 亿部，而 2010 年的出货量则高达 3.026 亿部。可见，全球智能手机操作系统市场正快速增长。

作为智能手机产业链的一个环节，操作系统市场的演变受到操作系统自身发展、终端厂商参与力度、应用丰富程度、电信运营商的支持等因素影响，因此，应该从手机操作系统自身发展、市场走向以及产业格局等方面综合看待现有主要智能手机操作系统的前景。

（1）从操作系统自身发展的角度来看

性能、功能及兼容性仍是各种平台竞争的焦点。从桌面个人电脑操作系统的发展实践看，相同平台下保持一定周期的后向兼容性是非常必要的，有效解决兼容性问题的平台将有望在应用环节取得竞争优势。

① 随着 1 GHz 处理器、4 英寸以上高分辨率屏幕以及大容量存储器的不断普及，对最新硬件的良好支持已成为智能手机操作系统应具备的基本特点。

② 良好的软硬件整合能力是影响功能研发和体验的重要因素。

③ 兼容性问题一直是困扰智能手机操作系统的问题，不仅现有不同平台互不兼容（即应用需要为不同平台开发不同的版本），相同平台的不同版本往往也无法实现后向兼容，针对老版本平台开发的应用软件无法在新版本平台上运行的情况比比皆是。

(2) 从市场走向来看

未来一段时期内,智能手机操作系统市场将被若干主要产品瓜分,其所占据的市场份额将由各自产品的优劣势和各自代表的产业链的特点所决定。

① Symbian 面临开源进程缓慢、自身性能/功能趋向落后以及跟 Nokia 关系处理等一系列问题,重新取得绝对领先地位难度很大。

② 作为封闭系统,iOS、Blackberry OS、Palm OS 的市场表现完全取决于其终端销售情况,无论从 Apple 和 RIM 的公司实力还是其终端产品线看,这三个平台都将面临现实的发展边界问题(即市场份额上升到一定数量级后就难以继续提高)。

③ Linux 阵营由于开源特点以及较良好的应用开发基础,如果能够有效地解决产业链整合以及开源带来的版本众多、兼容性难以保障等问题,其市场潜力将有望加速被释放。

④ Windows Mobile 的发展前景不容乐观,作为一种封闭、需要收取较高授权费、其所有者缺乏终端产品而且平台性能跟领先者存在相当差距的平台,Windows Mobile 跟上述操作系统竞争在不同方面都存在劣势,近两年其市场份额不断下滑已验证了这一点,要扭转这种不利的发展态势,Windows Mobile 需要在改革授权制度、加快新产品上市、加强应用开发支持等方面综合努力。

(3) 结合整个智能手机及相关产业格局看

未来,各方力量会围绕智能手机操作系统展开新的持续竞争和博弈。

① iOS、Blackberry OS。由于其所有者的终端销售业绩良好及应用环境建设较为顺利,iOS、Blackberry OS 预计将维持现有封闭、从终端—操作系统—应用全环节掌控的发展模式。

② Andriod。随着 Andriod 在 2009 年的加速完善,不仅越来越多的主流终端厂商加入,而且不少生产灰色手机的终端厂商也在积极研发基于 Andriod 的终端。另外,中国移动基于 Andriod 开发了自有手机操作系统 OMS 并建设了与之对应的应用商店 Mobile Market,以求在电信运营商围绕移动互联网的竞争中取得主动。从 2010 年 Andriod 手机的高出货量来看,未来 Andriod 手机有可能成为智能手机市场的重要力量。

③ Symbian 在开源及未来发展方面有一定的不确定性,但一旦顺利进入开源发展阶段,由于 Symbian 拥有较良好的主流硬件平台支持、成熟的程序开发基础及丰富的免费应用,如果届时采取免费授权策略,Symbian 对普通终端厂商采用其研发入门级的智能手机将会有相当的吸引力,而部分运营商也可能基于 Symbian 开发自有的手机平台并建设与之相当应的应用软件环境,这与中国移动在 OMS 上的举措类似。

④ Palm OS 封闭但功能较完善而且在美国市场有一定影响力的特点,使其对强势的电信运营商、终端厂商都会产生一定的吸引力:强势的电信运营商可通过收购 Palm OS 作为真正自有的智能手机主流平台并建设相应的应用环境,以提升自身在移动互联网领域的主动权,而原来在智能手机市场表现一般甚至尚未大规模介入的终端厂商,如果收购获得 Palm OS 则有望缩短操作系统研发以及竞争力形成的周期。

进一步阅读——纽约时报:下一代智能手机应具备的六大新功能

2010 年 2 月,纽约时报网站发表文章对下一代手机应具备的新功能进行了预测,提出了消费者所渴望的六大功能。

(1) 移动视频会议

使用手机随时随地进行视频聊天和视频会议,对于一些用户来说非常有用。Nokia 曾经在这方面做过努力,但是没有形成规模。视频会议系统必须允许手机和电脑进行视频通话,现阶段,运营商不想看到这样的事情。

(2) 生物识别传感器

目前一些高级别的生物特征识别装置也可以在手机上得到实现,例如虹膜扫描识别、指纹识别等,这将免去使用手机时的密码验证和解锁步骤,另外,会增加被盗手机的破解难度,降低手机丢失率。

(3) 设备之间的互联互通

手机与电脑、电视等其他数码电子设备之间的互相识别和无缝共享,将会极大地方便用户。

(4) 绿色电池电源

手机使用的电池显得很笨重,绿色电池技术将有望进入手机。苹果公司曾申请过专利,将太阳能电池技术融入到 iPhone 手机的液晶显示屏中,让手机可以直接利用光能充电。

(5) 无线

目前仍有许多手机用户使用 USB 数据线和耳机插孔,下一代手机将彻底去除这些烦琐的电线,使用 Wi-Fi 和 3G 等无线技术,将共享视频、音乐、文件等内容变得更加简单。

(6) 移动投影

目前已经有多款投影手机出现在市场上,但是微型投影技术仍处于早期发展阶段,还有很大的发展潜力。微型投影技术对手机突破屏幕大小限制将会有很大帮助。

复习思考题

1. 简要说明智能手机、上网本和平板电脑的异同。
2. 目前,主流智能手机操作系统有哪些?
3. 谈谈你对智能手机操作系统市场竞争格局的认识。

本章参考文献

[1] 钱雨.3GLTE 上行无线资源管理关键技术的研究[D].北京:北京邮电大学电信工程学院,2007.

[2] 李宗恒,李俭伟.主要智能手机操作系统发展现状及前景展望[J].移动通信,2010(2):115-118.

[3] 巽风.智慧个性尽显掌中——主流智能手机系统对比[J].金融博览,2010(3):56-59.

[4] 李正豪.中国移动加快 TD-LTE 试验网部署[J].通信世界,2010(41):3.

[5] 许爱装,陈传红.TD-LTE 的发展概况[J].移动通信,2008(12):21-24.

[6] 曹亮.国内运营商 LTE 发展联动提速中国 LTE 产业化[J/OL].通信产业报,2010-06-03.http://miit.ccidnet.com/art/32863/20100603/2077079_1.html.

[7] 刘燕.十项 TD-LTE 演示业务亮相广州亚运[N].科技日报,2010-11-17.

[8] 雍忠玮.移动 TD-LTE 广东建试验网完成首次"实战"应用[EB/OL].2010-11-10.http://it.sohu.com/20101110/n277499493.shtml.

第3章 移动商务模式及价值链

本章关键词

价值链	Value Chain
商业模式	Business Model
盈利模式	Profit Model
技术服务	Technology Service
商业战略	Business Strategy
运营模式	Operation Mode
资本模式	Capital Mode
营销策略	Marketing Strategy
合作模式	Cooperation Pattern
经营模式	Business Model

3.1 基本原理

3.1.1 移动商务价值链概念

1. 价值链概念

根据波特理论,产业价值链是从产品的研发、生产、营销,直至消费者的整个过程,由若干个企业构成的一条链。从一般的经济规律角度分析,一个产业的发展和兴盛需要价值链中各个环节准确定位、合理分工并进行资源的最优配置与收益的合理分配。价值链上的各个环节紧密联系,互相作用,上、中、下游多个企业共同创造出比单一企业更大的协同效应,使每个环节得以增值,提升最终客户价值。

2. 移动商务价值链

移动商务价值链是指直接或间接地通过移动平台进行产品或服务的创造、提供、传递和维持,以及从中获得利润的过程中行为价值传递的链式结构。

移动商务价值链是一个以信息产品为对象的价值增值链,是一条信息增值链。各个增值主体通过对信息的不断加工,如收集、整理、分类、储存、传输、交换等过程,向用户提供信息,实现信息的价值增值。

移动商务价值链在技术、法律和环境等方面面临着巨大变革,价值链逐渐被拆分和重构,并逐渐演化为价值网。很多研究者对移动商务的价值链的参与者进行了识别和分析,同时给出了不同的分类方式。综合起来,可以将参与者分为用户、内容和服务相关、技术相关以及其他等。用户又包括个人用户、商业用户等;内容和服务相关的参与者通常指网络运营商、内容提供商、内容综合商、应用提供商、应用开发商和无线门户等;技术相关的参与者指设备提供商、网络提供商、基础设施提供商和中间件/平台提供商等,还包括其他的参与者如法律机构和政府机构等。

Stuart J. Barnes 提出移动商务价值链的增值活动和过程包括内容、基础设施与服务两类。内容增值包括提供原始内容的内容创作、处理成数字产品的内容包装和向最终消费者提供内容产品的市场等活动。基础设施与服务方面主要包括移动网络传输技术、移动界面和应用等活动。

3.1.2 移动商务模式

1. 商业模式的定义

商务模式就是企业运营业务、创造利润的模式,主要是指企业如何在与其他实体的合作过程中创造价值并实现利润。

虽然有关商业模式的定义很多,但对构成要素没有达成共识,Morris 对国外商业模式理论研究进行总结,认为商业模式的定义大致可以分为经济类、运营类、战略类和整体类四种类型,但是,从根本上讲,商业模式反映的是企业价值创造的逻辑。Scott M. Shafer、H. Jeff Smith 和 Jane C. Linde 考察商业模式研究的文献,通过聚类分析的方法将学者们所提出的各种商业模式的构成要素进行归类整理,发现主要集中在战略选择、价值网络、价值创造和价值获取四个方面,由此定义商业模式为:从价值网络中创造和获取价值而进行的战略选择以及核心逻辑的体现,这与 Morris 关于商业模式的本质内涵——商业模式反映的是企业价值创造的逻辑,是一致的。

2. 移动商务商业模式的内涵

商业模式的核心是价值创造。而价值链相关理论的研究目的是基于为客户、企业、合作伙伴创造价值,找出价值创造环节,分析价值在价值链中传递和转移过程,为企业赢得竞争优势,二者的本质和核心是统一的。价值链可以展现出具体的价值创造环节、价值的传递和实现过程,不同的商业模式可以用不同的价值链进行描述,对不同商业模式的价值链进行比较,可清晰地反映出不同商业模式间的本质区别。因而,价值链为商业模式研究提供了有效的分析框架和理论模型。另外,通过对价值链上价值活动进行整合和创新,可以创造出新的商业模式。

移动商务的商业模式就是指在移动技术条件下,相关的经济实体如何通过一定的商务活动创造、实现价值,并获得利润。

移动商务商业模式涉及产业链条的各个环节,包括运营商、互联网公司、内容提供商、软件开发商、终端设备提供商、平台提供商等,这些参考者以处于移动状态的客户为中心,以移动通信网络为依托,在一定的政府管制政策限定下开展各种活动,以实现企业自身的商业价值。

移动商务的商业模式处于不断发展和变化的过程中。正如电子商务的兴起促生了一批新型的企业,也创造了许多全新的商业模式一样,亚马逊、eBay、DELL 电脑,乃至中国的腾讯、淘宝、易趣、阿里巴巴等,都是电子商务的新生产物。伴随移动商务的发展也将产生许多新型的移动商业模式,同时促生许多新兴的企业。这是一个全新的研究领域,成功的模式可能诞生于理论界,更有可能源于成功的商业实践。

总的来讲,商业模式是从简单、种类少到复杂、种类多变化的。移动商务模式的发展也同样如此,但在变化过程中又呈现出自身特色。

(1) 内容提供商地位的变化。在移动商务模式发展过程中最大的变化莫过于从没有内容提供商的参与到内容提供商在整个商业模式中逐渐占据主要地位。现在大多数的移动商务的商业模式中都少不了内容提供商参与,他们是移动商务内容和服务的来源,也是移动商务实现商业价值的根本。

(2) 无线网络运营商作用的减弱。移动商务发展伊始,无线网络运营商凭借其独特的资源优势一直处于整个价值链的核心地位。然而随着其他参与者的不断壮大和移动商务模式的变化,无线网络运营商的作用明显减弱,从原来价值链的管理者逐渐回归到通信服务提供者的角色,其在移动商务中的主导地位已开始动摇。尽管如此,在现阶段无线网络运营商仍处于主导地位。

(3) 移动技术的引领作用。网络条件下所有的商业模式都是以信息传递为基础的,而信息传输率的大小也反过来影响商业模式的发展。移动商务商业模式随着技术的升级而不断扩充、完善和成熟,种类也不断多样化。

(4) 产业价值链上利润模式到价值模式的转换。企业的商务活动只有与价值理念相结合,树立为顾客创造价值的观念,才能保持可持续性发展。从生产到消费整个就是一个价值创造—价值传递—价值体验的价值网络。在这个价值网络上,如果只顾及自身利润而不为消费者创造价值,就会失去生产的机会,进而从这个产业价值链上出局。

(5) 企业互动性的增加。在移动商务商业模式中,首先打破了过去对行业的界限,当手机中出现音乐,商家开始在线销售,个人在网上理财,这些已经超出了过去某个行业所辖的范畴。其次企业与消费者之间的距离被缩短,传统的生产与消费关系发生颠覆性变化,处于价值链一端的客户力量已经可以影响到整个产业价值链上的每一种转变,移动商务企业必须考虑向服务转型,提供个人定制化的生产、个人定制化的服务,以满足客户的需求。

3.2 案 例

3.2.1 案例 1 i-Mode

谈到移动商务价值链,目前世界上最成功和知名的可能莫过于日本 NTT DoCoMo 公司推出的 i-Mode 服务产业链,下面来介绍 i-Mode 的成功故事。

1. 基本情况介绍

(1) NTT DoCoMo 公司简介

1992 年 7 月，DoCoMo 从其母公司——日本电报电话公司 NTT 中分离出来。NTT DoCoMo 公司目前是日本市场份额最大的运营商，拥有覆盖全国的通信网络。公司提供广泛的、全方位的服务，包括使用高效 PDS 电信系统的手机服务、PHS 数字通信系统、FLEX-TD 高级无线寻呼系统、航海及机上电话、卫星移动通信系统及办公用数字无线电话。

(2) i-Mode 简介

i-Mode 是由 NTT DoCoMo 公司于 1999 年 2 月 22 日所推出的移动信息服务品牌的名称。在日本，无论是走在繁华的街头还是坐在拥挤的地铁车厢里，大家都能看到这样的画面：许多人通过移动电话使用互联网服务，他们一边专注地看着手中的彩屏手机，一边用大拇指灵活地操作着 i-Mode 功能键，他们就是日本的新生代一族，被日本媒体亲切地称为大拇指一族。i-Mode 用户逐年递增，具体如图 3-1 所示，截止到 2010 年 5 月，i-Mode 在日本已经拥有 4 900 万用户。

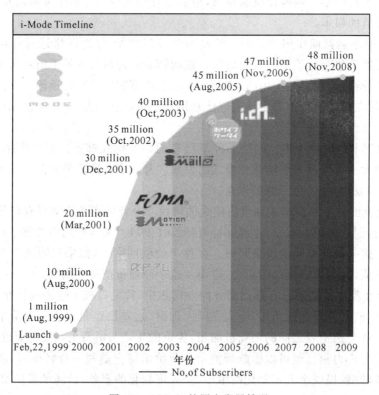

图 3-1　i-Mode 的用户发展情况

① i-Mode 手机的特征

i-Mode 蜂窝电话重量比较轻，仅有 90 克，手机屏幕比普通手机略大，有较大的液晶显示器，手机增加了五个 i-Mode 键，其中四个方向键、一个选择键。

② i-Mode 的工作方式（上网方式）

i-Mode 蜂窝电话使用 cHTML 微型浏览器。通过这个微型浏览器，只要输入网址或安装 i-Mode 搜索装置，然后按一下蜂窝电话上的专供 i-Mode 使用的按钮，即可实现上网目的。用户通过结合使用四个按钮（向前指针、向后指针、选择、倒退/停止），就可以完成一系列基本操作。i-Mode 基本与典型的 HTML 浏览器(如 Internet Explorer 或 Netscape)的工作方式相同。

③ 使用 i-Mode 服务需要的条件

a. 一个具有内置浏览器、语音和包通讯能力的蜂窝电话

b. 一个包网络

c. i-Mode 服务器

d. 信息提供者

2. i-Mode 技术

i-Mode 技术(其中的 i 代表 information)是由日本 NTT DoCoMo 公司开发的一种无线通信技术标准。i-Mode 是基于数据信息包的传输技术，用户可以据此使用自己的手机访问互联网以及收发电子邮件和其他信息。这种技术使得用户能够通过蜂窝电话使用 Internet 服务，如图 3-2 所示。

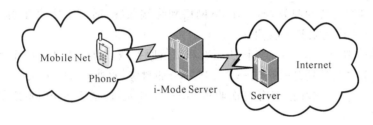

图 3-2　i-Mode 网络构架图

i-Mode 构建于各种先进的技术基础之上，采用包交换技术以达到持续的访问能力并且采用 HTLM 子集(iHTML)来方便地创建或者转化 Web 内容。

DoCoMo 还制定了 i-Mode 标准，它使用简化的 HTML 语言作为网页编程语言，能够很容易地建设所需要的网站。同时，i-Mode 还能够与其他一些的标准兼容。

在提供无线互联网服务时，包交换技术能给终端用户带来许多好处：首先它使用户可以永远在线，免去了使用电路交换技术时费时的拨号和登录过程。其次包交换技术使得在计费方面可以按照流量计费而不是按时间计费。如果按时间计费，其 9.6 kbit/s 的传输速率会让用户很难接受。除了每月 315 日元的月租费外，用户只需要为 128 字节的每个 IP 包支付 0.315 日元。

3. i-Mode 服务

(1) i-Mode 服务内容

i-Mode 的服务内容包括四个方面：娱乐、交易、信息和数据库。娱乐类包括在线游戏、FM 广播收听、图片铃声下载等；交易类包括移动银行、票务预定、人寿保险、在线售书等；信息类包括天气信息、体育新闻、财经信息等；数据库类包括电话簿、字典服务、烹调查询等。

(2) i-Mode 服务特征

① 服务的便捷性。NTT DoCoMo 在设计上网服务的时候充分考虑了服务的便捷性。比如开机即上网并且永远在线，在每款终端上都定制了专门的 i-Mode 上网键，一按就可以上网并连接到互联网服务的导航页面。另外，还设计了丰富的在线信息查询功能，通过设置邮件地址直接进入邮件接口功能，全面的服务导航功能等。

② 业务丰富性。NTT DoCoMo 十分注重服务内容的质量，通过调查用户的使用方式和需求而定制业务，对于传统的互联网服务适配大屏幕电脑，直接用于移动站点不合适，

NTT DoCoMo就对信息进行重新设计编排,删除和添加一些信息和元素,以适应手机用户的需求。

③ 准确的定位。根据传统互联网先有娱乐和信息,然后才开展电子商务服务的特点,NTT DoCoMo前期发展了大量的娱乐和信息服务,辅之以商务服务。首先,NTT DoCoMo针对24~35岁年轻时尚、有一定经济实力并渴望在线交流的目标客户群,推出了游戏、音乐下载、漫画、邮箱、股票信息、交通信息等娱乐和生活信息类业务,获得了大量用户的亲睐,赢得了年轻一族的眼球,并被广泛宣传。其次,i-Mode推出手机银行等商务服务,超过300多家机构在i-Mode上开展银行支付业务,用户可以在其站点上通过银行支付购买各类产品。

4. i-Mode赢利模式

i-Mode的计费引擎的技术标准是开放式的,任何内容提供商都可以开发与i-Mode兼容的服务。NTT DoCoMo把这些服务分为两类,一类属于i-Mode正式合作伙伴官方服务,这些服务进入手机菜单和i-Mode的门户网站进行导航,i-Mode为其提供代收费服务,另一类属于第三方自愿支持的服务,与i-Mode网络和终端兼容,通过手机直接输入网址即可以进入,i-Mode不为这些服务代收费。

i-Mode的收费分为基本费、资料使用费和增值服务费。基本费为315日元(约合25元人民币)每月;资料服务费是每传送一个128字节的封包,收取0.315日元(合2分人民币);增值服务如账户查询、餐厅指南等每次收取10~40日元,传送E-mail则按照字数每50字收取0.9~1.5日元。

(1) 变免费为收费。传统互联网的使用是免费的,而i-Mode首创了移动互联网的使用收费的模式。

(2) 收费分成模式。i-Mode将收取的服务费与提供内容服务的SP进行利润分成,促进了信息源的发展。具体的收费模式是:i-Mode代内容提供商收取信息费,与SP进行利润分成,分成比例一般为9:91,也就是信息费中的9%作为手续费归DoCoMo所有。

(3) 合理的分成模式带来的良性循环。合理的收费模式使SP获得了一定收入,激励SP不断提供完善和新颖的内容,丰富的内容和新颖的服务又吸引了众多的用户,促进了信息源的发展,也降低了SP的运营风险。这种分成模式刺激了内容商的极大热情,他们倾其全力不断推出新业务,这样整个市场形成良性循环。如图3-3所示为DoCoMo的合作战略图。

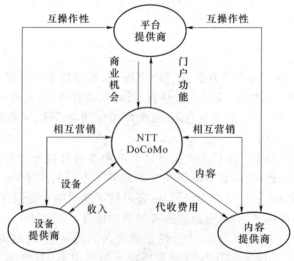

图3-3 NTT DoCoMo的战略合作图

（4）代收费模式。在 i-Mode 服务中，NTT DoCoMo 从用户那里一并征收电信费及信息费，然后将信息费部分支付给内容供应商。DoCoMo 则从每月的通信费中收回电话的成本。i-Mode 信息费代征流程如图 3-4 所示，这样，就省却了内容供应商逐个建立收费系统的麻烦。简单的收费模式吸引了大量的用户，使得整个过程进入良性循环。

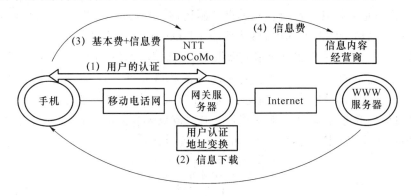

图 3-4　i-Mode 信息费代征流程图

5．i-Mode 商业战略

多种先进技术的采用以及独一无二的商业模式，使得 i-Mode 在日本取得了极大的成功。这种商业模式的背后是一种崭新的移动服务价值链，以及崭新的无线服务和 Internet 之间的关系。

为了给用户提供更好的移动服务，DoCoMo 整合了 i-Mode 价值链上的各个环节。与设备制造商、内容提供商和其他平台供应商的紧密合作确保了无线技术、内容质量和用户体验能以相同的最优节奏前进。最终，这种同步确保了客户、合作者和股东的利益与终端用户的一致，使得价值链各个环节价值都能最大化，从而不断地改进产品和服务的质量。NTT 公司与日本制造业有着传统家族关系，能够调度大批有实力的企业参与研发制造 i-Mode 手机与基站设备。DoCoMo 向制造商直接定制、购买移动电话，再以低价甚至常常是进货价交给自己的零售商，零售商可以轻而易举地销售电话，因此推广的积极性非常高。

DoCoMo 还与很多国际上的合作伙伴组成联盟，这样的联盟有助于 i-Mode 扩大全球范围的规模，与国内外制造商合作开发新的产品，为用户在全球市场提供高效高质的产品和服务。

另外，手机终端的定制对 i-Mode 业务的发展起到了重要的作用，在移动互联网通信方面，市场的主流不再是传统的通信，而是多样化、个性化、有特色的服务，终端的生产要符合用户使用业务的需求。

6．i-Mode 营销策略

i-Mode 向顾客销售的是服务而不是市场营销战略。i-Mode 的市场营销集中在用户能够通过 i-Mode 做什么，而不是使用什么技术。在广告宣传过程中，Internet 或者 Web 之类的词语从来没有被用到，取而代之的是移动银行的转账或者机票预订等词语。它传递给顾客的信息是使用 i-Mode 如何方便和友善。DoCoMo 还与很多国际上的合作伙伴组成联盟，这样的联盟有助于 i-Mode 扩大全球范围的规模，与国内外制造商合作开发新的产品、为用户在全球市场提供高效高质的产品和服务。

对于用户来说，大多数服务的收费是低廉的，还有很多免费服务，保持低收费对运营商和合作伙伴都有好处,既增强了用户黏性,保障了服务订购数和信息费收入,运营商也得到了网络通信费,而消费者也方便地享受到自己需要的服务。

7. i-Mode 合作模式

NTT DoCoMo 采用半封闭价值链模式,处于价值链的核心,对价值链进行强有力地介入和控制,全方位地掌控各个环节。它和设备制造商、内容提供商以及其他平台紧密合作,确保为用户提供高质量的服务和内容;并且,NTT DoCoMo 还在全球范围内与内容提供商、国外运营商、ISP/CP、软件开发商和制造商组成战略联盟,例如,NTT DoCoMo 除了通过招投标活动以公平竞争的方式选出合适的系统设备制造商外,还积极与系统设备制造商如 NEC 建立资本与技术的战略合作关系。这种合作共赢的模式鼓励各方扮演好自己的角色,为用户提供更好的服务,同时重点解决了制约移动互联网发展的瓶颈问题,即手机终端和内容的问题,促进产业生态圈的良性发展,如图 3-5 所示。

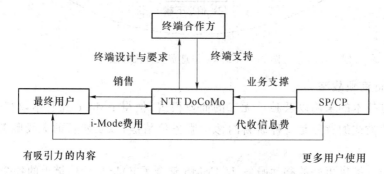

图 3-5 i-Mode 产业价值链

在与内容提供商合作方面,NTT DoCoMo 对大多数内容提供商保持安全距离,立场持中,总把最受用户欢迎的内容放在第一位,以激励内容提供商做好内容;对那些在推广 i-Mode 方面最得力的内容提供商,NTT DoCoMo 则采取注资的方式以维持紧密合作,尤其是游戏提供商。

在终端产品方面,NTT DoCoMo 采取四项措施配合其业务的发展:一是研发、设计和定制终端,二是提供手机补贴,三是将手机和业务捆绑销售,四是在资本和技术上进行深入合作。这四项措施有力地解决了 i-Mode 手机终端的问题。

8. 案例总结

通过以上的分析,我们来总结 i-Mode 模式的成功经验。

(1) 根据业务制定终端

NTT DoCoMo 在推出新业务时,会对手机制造商提出自己的理念和要求,主要体现在两个方面:

一是统一网络和终端规范。网络通信时代的新业务层出不穷,功能越来越复杂,如果标准不统一,就会造成各种业务和各类手机终端相互不兼容,于是就会限制用户规模的快速发展。NTT DoCoMo 在业务开展之初就制定了平台统一标准和接口规范,使得各种业务和终端的开发按照统一标准进行,业务和终端的通用性和兼容性得到保障。

二是根据业务定制终端。互联网内容开发商开发的内容不仅要符合运营商要求和市场需要,也要能在手机上运行使用。终端设备商出产的手机是否能使用新的业务,不仅需要符合运营商的网络,也要能有效支撑内容提供商的业务展现和推广。这些工作各个终端商和内容商是无法独立解决的,只有运营商才能出面解决这一问题,这就决定了运营商在产业链上拥有协调上下游的特殊核心地位。NTT DoCoMo 就是这样整合产业链、组织产业参与者合理开发出有用户需求和发展前景的业务并在终端进行定制的。

(2) 合理的定价策略

在 i-Mode 之前,传统互联网是免费的,移动互联网业务如何能吸引用户付费成为一个摆在运营商面前急需解决的问题。根据手机特点和用户需求开发丰富的业务是一方面,而合理的定价策略也至关重要,i-Mode 的收费主要由三部分组成:一是基本月租费,二是数据通信费,三是服务信息费。

(3) 多赢的分成模式

i-Mode 的成功,最核心和重要的是 NTT DoCoMo 创造了多赢的利润分成模式。传统互联网的免费模式让许多内容提供商生存十分艰难,NTT DoCoMo 认为只有让内容提供商有利可图,才能激励其不断开发出用户喜爱的业务,内容提供商的服务热情一旦被激发,移动互联网发展的最大瓶颈就被解决。

NTT DoCoMo 代成为正式合作伙伴的内容提供商收费,并对信息费进行分成,分成比例是 9∶91,NTT DoCoMo 仅收取 9% 的手续费。NTT DoCoMo 这种策略是明智的,运营商不与内容提供商在信息费上争利,自己定位于接入费用,这极大地激励了内容提供商,开发出更富创新的业务以吸引用户,而收入的大部分归他们自己所有,形成了良性的循环,用户的大量使用又给运营商带来了月租费和数据流量通信费,给内容提供商带来了更多的利润。

从与系统设备提供商的关系来看,NTT DoCoMo 与 NEC 建立资本与技术的战略合作伙伴关系。从 i-Mode 的商业合作模式中可以看出,NTT 重点解决了制约移动互联网发展的瓶颈问题和相关产业链的薄弱环节——内容和终端,i-Mode 商业模式不仅为运营商创造了商业价值,还为终端提供商和内容提供商带来了巨大的经济效益,最终形成多赢的格局,为 i-Mode 的生存和发展创造良好的市场环境。

总的来说,i-Mode 的成功是价值链的各环节共同努力的结果:手机提供商必须为终端用户提供功能强大、方便实用的手机;网络和服务提供商必须为高质量的服务和可拓展性创建合适的架构;内容提供商必须为终端用户提供丰富的服务;最后移动运营商必须把这些整合起来的价值友好地提供给终端用户。DoCoMo 整合协调价值链的各个环节,使得价值链上的参与者都能分享利润,分享成功。

3.2.2 案例2 移动梦网

1. 基本情况介绍

中国移动通信集团公司(以下简称中国移动)于 2000 年 4 月 20 日成立,注册资本 518 亿元人民币,拥有全球第一的网络和客户规模。中国移动全资拥有中国移动(香港)集团有限公司,由其控股的中国移动有限公司(简称上市公司)在国内 31 个省(自治区、直辖市)和香港特别行政区设立全资子公司,并在中国香港和纽约上市。目前,中国移动有限公司是全球市值最大的电信公司。

2000年10月,广东移动率先提出移动梦网创业计划。移动梦网经过多年的发展,如今已经成为中国移动为用户提供增值服务的主要平台。

移动梦网最大的特点就是充分整合产业链中各个参与方的优势资源,提供内容和应用服务。移动运营商在产业链中处于核心地位,运用其品牌和客户资源的优势,配置和协调各参与方在价值链中的作用,从而控制整个价值链的价值分配。

2. 移动梦网服务

中国移动2000年率先推出移动梦网创业计划,向移动客户推出移动数据应用服务的全国统一品牌。移动梦网提供的是直达用户的一站式打包服务,合作各方成为一个整体,集中各方资源优势为用户提供服务。移动梦网提供五大类服务:信息服务、娱乐服务、位置服务、通信服务、商务服务。

现在中国移动能提供多种多样的服务,这里暂不考虑语音通信等传统电信服务,主要分析以移动梦网为平台的无线增值服务。目前移动梦网能提供短信、彩信、手机上网、手机钱包、移动博客等服务,根据移动梦网中的业务分类总结出所有的服务,如表3-1所示。

表3-1 移动梦网服务列表

移动梦网服务类别	子分类
Mo手机上网	音乐,影视,游戏,新闻,时尚,体育,书屋,财富,图铃,其他
彩信	新闻天气,游戏娱乐,时尚生活,卡通动漫,彩信铃声,彩图动画,彩信DIY
短信	信息类,通信类,娱乐类,商务类,特殊服务类
百宝箱	棋牌,综合,体育,格斗,动作,策略,射击,角色,竞速,冒险,益智
语音杂志	娱乐类,游戏类,教育类,歌曲类,资讯类,商用类
无线上网类	移动聊天,随e行
手机钱包	手机缴费,报刊订阅,软件服务,彩票投注,远程教育,慈善捐款,在线票务,保险服务,数字点卡,手机理财
移动沙龙	星座情缘,音信高校,Q语传情,同生同乡缘,向左向右城市缘,无限校园,空中连线,聊友俱乐部,玩酷英语,东风畅聊,夜聊吧
手机报	时事新闻,彩信书屋,享受生活,娱乐前线,体育看台,凤凰专版
移动博客	
手机邮箱	短信邮差,彩信邮差
手机地图	定位自己或他人,搜索城市信息,规划交通路线

服务种类繁多,但按照服务的价值链构成大致可归纳为如下三大类:手机上网类、数字信息订购类和移动支付类,如表3-2所示。手机上网类服务是指利用移动终端随时随地连接到互联网的服务,使用户像使用电脑一样能在线聊天、浏览网页、搜索信息、收发邮件、撰写博客等。数字信息订购类服务是指用户通过中国移动订购服务提供商的各种服务,比如订购天气信息、手机电影、彩信、游戏等。移动支付类的服务是指利用移动终端购买相关产品后直接用终端进行支付。

表 3-2　中国移动增值服务分类

类别	解释说明	服务种类
手机上网类	为移动终端用户提供上网服务,使之能够连接到 Internet	手机上网,移动博客,手机邮箱,移动沙龙,手机地图,无线上网
数字信息订购类	通过手机,用户到移动梦网上订购各类数字信息或服务	短信,彩信,语音杂志,百宝箱,手机报
移动支付类	将手机与银行卡绑定,利用移动终端实现移动支付	手机钱包

3. 移动梦网赢利模式

移动梦网主要业务的收费模式一般都是由基本通信费和信息费两部分组成。通信费指的是客户使用中国移动通信网络所产生的、需要支付给中国移动的费用,信息费则是指客户使用 SP/CP 提供的内容和服务而需要支付给 SP/CP 的费用(由中国移动代收),信息费的具体标准由提供业务的 SP/CP 制定,各有不同。例如,使用 WAP 会产生两部分费用:一是通信费,GPRS 用户按照流量进行计费,1k 信息量标准费用为 3 分钱,不使用不发生费用,选择包月套餐价格会更低;二是因使用服务而产生的信息费。

中国移动采取与 SP/CP 合作分成的形式分配收入,获得通信费和信息费的相应部分,根据三种不同的合作模式设立三种分成比例,具体如表 3-3 所示。

表 3-3　三种合作模式下中国移动与 SP/CP 的收入结算模式

	结算模式
普通型合作	中国移动与 SP/CP 应收信息费结算比例为 15∶85,实收信息费结算比例为 9∶91
半紧密型合作	中国移动与 SP/CP 的信息费结算比例为 30∶70
紧密型合作	中国移动与 SP/CP 的信息费结算比例为 50∶50

4. 移动梦网产业价值链

移动梦网采取半开放的模式,以运营商为核心、各方分工合作共同打造移动互联网业务价值链。中国移动的定位是移动门户提供商＋网络运营商,其他环节则由应用开发商、终端厂商、内容提供商、最终用户组成。网络运营商提供接入平台和信息通道,终端厂商根据业务特色生产终端并推动更新换代,服务提供商通过提供有价值的信息和应用获取收入并实现盈利,最终用户得到一站式服务,享受各种信息和应用,各方实现共赢,如图 3-6 所示。

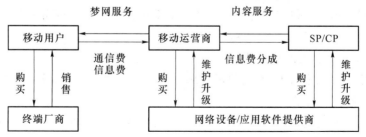

图 3-6　移动梦网的价值链

5. 中国移动运营模式

移动梦网计划中把移动互联网市场价值链表述为：应用内容/服务提供商—移动门户提供商—移动网络提供商—终端厂商—最终用户，其中中国移动通信定位于移动门户＋移动网络提供商。对于参加此计划的众多无线互联应用内容/服务提供商，中国移动通信现有的WAP平台、短消息平台均可以实现开放、公平的接入，并以客户聚集者的身份架起应用服务商与用户之间的纽带。无线门户的流量收入计费由中国移动通信完成，并与无线门户采用多种分成方式。

在该运营模式中，运转步骤如图3-7所示。

第一步，中国移动通信向应用开发商提供一套开发接口，应用开发商开发出各种应用程序，联合中国移动通信进行各项测试。

第二步，应用程序测试通过后，中国移动通信与应用开发商协商利润分成。

第三步，应用开发商通过DDN/因特网把应用程序的支撑平台联入中国移动通信的信息平台。

第四步，中国移动通信在信息平台和短信平台上制作数据，向用户提供各种接口。用户可以通过短信息交互的方式与这些接口进行联系来获得应用开发商所提供的内容。

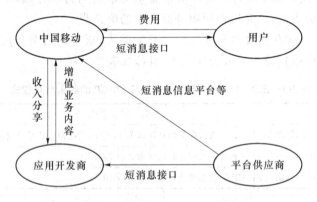

图3-7 中国移动通信移动梦网模式

在移动梦网体系中，运营商和内容提供商、服务提供商分工明确。作为运营商，中国移动有完善的网络体系、成熟的收费系统、完善的客户信息，但缺少具体的移动商务服务和适合这种服务的内容。而内容/服务提供商则有一定信息资源、移动商务服务开发能力，但是缺乏网络资源和收费手段。在移动梦网体系中，双方的合作关系为：内容/服务提供商开发和提供适合中国移动用户使用的内容/服务，中国移动为其提供网络平台、业务支撑平台及代收费服务。对于内容/服务提供商而言，在移动梦网体系中可以充分发挥自己的优势，集中精力不断开发出真正满足市场需要的信息服务。

6. 移动梦网各类服务的价值链

下面依次举例介绍手机上网类、数字信息订购类和移动支付类服务的价值链构成。

（1）手机上网类服务的价值链

手机上网类服务价值链上的参与者主要有内容/服务提供商、中国移动和中国移动用户，如图3-8所示。中国移动用户申请手机上网服务后，通过中国移动的WAP网关连接到移动梦网浏览移动梦网中的各类信息，享受移动博客、聊天等服务。但是移动梦网仅仅是一个平台,需要各种内容/服务提供商为之提供大量信息和服务,供用户使用。因此信息从内容/服务提供商传递给移动梦网,再由 WAP 网关传送到移动终端。而所有的收益仍来源于中国移动用户,中国移动从用户的手机话费中划取上网费用,然后将部分收益分配给内容/服务提供商。

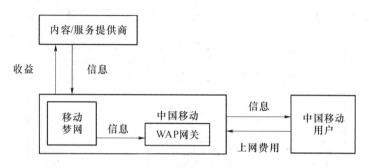

图 3-8 手机上网类服务价值链

(2) 数字订购类服务价值链

这里以中国移动用户订购新浪网提供的天气服务为例,其价链如图 3-9 所示。中央气象台向新浪提供天气信息,如果某用户预定了天气服务,那么新浪则通过中国移动向该用户发送天气信息。用户预定该服务时,中国移动直接从用户话费中扣取服务费,中国移动再与新浪进行收益分成,而新浪则通过购买中央气象台天气信息的使用权将部分收益转移给中央气象台。

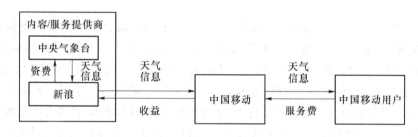

图 3-9 数字订购类服务价值链

与订购天气信息类似,订购诸如财经信息、体育新闻、彩铃、动漫、手机电影、报纸等服务,运作模式都相同,价值链也相似。

(3) 移动支付类价值链

① 用户发送订购信息至一个特定的号码,如 7777,订购信息包括投保功能码、姓名、身份证号、产品代码、生效日期等。

② 中国移动按 TCP/IP 协议转换订购信息,然后传递给 UMPay 的支付平台。

③ UMPay 到认证中心核对用户信息和商家信息,然后将订购信息通过中国移动网络发送给用户,要求该用户确认订购信息,如信息无误,输入手机钱包密码确认订购。

④ 用户确认信息无误后,通过中国移动网络向 UMPay 发送自己的手机钱包密码。

⑤ UMPay 将确认后的订购信息发送给相关银行(即用户手机钱包绑定的银行和商家的开户银行)和太平洋保险公司。

⑥ 用户手机绑定的银行将一定数量的资金从用户账户转至 CPAC 账户。

⑦ CPAC 的开户银行将支付信息发送给 CPAC。
⑧ CPAC 确认无误,将保险号和密码通过中国移动网络发送给该用户。
⑨ 该用户享受 CPAC 的服务。

以中国移动用户购买太平洋保险时的价值链为例,如图 3-10 所示,图中箭线上的编号代表运作流程的顺序,关于运作流程的介绍在图下方附有相关解释。

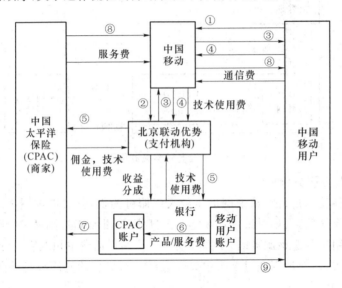

图 3-10　移动支付价值链

图 3-10 所示的移动支付价值链中,各个参与者的资金来源也相对复杂。支付机构的收益来自向移动运营商、商家和银行提供技术的使用费,此外还可以向商家收取交易佣金;移动运营商的收益则来自商家的服务费和用户产生的通信费;银行收益来自支付机构的利润分成;商家的收益主要通过销售更多的产品/服务获得。此外,不管是移动运营商、商家,还是支付机构,从移动支付中都能得到其他的潜在收益,比如巩固客户、降低成本、提高市场竞争力等。

这里的移动支付价值链与传统的涉及第三方机构时的移动支付价值链大体一致,价值分配基本相同,区别仅仅在于这里涉及的具体实现过程更为复杂。

7. 案例总结

移动梦网的成功在于以下几点:

(1) 准确的战略定位。随着移动互联网业务的发展,移动通信价值链在传统电信价值链的基础上获得了延伸。在传统电信价值链中,各成员间界面清楚,但关系松散。移动通信运营商定位在网络运营商,主要提供移动话音业务。这时,移动通信运营商通过垂直的整合控制着整个价值链。但随着移动互联网业务的发展,移动通信价值链不可避免地分解和重构,内容和应用将日趋占据重要的地位。在这一背景下,移动通信运营商必须以用户的需求、用户的支付能力以及服务成本为基础,借助于和价值链上下游成员的合作,有选择地提供不同的产品和不同层次的服务,塑造出自己的品牌优势。中国移动敏锐地洞察了这一趋势,及时地推出了移动梦网创业计划。在移动梦网体系中,中国移动把自己定位在"移动门户提供商+网络运营商",以客户聚集者和平台提供者的角色架起 SP 和用户之间的桥梁,与上下游价值链成员密切合作,形成价值创造的联合体。

（2）共赢的产业价值链模式。在移动梦网体系中，中国移动和 SP 的分成关系是整个价值链的中枢神经。双方的合作关系为：SP 开发和提供适合中国移动用户使用的内容/应用服务，中国移动为其提供网络平台、业务支撑平台及代收费服务。双方的结算原则为：SP 获得用户支付的信息服务费，中国移动获得用户支付的通信费和 SP 支付的代收劳务费（信息服务费分成）。在移动梦网的商业模式中，中国移动开放与合作的姿态集中体现在信息服务费的分成比例上，即中国移动只提取应收信息服务费的 15% 作为代收劳务费，SP 获得信息服务费的大头，这极大地刺激了 SP 们的投入热情。

（3）有效的品牌推广。中国移动高度重视移动梦网的品牌建设，将其定位为全国性的业务品牌进行推广，取得了显著的品牌效应。移动梦网品牌推广的成功之处在于：不断拓展移动梦网的服务范围，扩大品牌影响；整合服务内容，打造精品品牌；根据市场细分，实施品牌延伸。

延伸阅读——中国电信互联星空

1. 基本情况介绍

为了应对中国移动、中国联通门户网站所带来的挑战，中国电信也加入了竞争行列。2002 年 5 月 17 日，中国电信首先在广东推出了类似的互联星空计划，这是一个资源共享、优势互补、合作共赢的计划。互联星空是指中国电信开放自身的用户、网络、应用支撑平台、营销渠道、客户服务和宣传渠道等优势资源，通过与内容/应用服务提供商的广泛合作，聚合 SP 的内容和应用，为所有互联网用户提供丰富多彩的内容和应用服务，实现用户、电信和 SP 的多方共赢。依据该计划，广东电信要向 SP、CP 等合作伙伴开放多种自身优势资源，如 IDC 中心、媒体推送平台、运营支撑体系、客户管理、收费渠道和市场推广渠道等。从 2002 年 12 月 10 日起，互联星空在全国范围内推出，并且开始正式收费。

如今，随着广东宽带用户突破 50 万、34 家服务商加盟以及 China Vnet 门户网站的推出，足以证明其掘金宽带产业的能力以及以资源共享、优势互补打造宽带产业各方共赢的商业模式已经得到了广泛的认可。

2. 服务内容

互联星空业务分为基础服务类和增值服务类。在基础服务类中，成规模的业务首推网络短信服务，而真正能发挥互联星空聚集效应和辐射效应的业务集中在增值服务类的网络游戏、网上娱乐、网络影视及网络教育等几项上。上述业务除网络短信外都采用包月收费方式。

3. 盈利模式

在互联星空计划中，与 i-Mode、移动梦网相比，在盈利模式上，运营商提供平台，SP 开发内容，双方收入分成，互联星空在这方面并没有质的突破。

互联星空业务收入来源大约分四部分：互联星空用户的宽带接入费；SP 占用 IDC、MND 的资源使用费；SP 占用互联星空业务平台使用费和频道使用费；代替 SP 收费、结算及管理的劳务费。

目前，中国电信宣布暂不收取 SP 占用互联星空业务平台使用费和频道使用费，而 SP 占用 IDC、MDN 的资源使用费也采取与用户流量对冲的方式，减少甚至不收取此费用。这样收入部分就只计算宽带接入费和互联星空代替 SP 收费、结算及管理的劳务费。

互联星空宽带接入收费与一般宽带接入收费是一致的。互联星空用户宽带接入业务收入由包月付费用户和计时付费用户接入业务收入组成。

在互联星空收取 SP 劳务费方面,中国电信对 SP 按照效率优先的竞争原则,不同业绩采取不同的分配比例,收取 SP 劳务费的比例为 SP 总收益的 10～30% 不等,平均约为 15%。

4. 案例小结

中国电信的互联星空的商业模式设计的基本出发点就是为了聚集人气与流量,提升宽带 ARPU 值。这种商业模式就在于中国电信作为平台与门户的提供商通过提供一个开放的平台,吸引各种内容、服务与应用服务商加盟互联星空。使得互联星空在短期就得到壮大。尤其是互联星空的点卡和门户形象已经深入人心。中国电信的利润来源主要在于广告费用,宽带接入费用,还有与内容、服务和应用提供商的分成。在初期,互联星空曾经一半以上的收入来自盛大的游戏,随着盛大与中国电信关于收费渠道的争议,中国电信意识到内容提供商做大后所承担的风险,正努力对互联星空的商业模式进行微调,以适应市场竞争、新技术发展、商业利益等的要求。

3.2.3 案例3 亿美软通"卖三次"模式

1. 基本情况介绍

北京亿美软通科技有限公司(Beijing Emay Softcom Technology Ltd.)是国际数据集团风险投资(IDG 资本)在华注资的高科技企业,是具备国际水准的移动商务平台技术和应用方案提供商。自 2001 年成立以来,亿美软通始终致力于为国内外企业提供具备国际技术水准的移动商务平台及运营服务。

亿美软通与世界领先的通信技术提供商建立紧密的战略合作关系,并保持着与全球领先技术厂商的同步技术交流。亿美软通先后与微软、Ericsson、Tekever、Drutt 等国际知名的技术企业展开战略合作,通过技术交流与引进,将国际先进的 3G 技术和前沿应用引入中国,为打造具备国际水准的移动商务运营平台奠定坚实的基础。亿美软通是中国移动、中国联通、中国电信等电信运营商的资深战略合作伙伴,在移动商务的平台技术、应用产品、销售渠道和服务网络等领域开展了全方位的深度合作。

2. 产品和服务

(1) 服务内容

亿美软通科技有限公司提供的电信增值服务平台(包括短信业务、WAP 业务、彩铃彩信业务、语音服务等)、移动客户管理系统、移动商务开发组件、网络传真平台、移动防伪防窜系统等产品和服务,已经在政府机关、电信运营商、企业管理顾问服务行业、汽车销售服务行业、旅游服务行业、美容健身俱乐部、餐饮娱乐行业等 10 余个行业成功应用。

具体服务种类如下:

① 短信平台和短信接口系列

短信软件——满意通 3GPro:亿美满意通 3GPro 是短信群发、短信客户关系管理、短信 CRM、移动个性客服产品系列中的客户端软件版。它独有的动态短信、移动秘书(美美功能)、Excel 短信、任务管理、WAP PUSH、移动商讯等强大功能可以从根本上满足企业内部管理、客户互动沟通、业务应用、精准投放、高效宣传等需求,提高效率、创造价值。

短信软件——满意通 B/S 版:亿美满意通 B/S 网络版是专门为大中型机构定制的移动商务/政务平台,基于浏览器的登录机制摆脱了单机版软件对移动办公的束缚;可灵活搭建部门结构,完全符合机构管理的要求;为有效控制使用成本,可以对个人的发送限额做区别性的设定;对联系人信息进行有限制的共享管理使协同办公轻而易举。

在线短信平台——满意通 V5:国内首创网络版移动 CRM 平台,基于 SAAS 创新模式的架构,打破桌面束缚,满足了客户的多级管理和多点分散登录的需求,为客户与市场的紧密沟通提供通讯软件解决方案。

短信接口——亿美 SDK:亿美 SDK 系列是嵌入型短信应用引擎,方便快捷的与企业现有的网站、CRM、OA、ERP 等系统进行无缝对接,支持 Oracle、SQL Server、Access、MySQL、Sybase 等主流数据库,封装了 CMPP2.0 的短消息通信协议,提高企业资料的安全性,降低开发周期和成本,轻松实现短消息网关的连接和企业移动商务应用。

短信接口——亿美 DB SDK 短信应用引擎,专门为行业大中型企业定制,以数据库操作为基础,支持 Oracle、SQL Server、DB2、MySQL、Sybase 等主流数据库,方便快捷的与企业现有的 CRM、OA、ERP 等业务应用系统进行无缝对接,封装了 CMPP2.0 的短消息通信协议,提高企业资料的安全性,降低开发周期和开发成本,轻松实现短消息网关的连接和企业的移动商务应用。

② 彩信服务系列

亿美彩赢服务:亿美彩赢服务是亿美为满足广大客户的需求,给企业客户进行服务、营销的全面升级,推出的彩信类产品及服务。

亿美彩信通:彩信通 BS 版是基于 Web 页面登录的彩信群发客户端,通过浏览器可多点登录,不用安装软件,界面简单易操作,可轻松实现彩信编辑和彩信群发等功能。

③ 移动互联网产品系列

手机建站系统 M-Builder:M-Builder 专业版是北京亿美软通科技有限公司独立研发的新一代手机网站建站系统,用于进行手机网站自助建站。

手机中文实名:手机中文实名是基于先进搜索技术建立的手机中文上网应用,现已应用于手机中文网址,可在手机浏览器中直接输入;应用于移动搜索,可在 Google 移动搜索中直接输入;应用于手机中文上网应用联盟网站;或直接在其官方网站 m.cn 上使用。以上应用均可帮助用户快速、准确、直接地获得相应的手机网站、内容或服务。

④ 移动数据管理平台

亿美商机通:商机通是针对全国性的、跨行业的、长期无法得到有效解决的企业终端店面业务数据即时采集和即时管理问题而推出的极有针对性的业务智能终端平台。客户通过商机通的服务可以实时管控任意区域任意数量的零售终端的销售、促销、库存、赠品、样品、进货、退货、调货等业务情况。

亿美亿惠通:亿惠通平台是面向广大企业用户设计的时尚快捷的移动优惠促销系统,亿惠通平台简单实用、成本低廉、营销效果可测,是企业不可多得的高效移动营销工具,是利用手机营销快速制胜的法宝。

亿美移保通:移保通系统以保险业务为核心,是移动通信技术与计算机信息技术相结合的创新系统;是满足保险代理人展业与业务管理需求、满足保险公司管理人员实时获取业务运营信息需求的保险业务辅助系统。

(2) 服务体系

亿美的服务体系主要由以下环节构成：

① 贴身服务，亦即通过统一特服号码，向客户推出实用短信大全，为客户提供数据分类服务；

② 终身服务，开展话单查询服务，为客户核对发送记录，为个别的失败短信进行补款，同时开通快速通道，为客户的紧急信息传播提供技术保障，保证客户信息传播的时间性，并提供查询、投诉、监督等服务；

③ 健康服务，旨在帮助客户远离垃圾短信的影响，为客户提供黑字典查询服务，帮助客户调整短信以符合国家规定。并且针对客户的短信，采用技术过滤等手段，将短信错误及时提醒客户，保证客户的短信能够完全、完整的到达最终用户的手机上。

3. 盈利模式

亿美软通在业界首次提出"卖三次"的模式，这个独特的模式可以被简单地概括为：产品（软件）+运营（按企业短信流量计费，与移动运营商分成）+增值服务（移动商务增值服务）。在这个模式里，亿美扮演着软件开发商、运营商、服务商三种角色，获得的是软件费、通信费、服务费三重收益，如图3-11所示。

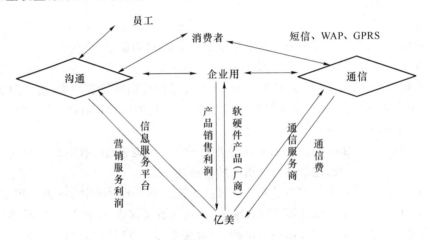

图3-11 亿美软通"卖三次"示意图

（1）产品费。亿美为企业用户提供移动商务工具，即各种软硬件产品，在第一次的过程中，亿美的角色是产品厂商，获取产品销售利润。要将企业的应用系统与个人的手机相连，这个软件不像短信群发器那么简单，而是类似于应用软件。亿美软通公司经过1年多的开发，研发出部件式、针对不同运营商的一个开放架构的通信平台。它既能以软件套件的形式销售，也可以作为开发的组件嵌入企业的应用软件中。这是支撑亿美软通"卖三次"盈利模式的前提和基础。

（2）运营费。用户在使用亿美的移动商务软件和服务过程中，将通过亿美的通信平台进行短信、WAP、GPRS等多种通信，在第二次的过程中，亿美的角色是一个虚拟的通信服务商，获取通信费的利润。亿美软通公司第二个盈利点是与移动通信运营商的短信费用分成。基于短信的业务模式，亿美软通公司必须与移动通信运营商合作，在这一点上，亿美软通公司的地位是移动运营商的SP。

(3) 增值服务费。亿美在企业与用户、企业与员工以及消费者之间,通过软件和通信服务构建了一个沟通平台,在第三次的过程中,亿美的角色是信息服务平台,获取营销服务利润。基于信息系统的移动化和稳定的 SP 资质,为客户提供诸如移动搜索、移动支付等商务服务,是"卖短信"的最高境界,这些服务标志着一家 SP 从集团短信提供商提升到了移动电子商务层面。

4. 亿美软通的应用领域

下面我们来看亿美软通在不同行业与知名企业的合作情况。

(1) 餐饮行业——亿惠通助眉州东坡中秋传情

亿美软通与眉州东坡酒楼合作,推出了亿惠通彩信优惠券会员回馈活动。活动期间,眉州东坡酒楼的会员会收到一条包含二维码的彩信优惠券,消费者在其 21 家京城酒楼中的任意一家消费后,刷二维码优惠券即可优惠购买眉州东坡自制的特色月饼。

此次引入亿惠通彩信优惠券,是眉州东坡集团在会员回馈活动方面的一次新鲜尝试。"过去做会员回馈活动,往往只是在店内张贴海报或是服务人员口头宣讲,投入很大的人力物力成本不说,收效还不甚明显,会员活跃度并没有明显提高。引入亿惠通之后,每位会员都能在第一时间获得优惠信息,宣传效果远好于店内宣传",眉州东坡相关负责人表示,"引入亿惠通平台后,我们将整个会员优惠活动的流程简化为'向会员发送包含二维码的彩信优惠券——会员到店出示彩信进行二维码扫描验证享受优惠',一条彩信就可以大大提高会员活跃度,同时会员也获得优惠,酒店和会员都获益,推出彩信优惠券一周以来,有 20% 的会员凭二维码优惠券来店用餐。"

这种成本低、效果可测、环保低碳的新型促销平台适用会员回馈、积分兑换、优惠促销等活动,受到越来越多商家的欢迎。

(2) 汽车行业——亿美软通携手华晨宝马

"一条彩信,一帧二维码,手机一刷,轻松签到。"上海黄浦江畔,华晨宝马"与坚持梦想者前行"——BMW5 系发布会现场,参会嘉宾体验到了令人耳目一新的签到服务,这就是亿美软通全新推出的"二维码会议签到系统"。

嘉宾陆续来到会场后,打开彩信入场券中的二维码,在终端设备上扫描一下,"嘀"的一声之后,工作人员告知嘉宾签到完成了。

原来,在会议开始的前一天,主办方向所有来宾发送了一条彩信入场券,彩信中包含有一条与来宾手机号码、身份等一一对应的二维条码,来宾签到时,只需扫描二维码即可签到。同时,完成签到嘉宾的信息已经自动返回到亿美数据统计平台,主办方可实时查询数据,确认嘉宾信息,省去了过去通过纸质入场券签到时核对嘉宾身份的环节。

会议主办方相关负责人谈到,"会议组织前期,我们就把目光锁定在二维码签到上,经过多次市场调查,了解到亿美软通是一家专业从事移动商务服务的知名企业,亿美的二维码会议服务已经非常成熟,在各种高端的商业会议上广泛应用。此次与亿美携手,一条小小的二维码,将宝马汽车用心服务客户的理念发挥到极致,更加凸显了我们品牌的价值。"

(3) 房地产行业——三环新城亿美满意通应用

为避免购房人过多,北京市著名的经济适用房三环新城再次提前放号。为使每个意向购房人能同时获得放号信息,三环新城采用了两次短信群发的方式将当天放号的消息告知给意向购房者,短信发出 30 分钟后,现场已有近千名买房人排队等候放号。据了解,此次三环新城短信群发采用的是满意通 TM 企业短信服务系统,该系统是目前国内唯一全网覆盖中国移动、中国联通手机用户的企业短信服务系统。

三环新城首次在房地产领域采用短信群发方式通知放号的方法引起了业内人士和购房者的关注,它使购房人在第一时间内获得平等的知情权,避免了信息滞后所带来的遗憾。也减少了人群的大量聚集,杜绝了炒号行为。

企业短信是目前新兴的一种电子商务与营销方式,由于短信具有即时、互动以及资费低廉的特点,这种沟通和服务模式越来越受到企业和用户的欢迎。

采用企业短信系统与用户进行信息沟通的企业也越来越多。在国内,集团短信服务的满意通 TM 企业短信中心一次可向 10 万手机用户群发短信,并可对客户信息进行智能化统计、设置,还能批量接收用户反馈信息,与用户双向互动。而它的使用也非常简便,企业只需购买安装一套终端使用软件,导入原有的客户资料,就能轻松与用户进行沟通了。为促进企业短信的普及应用,绿色短信服务在信息源的管理和计费系统设置上都进行严格的管理和监控,从而让企业和用户更好地享受短信所带来的商务沟通便利。

(4) 金融行业——证券行业亿美活力短信 DB SDK 解决方案

金融行业架构庞大,分支机构、网点多,业务人员量大,对于信息实时交互与共享、内部通信均有较大需求。办公移动信息化主要解决金融行业内部办公信息流的移动化,从内部通信、系统监控与动作管理各方面解决该行业的移动办公信息化需求。

问题 A:证券行业企业规模庞大、人员众多,庞大的信息量难以实现市场、技术、服务三大线条的有效共享及互动。

问题 B:企业管理系统以及设备产生海量的交易信息、客户数据等,技术人员不便于及时了解并处理故障,造成交易瘫痪,直接影响收益及客户满意度。

问题 C:证券行业的分支机构众多,数据安全和及时性难以保证。

解决方案:

上述的 3 个问题可以利用短信来解决。通过短信实现内部办公人员在信息交互上的移动化;内部信息交互、各种通知提醒、决策投票等;实现公司企业文化宣讲、员工关怀、产品介绍、方案介绍等;使员工能随时与公司进行信息互动。

同时证券行业还存在一个行业特性,在处理和生成大量信息时,多由内部的业务系统进行处理。如何转化这些信息,使市场、技术、服务三条线上的人员能够及时准确地进行共享,同时还能保证信息的绝对安全?利用 DB SDK 的数据库接口工具,直接对接到现行的业务平台的数据库中提取数据,实现大量数据的处理和海量短信的快速发送,无须进行短信平台的开发。基于数据库的操作保证了数据、信息的安全,同时 DB SDK 的人性化功能——预警功能,可以在设备或服务出现故障时进行声音等方式的报警,使技术人员能够及时地处理故障,避免业务活动的中断。

5. 案例总结

(1) "卖三次"模式的内容。在这个模式里,亿美扮演着软件开发商、运营商、服务商三种角色,获得的是软件费、通信费、服务费三重收益。

(2) "卖三次"模式的应用。"卖三次"是指针对用户的一类需求,通过提供完整解决方案和服务的过程,产生三次利润机会。"卖三次"的业务模式和横跨通信及软件的产业发展模式都是一种创新,正是依靠这一系列的创新,亿美取得了超常规的发展和进步。在这个商业模式的支撑下,亿美拥有了三重身份——既是卖移动商务工具的独立软件研发商,也是收取短信费的虚拟电信运营商,还是赚取移动服务的增值服务提供商;同时亿美软通成功开发了三种级别的产品:适合中小企业的通用型产品、可对接的模块化的短信引擎、面向客户更高端要求的移动商务解决方案。

(3)"卖三次"模式的发展创新。目前基于亿美的"卖三次"模式,许多移动厂商将其扩展为"X+3次"模式,为业界更多的从事移动商务开发的企业提供了有效的运营模式。

3.2.4 案例4 腾讯

1. 基本情况介绍

腾讯公司成立于1998年11月,是目前中国最大的互联网综合服务提供商之一,也是中国用户数量最多的互联网企业之一。2004年6月16日,腾讯控股在香港联合交易所主板正式挂牌,是国内较早在香港主板上市的中国互联网企业。

(1)腾讯公司的产品体系

目前,腾讯构建了QQ、腾讯网、QQ游戏以及拍拍网四大网络平台,形成中国规模最大的网络社区。

① 在满足用户信息传递与知识获取的需求方面,腾讯拥有门户网站腾讯网、QQ即时通讯工具、QQ邮箱以及SOSO搜索;

② 满足用户群体交流和资源共享方面,腾讯推出的QQ空间(Qzone)已成为中国最大的个人空间,并与我们访问量极大的论坛、聊天室、QQ群相互协同;

③ 在满足用户个性展示和娱乐需求方面,腾讯拥有非常成功的虚拟形象产品QQShow、QQ宠物、QQ游戏和QQMusic/Radio/Live(音乐/电台/电视直播)等产品,同时,还为手机用户提供了多种无线增值业务;

④ 在满足用户的交易需求方面,C2C电子商务平台——拍拍网已经上线,并完成了和整个社区平台的无缝整合。

(2)腾讯公司发展相关数据

截至2009年第二季度,腾讯即时通讯工具QQ的注册账户数已经超过10.57亿,活跃账户数超过4.84亿,同时在线账户数超过1亿,QQ游戏的同时在线人数达到8 663万,腾讯网已经成为了中国浏览量第一的综合门户网站,电子商务平台拍拍网也已经成为了中国第二大的电子商务交易平台。2009年第二季度腾讯总收入为人民币28.784亿元,同比增长79.7%;净利润为人民币12.017亿元,比去年同期增长84.3%。腾讯公司的市值也日趋升高,到2009年9月份,市值已达到2 318.43亿港元,折合约300亿美元,这个数据已超过eBay、雅虎等国际互联网公司,成为全球市值排名第三的互联网公司。

2. 产品和服务

2000年8月,在中国移动推出梦网计划后不久,腾讯公司就顺势推出了移动增值业务。移动增值业务也由此被确立为公司核心战略业务,在公司运营业务收入贡献中占到举足轻重的地位,巅峰时候,甚至占到公司营收的70%,并为公司拓展其他战略业务提供了有力的资金支撑,可谓风光无限。其中移动增值业务主要以短信为主,移动增值业务收入在SP同行中稳居前三的位置,表3-4是腾讯公司移动增值业务的产品介绍。

表3-4 主要移动增值业务

业务名称	业务介绍
手机腾讯网	腾讯免费无线WAP站点,提供多元化手机娱乐方案;聊天,新闻,图铃,Qzone,手机游戏,手机书城,手机社区等
QQ千里眼	好友上线/下线通知,查看隐身好友,接收离线消息,QQ密码修改和Q币消费提醒等,10元/月(不含通信费,含100条免费提醒短信)
超级QQ	全方位手机短信娱乐平台,提供咨询、天气、笑话等功能,并可以实现手机累积QQ在线时长、短信设置QQ资料等,10元/月
娱乐一击	超值短信娱乐套餐,提供QQ短信套餐,包括:每月300条QQ短信,60条QQ彩信,60条QQ彩字;还提供QQ特权,如图铃、书城、影院等

从价格和价值的角度出发,根据腾讯所提供产品和服务可以将其划分为三个阵营:

(1) 带模仿性创新的免费产品和服务,包括即时通讯、电子商务和网络媒体。其中,即时通讯QQ是腾讯一切产品和服务的核心,是腾讯用以凝聚用户、拓展用户社会关系链、衍生虚拟消费需求的重要平台;门户网站QQ.com则将即时通讯和其他的服务整合到一起,形成强大的社区力量;拍拍网是腾讯在电子商务领域的一个尝试,目前研发和资金的投入都比较小。

(2) 自主研发和模仿性创新相结合的各类增值服务。无线和固网增值业务让用户可以在电脑之外的各类终端上使用QQ,大大扩展了QQ用户的活动范围,也为腾讯带来了稳定的现金流。互动娱乐业务丰富了用户群的生活,因其与QQ平台绑定而增加了用户之间的联系和互动。互联网增值业务满足了用户的个性化需求,为他们提供了一个更容易展示自我,分享和沟通的平台。通过对具有附加值的产品收费,腾讯找到了利润的源泉。

(3) 广告业务和特许权。这两个主要是针对企业用户而言的,两类业务都因为合作伙伴的特殊性而具备定制化的可能,是极具附加值的产品和服务。

3. 盈利模式

其盈利模式的主要逻辑是:利用免费的基础服务,迅速扩大用户规模,通过产品和服务的升级,逐步提高用户的转换成本。一方面,用创新增值的服务吸引用户;另一方面,用各式各样的产品满足用户情感体验的需求,最后,既实现了收费的目的,又使其庞大的用户群具有高度黏性,一举两得。

(1) 在业务的选择方面,腾讯先从能够带来大量现金流的移动和电信增值服务入手,通过与资金雄厚的移动和电信运营商合作,实现电脑和手机等多种终端产品的互联互通,凭借着他们所拥有的稳定客户资源,获得稳定收益。

(2) 发展具有高度增长空间的互联网增值业务,通过增强用户体验成功实现收费,培育了另一个增长点。

(3) 随着企业品牌的逐步建立和影响的日益扩大,再对网络广告业务发力,凭借一系列极具吸引力的产品获得需要投放广告的企业的关注。

(4) 出售品牌形象代理权,推出QQ品牌专卖店,在获得代理权转让费和业务提成的基础上,扩大品牌影响力,把互联网虚拟产品成功发展为线下的实际商品。

4. 经营模式

腾讯依靠其庞大的技术平台和规模巨大的用户群,在市场及产品推广中积极实施追随者战略,大量减少了研发投入并极大降低了新商业模式的风险。例如,当新闻门户网站成熟时,腾讯就推出自己的新闻门户网站,并依靠自身庞大的用户群一举超越新浪,成为流量最大的新闻门户网站。在游戏、互动娱乐、以及电子商务等方面,腾讯采取的也是追随战略。

5. 资本模式

腾讯把绝大部分资金都用在了扩充主营业务范围的投资上,大部分产品和服务都是靠自己的团队研发出来的。腾讯自成立以来只进行过三次小规模的并购,主要是能够给用户体验平台带来价值增长的公司和一些技术团队,包括博大 Foxmail、卓意麦斯科技和深圳网域如表3-5,表3-6所示。

表3-5 腾讯公司股权结构及融资历程

年份	股权结构	股权变动原因
1998	腾讯团队100%	注册资本50万元人民币
1999	腾讯团队60%;IDG 20%;香港盈科数码20%	吸收风险投资机构IDG(美国国际数据集团)和香港盈科数码各110万美元的投资
2002	腾讯团队46.3%;IDG 7.2%;MIH 46.5%	香港盈科作价1 260万美元把20%的股权出售给MIH(米拉德国际控股集团公司),另MIH从IDG和腾讯团队各收购了12.8%和13.5%的股份
2003	腾讯团队50%;MIH 50%	腾讯团队购回IDG手中7.2%的股份,并与MIH协商进行少量股权交易,调整后双方各占50%
2004		香港主板上市,首日上市融资金额为69.75亿港币

表3-6 腾讯公司资本运作情况

时间	收购对象	动因	收购方式	备注
2005-3-17	博大 Foxmail(100%股权)	利用其先进技术和500万遍布全球、与腾讯重叠度不高的高端用户对抗微软的MSN+Hotmail方式	未披露收购作价	包括创始人张小龙在内的整个Foxmail团队二十几个成员被纳入麾下
2006-1-16	卓意麦斯科技有限公司(Joymax Development Ltd)(100%股权)	利用其大众媒体推广方面的专长,拓展无线产品的分销渠道,在用户细分和媒体的深入挖掘方面,寻求突破,取得该公司的一批活跃用户	收购款项分三期支付,第一笔根据其帐面有形资产净值和附属公司实收资本定价2.05亿人民币,后续两笔根据2006年和20007年的经营业绩支付	
2006-10-13	深圳市网域计算机网络有限公司(19.9%股权)	该公司属下两项业务的经营模式与腾讯QQ游戏相似,收购可产生收入及成本的协同效益,增强腾讯的游戏开发能力	未披露	根据合约协议,腾讯有权在未来数年内选择性增持该公司股权,并最终取得深圳网域控股权

6. 营销策略

正是基于对自身核心竞争力的充分挖掘,腾讯将置入式网络营销和精准定向营销和实践发挥到极致,腾讯依托 QQ 号进行用户身份识别和行为分析能够最大化地了解用户的自然属性以及业务属性,并拥有中国互联网上最大用户群体的上网行为等数据积累和挖掘分析。

(1) 置入式网络营销

腾讯正在尝试并推广置入式网络营销模式,这将改变消费者对传统营销方式的一些固有观念。全球品牌内容营销协会主席辛迪·开普斯认为:"我们正在从一个营销沟通打扰时代进入到一个置入的时代"。

按照传统的营销理念,营销沟通行为一直属于"打扰性"沟通层面。无论通过何种传统营销方式,让消费者注意到品牌的营销活动,都是在主动分散消费者注意力的基础上完成的。对消费者而言,他们总是在被动地接受。腾讯这种信息营销模式充分发挥了互联网的即时性与互动性,给传统的信息营销模式带来创新。

置入式营销所注重的是整合与置入,置入即把营销行为巧妙捆绑到焦点事件、营销资源上;而整合则是将品牌与事件、营销资源进行最大化整合。把广告做得不像广告是置入式营销的最大特点。正是由于广告不像广告,所以置入式营销行为也就真正做到产品宣传和推广的润物细无声。

腾讯推广的置入式网络营销模式,是通过整合旗下的即时聊天、资讯、游戏等诸多互联网形式,使广告商的品牌形象巧妙地融合到用户的网络应用中,并以用户主动接受和理解的形式,完成广告信息的传递。如利用 QQ 客户端的 skin 置入客户的品牌信息,做成一个个性化的用户界面供网友下载使用,或者把 QQ 头像进行特殊加工,赋予它特定的品牌信息。

(2) 精准定向营销

中国互联网发展到今天,全中国网民打开同一个网页时,看到的还是同样的广告信息。对于网民而言,大量的不相关广告影响着他们的网络生活体验;对于广告主而言,大量的广告印象被投放到了不相关的人群,大量的营销费用被浪费。

实现精准定向营销的主要技术瓶颈是用户身份识别、用户行为收集、用户数据挖掘分析和广告的匹配投放。腾讯依托 QQ 号进行用户身份识别和行为分析能够最大化地了解用户的自然属性以及业务属性,在可靠性和准确度上好于以部分用户的注册身份、IP 地址和 Cookie 为主的技术手段。在数据挖掘和分析方面,腾讯更是拥有中国互联网上最大用户群体的上网行为等数据积累和挖掘分析。

腾讯的精准定向营销使得不同身份职业、偏好习惯以及不同地域场所的网民看到不同的、与他们更相关的广告信息。依托精准定向营销,企业能够摆脱过去大众营销的套路,准确找到其品牌或产品的目标消费群。消费者则减少了被打扰的烦恼。精准定向营销支持企业在多个定向维度上的投放,包括人口统计学(性别、年龄等)、地理位置、时间段和上网场景(办公室、学校、家庭和网吧等不同场景人群),对于现代企业进行针对性的精细化营销具有重要的作用。

7. 案例总结

通过以上分析,可以得出腾讯的三大核心竞争力:

(1) 黏性的海量用户数据让 QQ 客户端牢牢占据用户桌面终端。QQ 用户数几乎和中国网民相当,而具备黏性的海量用户数据将确保 QQ 这一工具的长期稳定存在,随着用户数的扩张和影响力的增强,将越来越难以撼动,竞争优势将进一步扩大。QQ对用户桌面终端的长期占有,无疑为腾讯成熟业务的扩张以及新业务的快速拓展提供了最佳途径,而这将形成对竞争对手的不对称竞争优势。

(2) QQ用户天然的社会网络属性让腾讯拥有中国最全的互联网用户关系链数据。海量用户数据在量上形成优势,而具备社会网络属性的数据意义更加非凡。粗略估计,QQ至少拥有数十亿条用户关系链。庞大的关系链数据为腾讯的海量数据挖掘、精确营销、用户细分、市场细分及SNS类业务拓展提供强大支持,而中国没有第二家互联网公司拥有如此资源,这将极大提升腾讯基于用户网络属性的产品研发和业务推广,形成对竞争对手的绝对竞争优势。

(3) 对用户需求与产品体验的极致挖掘能力。腾讯非常善于把握网民需求,他们总是能通过各种途径与网民接触,像内部完善的数据挖掘分析、用户调研、CE平台、产品博客等。而且,腾讯总是能够通过产品线的延伸、渗透与整合创造出更丰富的用户需求。一直以来,腾讯的产品几乎都在重复着这样一种模式:复制、改进、超越,腾讯似乎总能比竞争对手做得更好。在腾讯内部听到最多的一个词就是体验,腾讯对产品的专注让他们长期以来形成了一种对用户体验的极致挖掘能力,他们不放过每一个细节,而正是这种对用户需求与体验的极致挖掘,使得腾讯的产品总是会比对手更好一点,最终赢得用户信赖。

3.2.5 案例5 超女短信实证分析

1. 基本情况介绍

2005年全球短信发送总数约为3 600亿条,其中我国就占900亿条。这意味着,全世界每发送的4条短信中,就有一条是中国人发送的。我国发展迅速的手机短信市场目前已经引起了许多行业投资者的注意,很多企业也认为短信是一个非常有效的推广方式,与其他的媒体相比,其性价比和蕴含的商机十分可观。

2005年最受瞩目的娱乐事件超级女声已落下帷幕,由上海天娱传媒有限公司策划,湖南卫视承办,无线合作伙伴掌上灵通负责客服方面的工作,海南众通公司负责中国移动用户的短信平台,优联时空负责中国联通用户的短信平台,蔚蓝计算机有限公司负责中国电信和中国网通小灵通用户的短信平台。一个大型活动,同时涉及多家SP的介入,这在国内的短信互动活动中还并不多见。

2. 盈利模式

超级女声为参与其中的商家创造的财富是有目共睹的,天娱集团、湖南卫视、移动、联通等运营商以及SP们都因此获得了前所未有的胜利,而在超级女声的整个过程中,真正的赢家是短信营销。

整个超级女声的短信收入主要由短信投票和向观众发送有关超级女声及湖南卫视节目信息两部分组成。根据湖南卫视官方网站的公开资料显示:移动用户每发送一条短信为1元;联通用户和小灵通用户每发送一条短信为0.5元;南方固定电话(统一的一个IP号码)每发送一条短信为3元,也就是说,在超级女声某一赛区总决赛的最后一次短信投票中,该节目收入已接近38万元,除去中国移动15%、中国联通30%以及中国电信、网通20%的分成(根据信息产业部网站最新公布的数据,目前中国有手机用户3.59亿,小灵通用户7 770万),这个收入还约有33万。而因为每次投票皆为清零统计,比赛中类似短信投票还有几十场。

当然,短信投票的收入对主办方来说还只是冰山一角,而短信利润的真正大头是之后向观众发送有关超级女声及湖南卫视节目信息。在发送的投票短信被宣布有效之前,投票者已被捆绑接收关于超级女声各类资讯与花絮的增值服务,基本服务费为6元,定制后会在一个月内收到超女花絮,一条1元。

短信在超女中采用的是手机代收费模式,由主办方、内容提供商、服务提供商组成的主体为终端用户提供主流内容服务,掌握了很大的客户群,因此在整个运作过程中居于主导地位,其赢利模式及利润分配如图 3-12 所示。

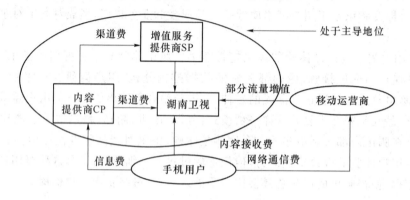

图 3-12 超女短信盈利模式

湖南卫视大约能从每场的短信收入中分得 100 万元,照此推算,决赛期间的每场比赛短信收入至少在 200 万元以上,七场比赛能获得 1 400 万元以上。如果加上预赛期间的短信收入,2005 年超级女声应该能获得约 3 000 万元的短信收入,除去其他公司的分成,此次短信收入已占该节目收入的 40%~50%。也就是说,2005 年超级女声的短信收入几乎可以与其广告费一争上下。

3. 结论

短信模式之所以能在超级女声事件中创造出如此巨大的利润,主要有以下几方面的原因:

(1) 取决于手机短信自身的优势。短信发送目标准确,针对性强,成功率高;成本低,手机短信成本费用按电信部门的定价要 0.1 元左右,即便加上短信服务商提供的手机数据库,总的价格也在 0.4 元以内;见效快,通过短信服务商可以将数万条短信在客户要求的时间段内几秒钟便可发送完毕。

(2) 中国拥有庞大的移动通信市场和数量众多的手机用户,环境基础优越。

(3) 巧妙地融合了有线电视网、移动通信网、互联网三大网络,三者互动的传播模式为三网运营商都创造了可观的经济利益。

(4) 有效地整合了价值链,为价值链上各投资主体提供了广阔的盈利空间,激活无线增值业务市场的潜力,真正实现各方共赢的目标。

延伸阅读——其他移动商务的业务模式

1. 以飞拓无限为代表的大站点模式

2006 年 3 月份,中国移动宣布将其移动梦网首页和各频道首页的广告设计策划方案交由飞拓无限代理,飞拓无限也就此将移动梦网背后累积的 1 亿多的注册用户资料收入囊中。

其实与这种模式类似的是一些大型独立 WAP 网站,他们也拥有与移动梦网类似的资源和品牌,所以他们也在开展无线营销的业务,包括 3G、WAP 天下、摩网等。

特点分析:由于拥有移动门户或者大型独立 WAP 门户的资源,其用户相对高端,对移动品牌的认可度高,适合做高端产品的营销,包括品牌和促销。因为飞拓无限只能销售移动梦网的广告资源,难以整合其他独立 WAP 门户的资源,而其他独立 WAP 门户之间也比较难于整合。另外,在网络营销方面没有任何的积累,这是这类移动梦网网站和大型独立 WAP 门户的通病。

2. 以分众无线为代表的用户相对被动接受的移动广告模式

分众无线被分众传媒以预计最多 3 000 万美元的价格收购,分众无线大多被业内人士视为一个短信群发公司,是一家将强制推送概念做到极致的 SP 广告公司。

特点分析:分众无线掌握了 7 000 多万用户的手机号码等信息,几乎囊括了中国所有 WAP 用户号码,80%的 SP 通过其群发 WAP 广告。分众拥有大量的客户资源和销售渠道,加上其既有的营销理念,是无线营销最具潜力的一员。但是如何对分众无线进行转型,包括品牌形象和业务模式,尤其是充分利用分众无线的通道资源,整合分众原来的渠道优势,创新出新的广告表现模式将是其能否成功的关键。

3. 以摩拜美迪公司为代表的终端嵌入模式

目前,摩拜美迪已经将广告以图片、屏保、铃声和游戏等形式植入了国内每年出产的 3 000 多万台彩屏手机里,摩拜美迪通常以买断的方式,在一个品牌的每部手机里投放 3~4 个广告,并将 1/3 的广告收入分给手机厂商。

特点分析:对终端的占有,是一个好的模式,因为可以与分众类似地占领渠道。但是对这个渠道的占领,远远比占领写字楼有难度。所以相对而言,进入这种模式是最创新因而最具难度的,同时也是最有效的壁垒的形成。不过,要真正实现其价值,如果只是几款手机,覆盖只有 3 000 多万台,还远远没有达到广告主的需求。

4. 北京开拓的小区短信广播模式

北京开拓天际以山东为据点,在全国多个省份开展小区广播业务,是小区信息与商户信息进行整合后的无线营销。SP 向个人用户收费,与运营商结算,而开拓天际的小区短信是向企业或政府部门收费。

特点分析:小区广播模式,拉近了商场与顾客之间的距离。目标顾客收到此类信息会感到满意,因为顾客来商场就是希望得到此类服务的。商家能将这些信息发布到最需要它的人群,较之普通的广告,效果更为直接有效。这种服务,既为移动运营商带来利益,同时又能给商场带来商机,客户也非常满意。小区短信的效果让客户接受了其定价,因为企业和政府部门发现,使用这项服务之后,短信上的咨询电话能接到比平常更多的用户反馈。这让小区短信的价格比一般的短信价格高出几倍。小区短信系统的诱人之处还在于,由于中国移动的直接界入,商户定制信息更为方便简单,新业务的开展更为方便快捷,信息发布管理虽严格但不繁琐,系统的调试安装方式非常简单易行。这种模式非常适合区域化商户的促销,尤其是各类的传统商户,其定向、定位技术将大大提升营销的效果。

5. 上海聚君的定制广告模式

聚君采取会员制,只针对会员企业进行广告推送,会员企业可以自主选择广告种类。更重要的是互动营销,如针对某知名洋酒的互动营销,聚君对包括免费游戏、音乐、壁纸下载等进行整合。据业务拓展部总经理聂国辉表示,聚君为8~10月的一个上海汽车赛事设计了互动营销,其中有用户提醒、赛车宝贝投票、抽奖、赛车会员注册,以及帮助赞助商进行营销等一系列内容和应用。另外,其业务还包括替SP、CP提供通道,合法化无线内容分发,结合后台数据挖掘,为用户提供增值服务等。

复习思考题

1. 通过对i-Mode成功模式的学习,哪些成功经验可以借鉴到中国的移动梦网?
2. 中国移动梦网的商业模式有哪些优点和缺点?
3. 从对亿美软通的"卖三次"模式的学习过程中,能否创新出其他的商务模式?
4. 腾讯的商业模式是否可以被模仿?其核心竞争力在什么地方?
5. 超级女声的商业模式成功的关键因素有哪些?

进一步阅读提示

用友移动商街,新浪无线,空中网,TOM on-line。

本章参考文献

[1] 袁雨飞,王有为,杨庆,等.移动商务[M].北京:清华大学出版社,2006:99-147.
[2] 雷婷.我国移动商务的商业模式探析[J].北方民族大学学报(哲学社会科学版)2009(3):123-127.
[3] 董圆圆.移动商务价值链研究[D].武汉:华中科技大学经济管理学院,2007.
[4] 魏丽燕.移动商务模式比较研究及创新[D].北京:北京邮电大学经济管理学院,2008.
[5] 官士燕.移动电子商务价值链及盈利模式分析[D].北京:北京邮电大学经济管理学院,2008.
[6] Jon Tian.亿美软通:一条短信赚三次钱[J].中国信息界,2005(14):38-40.
[7] 何方.亿美软通:"卖三次"的商业智慧[J].中国信息化,2008(7):39-40.
[8] 张千帆,梅娟.移动商务商业模式分析、评价与选择研究[J].科技管理研究,2009:249-251.
[9] 范丽娜.中国手机市场移动互联网盈利模式探讨[D].北京:北京邮电大学经济管理学院,2009.
[10] 霍森.中国电信移动互联网时代的3G运营战略研究[D].武汉:华中科技大学经济管理学院,2009.
[11] 王磊.移动梦网商业模式创新的考察和研究[D].成都:电子科技大学经济管理学院,2008.

[12] 张玲.三大互联网企业的营销理论及创新研究——腾讯、百度、阿里巴巴[D].北京:首都经济贸易大学经济管理学院,2010.

[13] 鲁耀斌,陈致豫,董圆圆.我国移动商务供应链分析及其案例研究[J].研究与发展管理,2008:123-128.

[14] 袁泉.SP2.0时代深圳腾讯公司移动增值业务发展战略的研究[D].成都电子科技大学经济管理学院,2007.

[15] 卢丹.基于价值创造的商业模式研究——以蒙牛集团、国美电器和腾讯公司[D].广州:中山大学经济管理学院,2008.

[16] 彭强.3G环境下基于价值链的移动商务商业模式研究[D].东北:吉林大学经济管理学院,2009.

[17] 徐超.亿美软通:创造不同的应用价值[J].通信世界B,2007(34):9.

[18] 腾讯公司2007年度、2008年度、2009年度报告.

第4章 移动商务应用

本章关键词

移动商务应用种类	Application Types of Mobile Commerce
电子阅读	Electronic Reading
电子阅读器	Electronic Reader
手机阅读业务	Electronic Reading Business
Flipboard	Flipboard
手机网游	Mobile Network Games
赤壁 OL	Red Cliff OL
移动定位业务	Mobile Location Based Services
明复移动搜索	MInfo Mobile Search
百度 WAP 搜索	Baidu WAP Search
移动信息系统	Mobile Information System
3G 门户网	3G Portal
移动互联网	Mobile Internet
数据空港	Airport Data
亿美软通 SDK	Emay Softcom SDK
移动定位	Mobile Location
移动搜索	Mobile Search
移动门户	Mobile Portal

4.1 基本原理

4.1.1 移动应用概念

应用是移动商务的灵魂所在,正是在大量的、探索性的、群体性的应用实践中,展示了移动商务的巨大能量,显示了移动商务的整合能力,扩展了移动商务的发展空间,开拓和提升了移动商务的价值。近几年,随着互联网和通信技术的飞速发展,移动商务应用开始向工商、金融、交通、政务、教育、医疗等诸多领域渗透。步入3G时代后,移动商务应用会加速影响社会生活的各个领域,其普及的深度和广度将得到进一步拓展。一些新型的无线应用将应运而生,人与物、物与物之间的通信将全面崛起。人们的工作和生活也会因此展示出全新的面貌。

移动商务应用是以移动通信技术及相关技术为支撑,利用移动数字终端(包括便携、手持数字设备),建立起相应的商务应用模型,直接进行的商务活动,或利用移动信息转移功能,依托网络化的商务平台,进行或完成的、多维的、跨行业或跨国的商务实现活动。

移动商务应用种类繁多,从不同维度可以分为以下几类,如表4-1所示。

表4-1 移动商务种类

维度	种类	定 义
按商业应用方式	直接的商业应用	用户直接向运营商或信息提供商付费,获得商品或服务的商业应用
	间接的中介应用	通过非直接商业交易的形式为用户提供服务
按使用对象	个人移动商务应用	个人用户,在日常生活中通过移动终端进行的交易、娱乐、金融业务和信息查询等服务
	企业移动商务应用	企业利用移动终端,开展与企业经营相关的各种数据业务,进行企业网上商务活动的一种创新的电子商务模式

4.1.2 移动商务应用展望

近年来,随着社会经济的不断发展,我国社会信息化进程全面加快。为了推进社会经济持续、协调发展,国家明确提出以信息化带动工业化,以工业化促进信息化,并积极致力于推动经济结构的调整和经济增长方式的转变。由于拥有移动和广域覆盖等特性,移动通信不仅是实现社会普遍服务的有效手段,而且将成为推进行业信息化建设的重要途径。

随着通信技术和集成电路技术的发展,公众移动通信与RFID、蓝牙等短距离无线技术的融合将是大势所趋,从而衍生出更多面向金融、交通、物流等领域的新型应用,使得移动行业应用的范畴得到全面拓展。特别是3G与RFID的结合,将全面加速手机支付、物流监控、交通管理、物业管理、工业控制等行业应用的发展步伐,成为移动行业应用的重要切入点。

在个人应用方面,3G技术使网络带宽大幅度扩展,除可承载更高品质的话音业务之外,还能够全面支持包括高速互联网接入、无线音乐、手机游戏、移动支付、移动定位、可视电话、手机电视、视频点播等移动多媒体业务和宽带数据业务,那些在2.5G网络中无法开展或开展效果欠佳的多媒体业务都能够很好地实现。此外,随着RFID等识别技术、传感技术和短距离等无线技术的发展和普及,配备无线通信功能的传感器和控制芯片将附着在物体、动物和植物之上。人们可以在任意时间、任意地点,使用任意工具,与任何客户端(包括人、手机、电脑、电视、冰箱、电子音响及其他设备或物品)实现无线连接并交换信息,人类将迈进一个人与物、物与物相互连接的无处不在的物联网世界。

4.2 案 例

4.2.1 案例1 手机阅读

1. 背景知识介绍

广义的电子阅读是指利用手机和专用手持阅读终端等作为承载终端的一种阅读行为，用户一般通过这些终端阅读新闻早晚报、小说、杂志、动漫、资讯等内容。

狭义的电子阅读即指手机阅读，是以手机为终端，通过移动通信网络以在线或离线的方式访问、接收、下载所需信息，并在手机上浏览、收看(听)的阅读活动。作为阅读载体的手机，主要有以下功能：互动信息接收、自我传播、信息携带、身份确认以及数据采集。

(1) 阅读内容

随着3G商用的推进以及拥有大存储容量的智能手机的日益普及，手机正演变成方便小巧、随身携带的数字阅读终端。目前，通过手机阅读的内容主要有：

① RSS订阅的信息：大多数在线RSS阅读器都可以在手机上使用，Nokia和索尼爱立信等品牌的手机开始内置本地RSS阅读器。RSS阅读让用户通过手机，随时随地阅读自己定制的个性化信息。

② 手机报：《中国妇女报》2004年7月1日推出全国第一家手机报——《中国妇女报·彩信版》，实现用户和报纸之间的互动。如今，几乎各大主流报业媒体都通过运营商供各自的手机报，用户通过手机即可接收最新的政治、体育、娱乐、文化、生活、财经等方面的信息。手机报一般以彩信的形式发送到用户手机上，用户需要为此支付费用。

③ 手机杂志：能够在手机上收看的、融合文字、图片、声音、视频等各种多媒体元素的电子杂志。一般需通过5MBOX、V8书客、掌媒和掌上书院等手机阅读平台进行阅读。

④ 手机漫画：通过软件将原版漫画按照一定的比例、大小进行剪裁、缩放等并制作成掌上设备支持格式的漫画，常见的格式有JAR等。手机漫画具有占用空间少，阅读效果好等特点。

⑤ 手机小说：是由手机作为载体来完成小说的创作或者阅读的形式，具有可传播性。手机小说涵盖两种含义：一种是指专门针对手机阅读的通过手机键盘而创作的文学作品，也称手机微型小说；另一种是以手机作为阅读文学作品的媒介，即将通过纸质、电脑或手机等媒介创作产生的文学作品通过下载、格式转换、输入、存储等方式录入到手机中，再在手机上进行阅读的方式。在日本，读手机小说已从年轻人的时尚演变为阅读新潮流。2007年日本十大畅销书排行榜上，手机小说占去了半壁江山。

手机阅读的内容并不局限于上面列举几种。总之，手机不仅可以用来打电话，发短信，听音乐，还可以看漫画、时尚杂志、流行小说、博客等。手机阅读已经成为手机的重要功能之一。

(2) 阅读方式

从阅读载体来说，手机阅读具有手持终端、客户端、WAP、WWW以及彩信这五种阅读方式，如表4-2所示。

表 4-2 手机阅读方式

	业务形式	特点	内容	展现形式
手持终端	通过带 E-INK 屏幕的专用手持阅读终端访问手机阅读平台	阅读舒适,可下载电子书到本地进行解析,电子书展现效果好,订购范围广,用户体验好,支持下载	书籍、漫画、杂志等全部内容	无源屏幕,接近纸质阅读方式
客户端	通过安装手机客户端软件进行业务使用	随身携带,包含用户互动、书签、书架、UI/UE 体验较好,用户体验好,支持下载	书籍、漫画、杂志等全部内容	有源屏幕,安装于手机上,可随身阅读,漫画、杂志画面优美、具备阅读音效
WAP	通过手机 WAP 浏览器访问手机阅读 WAP 门户,使用手机阅读业务	无需安装客户端,但由于 WAP 浏览器限制,显示较为简单,只能订购书籍,暂不支持下载	书籍	有源屏幕,只提供文本书籍的在线阅读
WWW	通过 WWW 浏览器,访问手机阅读 WWW 门户使用手机阅读业务	作为阅读业务的辅助形式,不提供杂志、漫画等形式的阅读,只能订购书籍	书籍	有源屏幕,出于版权保护考虑,只支持对部分非热门书籍的在线阅读
彩信	以彩信形式提供彩信电子书,供用户阅读	作为辅助业务形式,提供彩信电子书和营销信息的下发、电子书彩信包	书籍、杂志	有源屏幕,阅读内容以彩信形式提供

(3) 发展现状

中国手机阅读市场继续增长,2010 年上半年的市场活跃用户规模达到 2.3 亿,同 2009 年下半年相比增长 26.6%,增长幅度较大。2010 年中国手机阅读市场活跃的原因主要有如下几点。

① 汉王、方正、中国出版集团等厂商纷纷推出电子阅读终端,市场竞争十分激烈。2010 年上半年众多厂商进入电子阅读器市场,且处于产业链的不同环节。终端厂商中较为典型的有汉王、津科、易博士、易万卷、欣博阅等;同时部分出版社及内容提供商也定制了自己的电子阅读器,例如读者出版社的电子阅读器和中国出版集团的电子阅读器;部分 IT 厂商也推出了自己的电子书。厂商的激烈竞争带动了整个市场。

② 中国移动手机阅读业务商用,且 G3 阅读器上市,完成了产业链布局。电信运营商拥有众多用户和资金的资源,位于产业主导位置。中国移动手机阅读业务于 2010 年上半年商用,同时中国移动定制的 G3 阅读器也随之上市,从手机应用和电子阅读器两方面带动阅读市场。

③ 以盛大为代表的内容提供商不断聚集内容资源,使用户多元化需求得到满足。另外,内容提供商不断聚拢内容优势,以盛大文学为代表,2010 年上半年间盛大文学先后并购手机阅读网、言情小说吧、潇湘文学等网站,使其旗下拥有 7 家原创文学网站,通过对内容资源的网罗与把控,吸引其他环节的厂商合作。

④ 手机阅读、电子阅读器等多样化阅读形式,激发并带动了用户的多元阅读需求。2010 年上半年,手机报在移动互联网用户中的渗透率占据内容类别的 56%,且活跃用户持

续增长。伴随着手机报的渗透,用户逐渐接受手机阅读的方式。同时,由于汉王等厂商对阅读器营销投入加大,电子阅读器终端价格逐步走低,越来越多的人认知电子阅读器并利用移动终端进行阅读。

(4) 发展前景

随着用户付费意愿的不断增强、广告盈利模式及多版权运营等盈利模式的成熟,手机阅读市场收入规模将不断攀升。

《2009—2010中国移动互联网阅读市场状况调查》显示,2009年,中国手机阅读市场规模为30亿元,市场营收达到近5.2亿元,年增长率达到37.5%,随后两年将保持快速递增趋势,如图4-1所示。

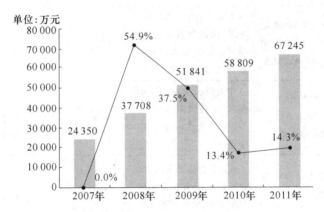

其中,2009—2011年市场规模为预测值
数据来源:易观国际2009年11月

图4-1 中国手机阅读市场营收规模

国内手机阅读市场要想获得大的发展,还需解决三方面问题。

① 手机阅读产业链尚未完全构建。手机阅读的产业链包括终端厂商、网络运营商、内容提供商、电信运营商等主体,由于各主体追求利益最大化,产业链较为复杂且不成熟,尚未形成统一有序的运营体系,从而影响手机阅读平台化运营及内容数字化的规模发展。

② 内容资源还不能满足商业模式发展的需要。从日本的手机阅读发展模式来看,手机阅读的内容提供者从商业模式出发,生产符合用户需求、付费意愿较强的内容产品,如言情、玄幻等小说,因此日本手机小说不但发展迅速且盈利前景较好。从中国手机阅读的现状来看,众多的内容提供商并未将创作符合用户消费口味的产品作为首要任务,而是忙于在手机阅读市场占领市场份额,无法在用户消费体验方面形成明显的口碑效应。

③ 明确而平衡的盈利模式的欠缺。手机阅读的盈利模式主要有两种,即付费阅读和广告,但这两种盈利模式都有不同程度的局限。从付费阅读来看,由于受到互联网免费应用的影响,用户对手机阅读的付费意愿相对不高。从广告层面看,一方面,虽然广告主对手机媒体的价值逐渐认同,但是投放广告的意愿不强;另一方面,由于用户需要为手机广告的流量费买单,将会影响用户的使用体验,因此很可能造成用户流失,导致流量下降,反过来影响广告主的投放决策。

目前,工业和信息化产业部正积极制定手机阅读标准。为使手机阅读业务在未来能够

有更好的发展,应遵循以下三原则:
① 以合作共赢为基础,将产业进一步延伸,加强产业链上下游的合作。
② 以技术创新为动力,带动业务大发展。
③ 要以保持手机文化先进性为前提,坚持社会主义文化的先进方向。
(5) 电子阅读器

目前,全球主要的手持电子阅读器生产厂商有美国的 Amazon、中国的汉王科技及日本的 Sony 等,其中 Amazon、Sony 主要在中国以外的市场销售,汉王科技在中国电子阅读器市场处于绝对领先地位,并逐步向全球市场扩展。

中国市场已渐渐形成汉王、方正、易狄欧等多极竞争的格局。2008 年 10 月,汉王科技推出了国内首款电子书产品,标志着国内电子书市场正式启动。2009 年,汉王电纸书的 10 余款产品销售 50 多万台,占全电子阅读器市场的 95%。与汉王不同的是,国内另一家电子书企业方正集团旗下的方正飞阅走的是从数字内容进入电子书硬件的道路。2009 年年底,方正在德国法兰克福书展上正式向全球发布其首款电子书阅读器文房,该产品支持中国移动 TD-SCDMA 标准的 3G 及 GSM/DGE,插入一张 SIM 卡即可上网下载新闻、查看股票、在线看书、下载正版图书等,是目前较为先进的产品之一。

2. 日本手机阅读发展

自 2005 年起,手机阅读在日本变得异常火热,对于日本人来说,在手机上阅读小说已成为一种时尚。2003 年,日本运营商推出了大量 3G 业务,但当时的电子书出版额仅为 20 多亿日元,而在随后的几年中,日本电子书市场呈现了爆炸式增长,2007 年的电子书出版额猛增至 400 亿日元,2009 年达到 574 亿日元。

(1) NTT DoCoMo 的发展路径

NTT DoCoMo 的手机阅读业务发展至今,先后经历了平台搭建、业务内容扩充、业务快速增长 3 个阶段。

① 平台搭建阶段(1999—2000 年)。1999 年,NTT DoCoMo 推出 i-Mode 时仍处于平台搭建阶段,菜单上的官方网站只有 67 家,需要大量引进成熟的内容和服务提供商。

② 业务内容扩充阶段(2000—2004 年)。2000 年,NTT DoCoMo 与 CNN 合作推出手机报业务;2002 年,推出手机小说业务;2004 年,开办手机动漫无线增值业务,约有 3 万用户订阅了手机读物。在此阶段,内容合作范围逐步扩大,2003 年官方网站已超过 3 000 家,独立网站多达 6 万多家。

③ 业务快速增长阶段(2005 年至今)。在此阶段,NTT DoCoMo 的手机阅读产品品种与数量均快速增长,2007 年,其手机小说和手机动漫服务销售额已达到 72 亿日元;2008 年达到 180 亿日元。

(2) KDDI 的发展路径

KDDI 的电子书业务以提供内容和服务为核心,同时进行终端和内容产业链的逐步整合,经历了产品研发推广、业务内容扩充、业务重新规划 3 个阶段。

① 产品研发推广阶段。2003 年,KDDI 在推出数据业务(WIN)的同时推出了 EZ Book 电子阅读服务,主要通过 EZ channel 频道提供在线阅读产品。此时,无论是提供的产品、目标用户还是合作伙伴都比较单一。

② 业务内容扩充阶段(2005—2008 年)。在此期间,KDDI 的产品内容逐步延伸,开发

了适用于电子阅读的终端,虽然合作伙伴仍比较单一,但合作内容由单纯的资源搜索延伸至电子书下载和图书销售。2005年,KDDI开始提供手机电子书下载服务,并提供7 000本畅销书供用户下载和购买,随后推出的手机终端均支持电子阅读功能。2007年,KDDI与东芝合作推出了用于电子阅读的手机Biblio,能够存放约5 000册电子书籍,并且可以调节液晶屏,以防止别人偷窥;其与书店的合作内容也由单一的漫画书籍扩展至各类畅销书、电影小说、成人小说、商业管理书籍等,并与书店的图书同步上架,共约45万本。

③ 业务重新规划阶段(2009年至今)。2009年10月,KDDI将电子书业务整合到"LISMO!"品牌下,重新整合音乐和视频业务,将手机阅读放入其中统一规划。同年,KDDI推出用于手机阅读的iida品牌定制终端biblio,该终端的特色功能就是电子图书阅读,机身预装了19种类别的图书词典,搭配独特的电子图书程序,用户可以单独为每一部电子图书设置密码。同时,该终端提供了丰富的阅读方式和搜索功能,用户可以像看幻灯片一样看图书,配合触摸操作,使阅读更加有趣。

(3) 小结

由以上可以看到,无论是NTT DoCoMo还是KDDI,其手机阅读业务都有较为清晰的发展路径,不约而同地都选择了手机小说、手机动漫两项业务作为手机阅读产品的突破口,并且取得了成功。

3. 中国移动手机阅读业务

2010年5月5日,中国移动手机阅读业务商用发布会在北京举行,宣告中国移动力推的手机阅读业务正式进入商用阶段。

手机阅读业务是中国移动通过多样化的阅读形式向客户提供各类电子书内容,以在线和下载为主要阅读方式的自有增值业务。其基于客户对各类题材内容的阅读需求,整合具备内容出版或发行资质的机构提供的各类电子内容,如图书、杂志、漫画等,提供以手持阅读终端为主要阅读载体,以客户端、彩信、WAP、WWW方式为补充的全新阅读服务。

(1) 发展情况

中国移动的手机阅读以打造全新的图书出版发行渠道为定位,以具备内容出版或发行资质的机构或大型互联网文学网站为合作对象,以手机终端(WAP、客户端)和移动电子书为主要形态,整合各类阅读内容,以满足客户随时、随地、随身阅读需求的一项业务,为客户提供时尚、健康、环保、便捷的阅读新体验。

中国移动计划5年内在浙江投资5亿元建设手机阅读基地,由中国移动浙江分公司承担具体运营工作,寄望将手机阅读基地建设成为中国最大的无线图书发行平台。浙江手机阅读基地已联合多家国内较大的出版社和原创网站,发布超过6万册图书,提供9大类产品和功能,包括漫画、图书、杂志、精品、书架、书签、下载、排行、空间。该试用推广手机阅读平台自2009年6月开通到9月三个月内用户数达到了200万。

此外,中国移动已经与盛大文学和其他400多家出版社成为合作伙伴,其中除了盛大中文旗下的起点、中文等八家互联网原创文学网站外,还包括作家出版社、浙江出版联合集团、长江出版集团、大百科出版社、广东出版集团等三十余家国内著名出版社。一些知名书商和专业作家也通过产业渠道与中国移动确立了合作关系。

(2) 业务资费

手机阅读业务信息费分点播信息费和包月信息费两种,移动数据流量费在信息费中打包收取,不再单独计价,即使用业务过程中产生 GPRS 流量均免费处理。

① 点播:单本图书点播分按章收费和按本收费两种方式,按章收费标准为 0.04~0.16 元/章,按本收费标准为 1~10 元/本。

② 包月:分为 3 元优惠包和 5 元精品包。3 元优惠包以传统经典图书为主,优惠包外单本书 8 折优惠,每周赠送书讯 1 条;5 元精品包内提供 50 本畅销图书,逐月更新,优惠包外单本书 8 折优惠,每周赠送书讯 1 条。

在手机阅读业务的收入分成方面,中国移动与内容提供商大体为六四分成。

(3) 阅读终端

使用中国移动手机阅读业务的移动终端主要分为两种。

① 通过手机终端,即用户使用手机通过客户端软件、WAP 门户、WWW 门户或者彩信来进行阅读。在这种方式下,已有 10 个品牌 403 款总计约 2 亿台手机支持加载中国移动的手机阅读客户端,包括 LG、酷派、索爱、三星、Nokia、多普达、联想、神达、摩托罗拉、惠普等,后续合作伙伴还将持续增加,其中智能手机厂商将为重点合作对象。

② 通过移动电子书终端,通过与手机号码绑定进行付费阅读。该种方式的优势在于可以对书籍进行批注、内容分享、边听音乐边阅读。同时,该方式加载中国移动 3G TD-SCDMA 模块,支持通过 TD 网络下载图书。

2009 年 5 月 17 日,中国移动在 TD-SCDMA 终端专项激励资金联合研发项目签约仪式上推出了 G3 阅读器,汉王、大唐、华为等几家企业成为首批电子阅读器的定制厂商。G3 阅读器结合了 TD-SCDMA 网络,能够高速联网实现在线阅读或下载阅读,使得图书作品在移动终端上展现的广度和深度也越来越强,并且可以拓展到行业应用,实现"终端+通道+内容"的整合拓展,能够全方位提升用户体验。

2010 年 5 月 5 日,在中国移动手机阅读业务上市发布会上,中国移动联合 6 家厂商展示了 8 个型号的 TD 电子书,其中包括汉王 2 款、华为 1 款、大唐移动 1 款、大唐电信 1 款、明基 1 款、方正 1 款。

(4) 优势和困难

中国移动推出的手机阅读平台能够有效地实现对内容的即时评论和内容推广,这一功能将成为移动手机阅读业务的杀手锏。

但是由于手机屏幕小及显示的限制,阅读效果与纸质媒介相差甚远,而且长时间通过液晶屏幕阅读带来的眼睛不适以及多种文件格式互不兼容等问题为读者带来了很多困扰,这些都会成为抑制通过手机终端进行阅读发展的障碍。

除了用户传统的阅读习惯还需时日加以改变之外,中国移动还面临着管道化的危险。就目前来看,中国移动对手机阅读的内容资源掌控度不足,其手机报并非手机阅读中最具有核心价值的内容,而与各大出版社的合作也只在一定程度上弥补了内容短板。在最有价值的网络原创小说方面,虽然与盛大形成了合作伙伴关系,但由于盛大也将发布自己的电子阅读终端,中国移动正面临一种微妙的态势。

4.2.2 案例 2 Flipboard——新的阅读模式

1. 背景简介

以 Twitter 和 Facebook 为代表的社会化媒体在世界范围内迅速发展,这些社会化媒体改变了人们获取和分享信息的方式,这样的变化正在推动新闻阅读聚合应用的发展。NewsGator、Google Reader、Pulse、Skygrid、Yahoo News 等新闻聚合应用体现出用户对信息的及时全面和获取效率的需求。

美国 Flipboard 高科技公司推出一款基于 iPad 的应用软件——Flipboard,将来自 Twitter 和 Facebook 的用户分享内容重组,同时摘取各内容生产者(网络媒体等)的文章和图片,预作排版,以类杂志的形式展示,带给用户全新的社会化阅读体验,满足用户对各类信息全面和及时的服务需求。

Flipboard 公司成立于 2010 年 1 月,总部位于美国加利福尼亚州的 Palo Alto。2010 年 7 月 21 日推出了 Flipboard 1.0.1 版本,定位于社会化杂志。升级后的 Flipboard 1.0.2 版本也已于 2010 年 9 月 16 日上线。

2. 服务内容

Flipboard1.0.1 版本共有 9 个内容模块,其中前两个预置了 Facebook 和 Twitter 的导入内容,其他模块可从列表中选择或自行添加。进一步点开模块,一个自动排版的杂志内页呈现在眼前,不仅包括相关内容的精华集合,还包括文字、照片、视频等多种形式,并且地址链接和视频等均为直接打开的状态。升级后的 Flipboard1.0.2 版本更是将模块增加至 21 个。

与 Flipboard 合作的媒体主要涉及本周精华推荐、新闻、财经、科技、艺术等版块。2010 年 9 月,Filpboard 的品牌合作媒体数量达到 88 个,其中包括 ABC news、Fortune Magazine、The Economist 等。图 4-2 是与 Flipboard 合作的媒体类型占比图,通过该图可以大致了解到科技、达人、新闻和娱乐是 Flipboard 提供的主要内容。

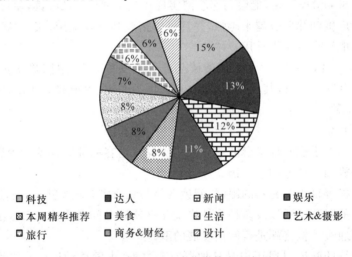

图 4-2 Flipboard 合作媒体类型占比

Flipboard 用户在 iPad 上可以看到自己感兴趣的内容,这些内容大部分来自于用户订阅或朋友分享。即使用户不创建自有账号,同样也可以通过大致的内容版块享受到全新的阅读体验。这种实时出版、自动生成内容、个性化的社会媒体,与传统的将报纸杂志内容电子化的方式截然不同。

3. 用户体验

在用户界面上,用户通过单击 Contents 下的 Edit 按钮可以编辑内容模块,同时决定是否删除某一模块。用户单击空白模块的 Add a Section 可以添加新的模块。用户既可以在 Flipboard 提供的列表中选择,也可以在右上角的搜索框中搜寻自己感兴趣的内容,如图 4-3 所示。

图 4-3　Flipboard 用户界面

当单击进入某一具体模块可以看到如下内容:

图 4-4 中的区域①:Flipboard 把 Twitter 和 Facebook 上的外部链接,不管是图片、视频、音频还是文章,全部主动替用户打开,并预作排版,以类杂志的形态呈现给用户。

区域②:Flipboard 显示内容的简短预览,并不提供任意长度文章的完整视图。用户单击文章或图片,可以得到更详细的信息。此时用户单击图片可以看到全屏的图片。

区域③:文章下方是 Retweet 的情况,用户可以登录 Twitter 进行 Retweet。文章右上角有操作选项:推荐,通过 E-mail 分享,Retweet 和隐藏。

区域④:如果用户想要阅读完整文章,单击在网页中阅读,就会在内嵌的浏览器中进入文章来源的原始站点。

图 4-4　Flipboard 某一具体模块界面

4. 产品特点

英文 Flip 是指快速翻动书页的意思,这体现了 Flipboard 的主要特征,即像翻杂志一样浏览网页。总的来说,Flipboard 具有以下几个主要特点。

(1) Flipboard 提供的是一种社会化阅读体验。Flipboard 提供的社会化阅读体验,实质上是将人们在 Facebook 或 Twitter 上分享的文章和图片自动排版,转化为传统媒体的样式,以此帮助读者在数字媒体上获得传统媒体的阅读体验。

(2) Flipboard 的内容主要来源于社交网络。Flipboard 可以连接用户的 Facebook 和 Twitter,可以看到朋友分享的内容。同时,用户也可以自己添加 Twitter 源,从拥有 Twitter 账户的媒体和博客中获取信息。Flipboard 完全改变用户获取信息以及与朋友交流的方式。

(3) Flipboard 的内容呈现类杂志的特点。Flipboard 在这个特点上采取了三个措施:一是放弃仿真翻页效果,采用简单的半页翻转效果,避免在平面上移动页面产生导航盲目感;二是自动从 Twitter 和推荐中获取链接内容并生成长度适中的摘要,使得 Twitter 的一百四十字符限制所导致的信息量不足问题得以缓解;三是应用成熟的网格系统和字体设计,从而清晰高效地呈现内容。

5. 商业模式

与其他媒体合作,创造盈利模式,开发更广泛的应用平台,是 Flipboard 创新商业模式的基点。Flipboard 通过与媒体合作不仅可以避免版权纠纷,也可以为 Flipboard 提供更丰富的内容资源。除了 Facebook 和 Twitter 等社交媒体以外,Flipboard 重视同品牌传统媒体和网络媒体建立广泛的合作关系,以此对社交化媒体服务发挥重要支撑作用,逐步提升传播力和影响力。

Flipboard 以用户订阅和广告收入为其盈利方式,制定具有吸引力的营收分成激励机制是其成功的关键。

Flipboard 创建数字内容发布平台,推动传统出版机构、网络媒体、发行单位、应用服务提供商形成社会化媒体的生态系统,丰富内容资源和用户界面,提供多元化的社交阅读体验,从而提升优质数字化出版内容和 UGC(用户生产内容)资源的转化质量和能力。

6. 发展战略

Flipboard 采取如下的发展战略和目标:

(1) 创新电子杂志,全新阅读体验。Flipboard 致力于融合社交网络,创建全新的内容分享平台,与各内容提供者建立广泛而紧密的合作关系,从而更加深化和创新社会化杂志模式。

(2) 开发社交网站在 Flipboard 的所有功能应用。如向用户提供位置服务,显示用户所在区域附近的相关信息;使用户可以随时随地更新状态,可与朋友保持互动交流等,最终实现社交网络的所有应用。

(3) 开放更多应用平台。短时间内,Flipboard 仅适用于 iPad,这主要是由于内容服务是基于 iPad 的硬件设计的。但发展到一定时期,Flipboard 将拓展更广泛的应用平台,开放基于 Android、WebOS 等操作系统的平板电脑、iPhone 等智能手机以及桌面电脑等各类终端,以获取更多的发展机遇。

(4) 技术演进与发展。整合 Ellerdale 的技术,加强内容整合和信息检索能力,使用户在应用中获得更好阅读体验,获取有用的信息,同时避免信息噪音。

7. 市场影响

Flipboard 带来全新的阅读模式,并在逐渐改变用户的阅读习惯。以英国为例,据调查显示，iPad 已成为英国拥有 iPad 的用户阅读报纸杂志的首选终端，如图 4-5 所示。

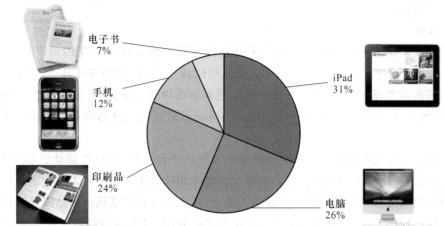

Source:Cooper Murphy Webb,'iPad'ConsumerUsage Study,2010-8.

图 4-5　2010 年英国 iPad 用户阅读报纸杂志的方式

31% 的英国 iPad 用户选择 iPad 作为阅读的首选终端，超过电脑的 26% 和印刷品的 24%，体现了英国 iPad 用户阅读终端的变化。这是因为，尽管桌面电脑拥有更强大的硬件优势，但 iPad 的阅读体验和较好的便携性使其超越电脑成为用户阅读终端的首选。除了苹果 iBook Store 提供正式电子出版物以外，基于 Flipboard 的网络数字媒体阅读体验在很大程度上受到 iPad 用户的青睐。相比之下，iPad 的主要竞争对手——电子阅读器，其内容主要来源于传统出版机构的正规出版物，不具有个性化。

Flipboard 在改变用户阅读习惯的同时，还对传统媒体、网络媒体、社交网络和移动互联网等众多市场参与者产生重大影响，为它们带来了不同的机遇和挑战，如表 4-3 所示。

表 4-3　Flipboard 对市场参与者的影响

	机遇	挑战
传统媒体	出版方式实现多样化，发展新的受众群体和拓展盈利来源	排版优势受到挑战，纸质出版物的数量减少，需寻求新的获利方式，作者的版权难以得到保护
网络媒体	借鉴 Flipboard 模式，发布客户端应用程序，丰富用户阅读界面和阅读体验，带动用户流量增长，形成用户阅读重要入口	Flipboard 掌控用户阅读入口，合作媒体与议价能力下降，影响其业务发展
社交网络	从社交平台进化为品牌媒体平台；开发自有社交化阅读应用程序，增强用户黏性和活跃度，依托用户流量优势充分整合产业链资源	Flipboard 定义社交网络阅读体验，改变用户对社交网络的使用行为和态度
应用开发者	作为应用服务提供商充分发挥技术优势，深入理解用户需求和行为优势，开发具有卓越阅读体验的应用程序	① 技术壁垒，对语义分析技术和服务器的要求较高； ② 适用平台，开发基于 Android、WebOS 等操作系统的平板电脑，以及智能手机、桌面电脑等的应用； ③ 用户体验，引入国内的社交媒体和品牌平面媒体，同时开发适合国人阅读习惯的内容展示方式； ④ 商业模式，与内容提供者的合作要探索适合中国商业环境的盈利和分账模式

可见,Flipboard不仅将加速推动整个媒体行业的网络化转型,还为应用开发者展示了广阔的市场前景。

8. 总结

Flipboard创新了社交媒体的阅读,在传统媒体推出基于iPad应用的阅读产品的时候,Flipboard为用户定义了一种全新社交化媒体的阅读:以社会化的媒体作为内容服务的基点,重新将内容选择权交回给用户,放弃模拟平面出版物的老路,真正成为新时代出版业探索应用服务的新方向。与新闻聚合器相比,Flipboard较强的交互功能和平面设计具备竞争优势。

Flipboard的出现加速推动社交网络进化为媒体平台,从国外社交媒体经验来看,用户正在推动微博从闲聊平台到媒体平台的进化。现在的社会化网站已经走出分享用户琐碎事件的时期,成为更多人共享网络信息服务的平台,用户期待获得卓越的信息阅读体验。基于市场需求的变化,Flipboard率先将Twitter和Facebook以全新的媒体展现方式呈现给用户与众不同的阅读体验,是一种社交化媒体创新的最佳实践。同时Flipboard的出现也推动社交网络加速进化为媒体平台。

4.2.3 案例3 手机网络游戏

1. 背景知识介绍

手机网游是指基于移动网络,在手机上由多人同时参与的互动游戏类型。目前可细分为客户端手机网游和WAP网游。

客户端手机网游指基于移动网络,在手机上通过游戏厂商提供的专用游戏客户端软件实现多人同时参与的游戏类型。它可以由J2ME、Symbian、Windows Mobile、Mophun等开发,用户登录下载客户端后联网进行游戏。

WAP网游即非客户端网游,用户无需专用的游戏客户端软件,使用WAP网页直接联网、多人同时参与的游戏类型。WAP网游具备与客户端手机网游类似的用户在线交互功能。

(1) 计费方式

手机网游业务采用游戏免费、道具收费的形式,用户购买游戏内按次计费的可重复购买的道具产品,购买产品后即时扣除用户账户内相应的游戏点数或手机话费。

使用点数计费版网游时,用户通过话费充值点数账户的方式获取点数,充值时会产生话单,发生话费计费;获取点数后再使用点数购买游戏道具,点数账户会扣除相应话费,并不再发生话费计费。

使用短信计费版网游时,用户通过发送短信的方式购买道具,购买成功后会即时扣除用户的信息费,产生话单。

(2) 发展情况

2004年,手机网游均为WAP游戏,到2005年,图形化手机网络游戏激增,具有40余款游戏。2005年6月,盛大和英特尔宣布携手共同开发国内手机游戏市场,手机网游行业阵营开始空前壮大,继盛大、北京掌讯、美通之后,网易、空中等也纷纷加入,目前国内手机网游厂商已经近30家。手机网络游戏目前尚处于市场导入期,在未来几年内,手机网络游戏将步入快速发展阶段。

2. 赤壁 OL

2009年最耀眼的、拥有真正3D游戏体验的、即时制角色扮演巅峰之作赤壁OL是由北京雅哈科技有限公司集多年经验精心打造的一款手机网络游戏。北京雅哈信息技术有限公司成立于2005年12月,是一家以手机游戏研发和运营为主体的高科技公司。

(1) 简介

赤壁OL采用经典三国题材,将三国天文地理、国书文学纳入剧情,全写实风格、无与伦比的游戏场景、精美细致的游戏人物、气势磅礴的战争场面、斗智斗勇的计谋情节、亦真亦幻的特效副本,真实再现三国混战、攻城掠地的情形,并完全由玩家掌控游戏全局。赤壁OL囊括所有战场与副本玩法,其中,宠物养成、婚姻升级、在线生宝宝等休闲玩法备受女性玩家喜爱。

赤壁OL有着良好的用户体验,看似复杂的系统操作起来相当简单。赤壁OL在手机网游中独创的无缝超大地图系统,使玩家在任意地方驰骋都不会有切换地图读盘时间,完全零等待时间,手机也能享受超流畅用户体验。赤壁OL同时更有超大世界的设计,地图块容量高达2 500余张,单单横穿世界地图就需要近3小时,巨大的场景更好地为玩家描述出波澜壮阔的三国时代。赤壁OL的另一项手机网游业界首创,是在传统2.5D游戏的基础上,为高端手机用户提供真正的3D版本。区别于其他所谓3D视觉的手机游戏,赤壁OL 3D版的一切均是真3D构建。同时赤壁OL传统的2.5D版本和3D版本客户端的玩家一起游戏时,互相之间聊天/组队/交易等方面都没有任何影响,真正实现沟通零距离。再加上精美的无双副本系统、方便的类似NDS触屏操作系统、多样化的高端手机支持,使得手机网游的品质迈上了一个新的台阶。

(2) 特色

① 3D界面,真实比例。赤壁OL是业界第一个真正实现了3D世界的手机网游。3D版本提供3种不同视角,视角之间可方便地进行一键切换,更可以全方位360度旋转视角,完全符合游戏业内对真3D游戏的定义。

赤壁OL在实现2.5D的同时兼顾高端机型的3D版本,更加绚丽的画面,独创性的人物头像选择功能,人物和场景无限接近真实比例,刮起了手机网游界一阵旋风。此外,游戏开创性的创造了2.5D和3D版本之间完全零障碍的互联互通,2.5D和3D版本的用户在游戏中可以自由地组队、交易、PK、聊天,互相之间的交流完全感觉不到不同版本的区别。

② 超大地图,无缝世界。赤壁OL独家首创无缝地图,让游戏世界变得更大、更宽广,除进出副本外,在游戏世界其他任何地方行动都完全没有读盘时间,一直让玩家烦恼的地图间切换等待诟病随之迎刃而解。

③ 无双副本,宏伟战役。赤壁OL首创的再现战役玩家副本,让玩家和众多历史名将及其带领的兵马一起在著名战役中冲杀。限时任务、追赶目标、击杀敌将、保护友军等众多可触发的事件让整个副本鲜活起来。战场中玩家的每一步行动都可能改变事件的触发,进而改变整个副本的流程。此外,赤壁OL还独家拥有和NPC(非玩家控制角色)一起战斗的副本,玩家可以选择加入喜欢的阵营,去改变历史,创造历史。

④ 百种技能,万种道具。赤壁OL拥有近两百种技能,各种专、精技能搭配,让人物更强大,并且操作简单,新手也很容易上手;赤壁OL拥有近万种意想不到的道具,让玩家在游戏里更加得心应手。

⑤ 六大职业,特色宠物。赤壁 OL 拥有战士系、法师系两大系,六大职业,分别为枪职、刀职、环职、扇职、杖职、弓职;赤壁 OL 里每个用户可以拥有两个宠物,通过战斗获取经验并升级,还可以通过交配来获得更好的宠物。

⑥ 飞行坐骑,独一无二。赤壁 OL 里每玩家可以拥有两匹坐骑,更独创性开发出了飞行坐骑。不同的战马和战车还对人物的各种属性有着不同的加成,可以自由打造属于自己的独一无二的坐骑。

(3) 游戏体验

进入游戏后首先要选择阵营,依个人喜好选择魏、蜀、吴三国中一国,然后选择角色性别和显示头像,最后输入昵称就可以创建角色并进入游戏。赤壁 OL 并不像普通的角色扮演游戏那样一开始就选择角色的职业,而首创了需要角色等级达到一定级别后才可确定角色的职业。这种让玩家经历更多体验后再做选择的设计,更具有人性化,如图 4-6 所示。

图 4-6　赤壁 OL 的游戏场景

开始游戏后,玩家进入战乱的城市界面,可通过新手指引帮助来熟悉游戏。住凡是头上有感叹号的 NPC,都是游戏世界里需要玩家寻找的人。如果要寻找的人不在玩家附近,玩家可通过按 7 键自动寻径,十分方便。

玩家通过新手指引的指点来开始任务,这些任务都可以通过自动寻径而轻松解决。在战乱的城市里完成一系列任务后,玩家可以离开并进入新手村,在出战乱的城市的路上能看到高级 NPC 演示如何打高级怪,这也是赤壁 OL 独家所有的。

在新手村,"接引使"会与玩家交谈并布置一系列任务。这些任务能锻炼玩家对游戏的熟练程度,增加对操作、武器、装备的认知。

玩家通过学习不同的技能完成各种各样的任务,不仅能不断地提高角色属性和技能方面的能力,还能获得相应的奖励,如奖励宠物和宠物装备等。玩家可以根据自己的意愿给宠物命名,来打造完全属于自己的宠物,并带着宠物一起战斗。

做完这一系列任务后,赤壁 OL 一改以往游戏的单调任务模式,让玩家享受只有在有高级状态下才有的游戏体验,进入副本进行高级别游戏,同时玩家可以自由选择任务的难易。

当玩家完成一系列任务达到 11 级时,就可以选择职业和技能。如果不选择职业的话,是无法升级的。赤壁 OL 提供 6 个职业,分别是枪职、刀职、环职、扇职、杖职、弓职。

通过在游戏中设置技能快捷键能让玩家在游戏过程中更加畅快,设置完毕后,玩家就可以在赤壁 OL 的世界驰骋了。

4.2.4 案例4 井下人员定位系统

2010年9月,国家安全监管总局、国家煤矿安监局在《关于建设完善煤矿井下安全避险"六大系统"的通知》中明确规定:2010年年底前中央和国有重点煤矿企业的所有煤矿全部建设完善井下人员定位系统;2011年年底前所有煤矿全部安装井下人员定位系统。

人员定位系统自2006年起开始应用于煤矿行业,它集井下人员考勤、跟踪定位、灾后急救、日常管理于一体,是为人员安全所设置的管理系统。

1. 基于RFID的定位系统

(1) RFID技术

射频识别技术(Radio Frequency Identification,RFID)是从20世纪80年代起走向成熟的一项自动识别技术。它利用射频方式进行非接触双向通信,实现人们对各类物体或设备(人员、物品)在不同状态(移动或静止)下的识别和数据交换。与同期或早期的接触式识别技术不同的是RFID系统的射频识别卡和读卡器之间不用接触就可完成识别,并具有以下特点。

① 操作方便,工作距离长,可以实现对移动目标的识别;

② 无硬件接触,避免了因机械接触而产生的各种故障,使用寿命长;

③ 射频识别卡无外露金属触点,整个卡片完全密封,具有良好的防水、防尘、防污损、防磁、防静电性能,适合在恶劣环境条件下工作;

④ 对无线传输的数据都经过随机序列的加密,并有完善、保密的通信协议。卡内序列号是唯一的,制造商在卡出厂前已将此序号固化,安全性高;

⑤ 卡内具有防碰撞机制,可同时对多个移动目标进行识别;

⑥ 信号的穿透能力强(可穿透墙壁、路面、衣物、人等),数据传输量小,抗干扰能力强,感应灵敏,易于维护和操作。

(2) 系统功能

以前井下工作人员只是在工作簿上做登记,或者打卡,发生事故根本无法预知其所在位置;而RFID人员定位系统通过对煤矿坑道远距离移动目标进行非接触式信息采集,可实现对人、车在不同状态(移动、静止)下的自动识别,实现目标的自动化管理。

典型的射频识别系统主要包括两个部分:射频识别卡和读卡器。系统通过井下放置的各个读卡器来读取为井下人员配发的唯一识别卡信息,并对信息进行上传处理从而完成对井下人员的定位。

首先,煤矿生产单位将所属煤矿划分为几个区域,在井下坑道的每个区域中安装一定数量的信号收发器。其次,煤矿生产单位向有关人员颁发并装备无线标识卡,一般安装在井下人员佩戴的安全帽内,并将每个区域下井人员所对应的基本信息,包括姓名、年龄、性别、所属班组、所属工种、职务、本人照片等录入到系统数据库中,然后管理部门对该卡进行授权生效。授权范围包括:该员工有资格进入作业面的坑道,感应器的时效、失效、挂失等,以防止无关人员和非法人员进入坑道。

进入坑道的人员必须佩戴装有无线标识卡的安全帽,只要通过或接近放置在坑道内的任何一个读卡器,读卡器即会马上感应到信号,同时立即通过GPRS网络将此人通过的路段、时间等信息传送到控制终端,终端计算机马上就可判断出具体信息来识别和核对人员身份,同时把它显示在控制终端的大屏幕或电脑显示屏上,并做好备份。如果感应的无线标识卡号无效或进入限制通道,系统将自动报警给安全监控中心值班人员。

管理者也可以根据大屏幕上或电脑上的分布示意图点击井下某一位置,计算机即会把这一区域的人员情况统计显示出来。同时控制中心的计算机会根据一段时间的人员出入信息整理出这一时期的每个下井人员的各种出勤报表。如出勤率、总出勤时间、迟到/早退记录、未出勤时间等。另外一旦井下发生事故,可根据电脑中的人员分布信息马上查出事故地点的人员情况,在事故处确定人员位置,以便营救人员以准确快速的方式营救出被困人员。

具体总结,人员定位系统的核心功能大致有以下几点。

① 准确完善的人员管理

系统可了解任一时间井下某个地点的人数和身份;可随时查询一个或多个人员现在的井下实际位置;可记录有关人员在任何地点的到/离时间和总工作时间等系列信息,督促和落实重要巡查人员(如瓦斯检测人员)是否按时、到点的进行实地查看,或进行各项数据的检测和处理,从根本上尽量杜绝因人为因素而造成的相关事故;可实现多点共享,可同时在不同地点查看各基站信息。

② 丰富的地图功能

具有放大、缩小、移动、标尺测距、视野控制、中心移动、土层控制、地图打印等功能。

③ 禁区报警功能

对于指定的禁区,如果有人员进入,实时声音报警,并显示进入禁区的人员。

④ 人员轨迹查询

可查找某个人在某个时间段内所经历的路径,并在图中画出线路轨迹。

⑤ 人员下井考勤能力

可对出/入井人员进行统计,实现下井人员考勤记录,判断不同类别的人员是否出勤正常,建立人员出入井的各种信息报表(如下井时间报表、出勤月报表、加班报表、缺勤报表等),有利于企业内部考勤管理。

⑥ 灾后急救信息

一旦发生各类事故,能立刻掌握出事故地点的人员数量、人员信息、人员位置等信息,大大提高抢险效率和救护效果。

⑦ 车辆及设备管理

车辆的出入统计、定位及其他重要设备的具体位置,井下人员定位系统工程安装情况等。

2. 基于 Wi-Fi 的定位系统

(1) Wi-Fi 技术

Wi-Fi 全称 Wireless Fidelity,采用 802.11a/b/g 标准,它最大的优点就是传输速度较高,另外它的有效距离也很长,同时与已有的多种设备兼容。其优点主要体现在以下方面:

① 无线电波的覆盖范围广,基于蓝牙技术的电波覆盖范围非常小,半径大约只有 50 英尺左右(约合 15 m),而 Wi-Fi 的半径则可达 100 m。

② Wi-Fi 手机的无线通信质量非常好,就是在嘈杂的环境下,也能有很好的过滤功能。

③ Wi-Fi 技术传输速度非常快,可以达到 11 Mbit/s,符合个人和社会信息化的需求。

④ Wi-Fi 手机通过 TCP/IP 协议进行数据交换,在网络上的工作效率更高。

(2) 系统功能

无线网络定位技术的基本原理是,在需要定位的区域内,建立一个由控制中心和若干具有固定位置的微功率基站及识别卡组成的无线网络通信系统,利用 Wi-Fi 手机、固定电话等终端设备来进行通信。

每一个基站及识别卡就是一个网络节点,在控制中心工控机上,对每个网络节点的位置加以标识,并在移动目标上安装识别卡,建立网络节点与移动目标之间以及网络节点与控制中心之间的通信联系,根据网络节点是否接收到某个移动目标的定位信号,以及接收到的定位信号的强度大小,从相关节点的位置来确定该移动目标的位置,并可以在重要地方安装液晶屏显示定位信息。从而实现井上与井下的语音调度以及井下对井上、井下对井下之间的信息反馈。为生产调度、应急救援、安全监控等提供可靠的依据。如图 4-7 所示。

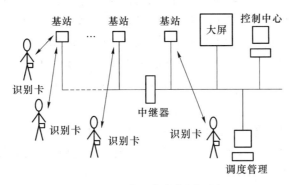

图 4-7　无线网络定位原理图

3. GIS 结合的定位系统

(1) GIS 技术

地理信息系统(GIS, Geographic Information System)是一种基于计算机的工具,它可以对在地球上存在的东西和发生的事件进行成图和分析。GIS 技术把地图这种独特的视觉化效果和地理分析功能与一般的数据库操作(例如查询和统计分析等)集成在一起。这种能力使 GIS 与其他信息系统相区别,从而使其在广泛的公众和个人、企事业单位中解释事件、预测结果、规划战略等具有实用价值。

(2) 系统功能

① 通过基于 GIS 技术的地理信息实时显示、查询井下情况。例如,显示任一时间井下或某个地点究竟有多少人,这些人都是谁,每个人在井下的活动轨迹是什么样的;查询一个或多个人员现在的实际位置,方便调度中心快速正确地用电话联系该人员;查询有关人员在任一地点的到/离时间和总工作时间等信息,以监督重要巡查人员是否按时到地点进行各项数据的测试和处理。该系统可实现多点共享,方便多人同时在不同地点查看。

② 了解井下人员每时每刻在坑道中的实时动态分布,并根据井下的实际地理情况制作相应的动态图,使井下情况一目了然。

4. 发展方向

井下人员定位系统的核心技术是井下通信技术,井下通信经历了有线通信和无线通信两个过程。随着信息化的发展,无线通信方式将越来越体现出它的优越之处。从射频识别技术到 Wi-Fi 技术甚至到 MESH 网络在井下的应用都将为井下定位提供更可靠的技术支持。同时对于井下人员定位系统的上位显示也将逐步向 GIS 信息显示方向发展。井下无线通信的无缝连接以及上位系统的精确显示将是今后井下人员定位系统的发展方向。

4.2.5 案例5 福建移动爱贝通平安卡系统

爱贝通平安卡系统的总体目标是利用移动网络优势和丰富的网络资源为教育部门提供信息化的综合服务。为学校和家长、教师和家长之间建立良好的沟通平台，为家长关爱孩子提供良好、便捷的新型信息桥梁。通过该系统，可以方便地实现短信家访、应急通知和家长咨询等服务，而且学生不需要携带移动电话，利用手中爱贝通平安卡就可以通过无线公话与家长进行语音交流，家长手机也能在每天孩子签到和签退的时候收到短信，方便家长了解孩子的行踪，使学生在学校如同在家一样平平安安。该系统有助于学校、社会和家庭多方面联合对孩子教育问题进行很好地沟通与交流，从而最终提高该地区教育水平。

爱贝通平安卡系统是由福建新大陆软件工程有限公司根据福建省的教育信息化情况设计开发的。福建新大陆软件工程有限公司作为新大陆集团战略规划中侧重于IT服务行业的系统集成公司，主要从事内嵌式操作系统开发和工具软件产品开发，以及提供从IT战略规划、系统开发、系统集成、专业培训到运营维护一体化的IT服务公司。

1. 背景和需求

教育信息化水平是衡量一个地区甚至一个国家教育水平、教育程度和九年义务教育普及的一个重要的标志之一。随着信息技术的进步和广泛运用，如何有效利用信息从而最终提高整个地区的教育水平至关重要。

21世纪我国已经进入实现四个现代化的第三个发展战略阶段，提高我国现有的教育水平对实现四个现代化起决定性作用。而教育信息化发展是我国教育事业的重中之重。福建移动通信责任有限公司和福建新大陆软件工程有限公司从全省教育的战略角度出发，将福建省教育信息化作为数字福建重要的组成部分，率先进行福建移动爱贝通系统的研发，为学校、家长和老师及其社会提供高效、便利的沟通平台。

福建移动爱贝通平安卡系统的目标就是为全省中、小学的学生、家长、教师和学校提供良好的综合性信息服务。福建爱贝通平安卡系统利用福建移动的网络资源，建立以省为中心，市、县（区）、校多层次信息平台。向学校、学生、家长和教师提供高效、快速、便捷和安全的信息沟通平台。

2. 系统设计

福建移动爱贝通平安卡系统，是实现福建省教育信息化的重要组成部分，也是目前福建省实现教育信息化进程的重要过程。福建移动爱贝通项目提出方福建移动通信责任有限公司和项目开发方新大陆软件工程有限公司本着设备先进、技术完善、功能齐全、节约成本、减少维护的原则，对该项目进行反复、细致和全面的论证。最终实现了真正契合福建省教育信息化实际的系统设计方案。系统拓扑如图4-8所示。

该系统基于中国移动的网络平台，是一个多层架构、软硬件相结合的综合性产品。硬件设备由无线公话、签到器和采集器组成，软件平台主要采用 Browser/Server 的结构。学校只需要无线公话、签到器和采集器这三个硬件设备，可大大降低学校的维护工作。爱贝通网站部分提供了全 Web 形式的操作管理界面，操作简单、界面友好的系统特征使其大受欢迎。

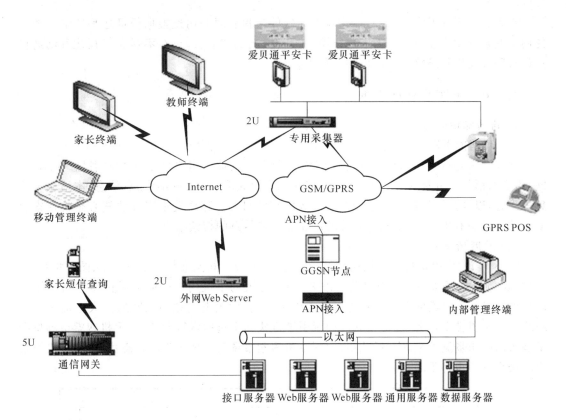

图 4-8 系统拓扑图

3．系统主要特点

（1）互动性强

爱贝通平安卡系统专门为学校和家长、教师和家长、学生和家长提供良好的沟通交流平台，双方在这个平台上可以非常方便、快速和便捷地与对方进行交流。

（2）服务内容丰富

爱贝通平安卡系统给用户提供多元化服务，包含学生和家长交流、教师和家长交流、学校和家长交流等，学生还可以利用爱贝通平安卡进行与家长进行语音通话和小额支付等，其中学生消费的金额由家长来支付。避免学生身上携带现金的危险。

（3）方便性

爱贝通平安卡系统充分考虑学校、教师、学生和家长的行为特征，开放多种使用方式，方便爱贝通系统用户进行使用。

（4）高效性

建立高效的、以业务为核心的、稳定的处理平台，达到以保障业务支撑爱贝通系统运行的建设目标。

4．综述

福建移动爱贝通项目已经按照计划先后完成业务调研、需求分析、功能设计、系统开发、系统测试和最终实施的各个阶段。福建移动爱贝通平安卡已经开始投入使用，基本保证福建移动通信责任有限公司爱贝通业务的正常运行和业务开展。

在爱贝通平安卡实施过程,福建新大陆软件工程有限公司还根据爱贝通平安卡系统的使用情况及其用户提出的新需求进行设计、开发、调试和运行,正在不断完成福建移动通信责任有限公司以及最终客户提出的新需求。

4.2.6 案例6 移动搜索

1. 背景知识介绍

(1) 移动搜索概念

移动搜索是搜索技术在移动通信网络平台上的延伸。用户可以通过短消息、WAP上网、语音通话等多种接入方式进行搜索,以达到实时获取Web、WAP站点信息、本地服务信息等内容,以及按需订制相关移动增值服务内容的目的。移动搜索服务的核心是将搜索引擎与移动设备有机聚合,生成符合移动产品和用户特点的搜索结果。

(2) 发展情况

2008年,中国手机搜索市场用户规模已达8 900万,同比增长122.5%,如图4-9所示。2010年6月,中国移动电话用户数突破8亿户,庞大的手机用户群体为手机搜索市场用户的拓展提供了丰富的潜在用户资源。随着中国移动、中国电信和中国联通三大电信运营商纷纷涉足手机搜索业务、传统互联网搜索引擎巨头向手机搜索行业拓展,手机搜索市场将会呈现出新的市场竞争格局。近几年,中国手机搜索市场将呈现稳步增长态势,中国手机搜索市场用户规模也将不断扩大。

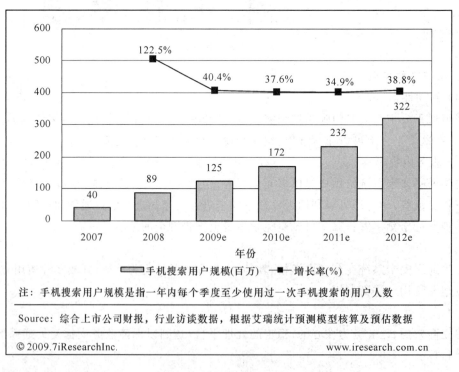

图4-9 2007—2012年中国手机搜索用户规模

从收入规模上看,2008年中国手机搜索市场收入为1.2亿元,同比增长300.0%,如图4-10所示。受到3G商用及手机搜索商业模式逐渐多元化的影响,手机搜索广告将得到更多广告主的认可,手机搜索广告收入将实现稳步增长,手机搜索市场将步入成长期,市场收入规模也将成倍增加。

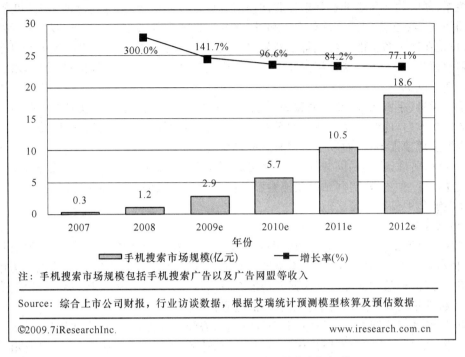

图 4-10　2007—2012 年中国手机搜索市场规模

由此可见,手机搜索无论是在用户规模还是在市场规模上都具有巨大的潜力,同时百度和谷歌在传统互联网领域的成功,让人们对手机搜索市场的未来抱有极大的信心,并纷纷涉足其中。

(3) 竞争格局

根据市场情况分析,在手机搜索市场上的主要角力者包括以下几类:电信运营商,包括中国移动、中国电信、中国联通;手机制造商,包括 Nokia、三星、联想、天语等;手机搜索服务商,包括百度、谷歌等传统互联网搜索引擎提供商,以及较早专注于手机搜索的宜搜、易查、明复等手机搜索服务提供商;另外,传统互联网和移动互联网门户网站、手机搜索联盟也尝试在其中扮演重要角色。

① 电信运营商

凭借在移动互联网产业链中的核心市场地位,通过与手机搜索企业合作,电信运营商拓展和丰富了自身业务领域,在手机搜索市场中占据了更重要位置,并努力在与其他电信运营商的竞争中胜出。比如继 2007 年合作手机搜索服务之后,中国移动与谷歌在 2009 年 3 月再次续约;2009 年 5 月 17 日国际电信日刚过,中国电信宣布旗下企业号码百事通与百度达成战略合作,全面为中国电信 3G 用户提供快捷、精准的无线搜索服务。

② 手机制造商

手机制造企业也很重视移动搜索服务与终端应用的整合,例如 2008 年 7 月,Nokia 和百度联合推出百度精灵的移动搜索服务,并且与明复在移动生活搜索和移动广告领域展开合作。2009 年 5 月,三星、联想、天语等三大手机制造商在手机菜单中预置百度手机搜索。

③ 手机搜索服务商

作为传统互联网行业搜索巨头,百度和谷歌早已布局移动互联网的发展。依托在互联网搜索领域积累的技术、用户、品牌和资本等方面的优势,百度和谷歌着力构建广泛的合作伙伴关系,同时加强并延伸在移动互联网搜索服务领域的影响力,如百度的贴吧、知道,谷歌的地图搜索等受到用户的广泛认可。另外,深耕手机搜索领域多年的宜搜、易查等手机搜索企业,也正在通过各自的独特优势不断发展壮大。宜搜凭借对手机用户的理解和创新广告形式移动顶告,受到手机搜索用户和广告主的广泛认可,并且获得了风险投资的青睐。

④ 移动互联网门户

手机腾讯、手机新浪、空中网和 3G 门户等移动互联网门户网站,也将手机搜索纳入重点业务发展方向,他们提供一站式的手机上网服务,通过提供站内搜索、通用搜索为手机用户精准地呈现搜索结果;而以手机搜索服务提供商为核心建立的手机搜索联盟,如易查搜索联盟、宜搜广告联盟、儒豹同盟等,一方面提高了手机搜索的精准度,另一方面也吸引了广告主的关注,为广告主、联盟网站以及搜索服务提供商三者之间建立共赢局面提供了桥梁,也使自身在竞争中谋得一席之地。

(4) 发展障碍

中国手机搜索市场的巨大潜力吸引着各个参与方在其中角力并努力胜出,他们的参与和共同努力,必将会为中国手机搜索市场的繁荣起到巨大的促进作用,也必将能够为用户提供更多、更好的产品和服务。再次回顾传统互联网中搜索引擎的发展历程和非凡成就,可以预见,手机搜索在未来必然会上演出更多的精彩。

但是,移动互联网在基础设施、资费等方面尚需较大改善,手机搜索在海量、精准、便捷、个性化等方面的功能实现和用户体验方面还难以达到的令人满意的程度,用户使用习惯的培养和引导也需要一定的时间,手机广告模式也还没有较大的突破,因此手机搜索在未来还要经历一段摸索发展的时期。

2. 明复移动搜索

2008 年 7 月 8 日,北京奥组委(BOCOG)指定明复(mInfo.com)作为 2008 年北京奥运会移动 WAP 官方网站(wap.beijing2008.cn)的指定手机搜索服务提供商。中国及国外的奥运观赛者可以相当便捷地使用简体中文、繁体中文或英文在海量的奥运信息中随时查询各项奥运赛事的实时结果。

官方的奥运移动网站和搜索服务于 6 月下旬投放使用。通过 wap.beijing2008.cn 这个 WAP 网站,移动用户只要在网页搜索框里输入他们感兴趣的查询内容,就可以立刻找到一系列的相关信息,内容囊括奥运赛事赛程、实时比分、奥运会比赛场馆信息、即时新闻、奥运明星档案等各种和北京奥运会及奥林匹克相关的信息。

明复信息技术有限公司成立于 2005 年年初,总部设在上海,现在北京、广州、成都和西雅图设有分公司和办事处。明复在美国和中国拥有多项无线搜索及移动广告专利技术,是国内唯一一家支持自然语言及多种语言的移动搜索服务商,为中国 6.8 亿无线用户提供移动搜索服务,也是国内唯一一家提供个性化搜索服务及拉动式广告推广模式的企业,同时还是提供多平台搜索的企业。

(1) 服务内容

① 基本搜索服务

明复面向中国手机和小灵通用户提供餐饮、股票、汇率、交通查询、星座、体育场馆、娱乐、健康常识、商旅以及天气、航班等三十多种查询服务,其搜索结果准确,更符合用户的搜索需要。

② m 号码空间

在明搜索中建立属于自己的 m 号码空间,把朋友的手机号码等联系方式输入 m 号码空间。当用户出现丢手机、换手机等情况,再次需要这些联系方式时,可以编辑"××的联系方式"、"××的手机"或"××的电话"等内容至特服号(1066958866)。例如"张三的手机",直接等待系统回复,就可重新获得朋友们的手机号码。

③ 寻亲移动搜索

2008年5·12汶川大地震发生之后,明复开通了手机搜索寻亲业务,用户可以通过手机短信、手机上网搜索等方式快速准确寻亲,以方便灾区群众寻找失散的亲人,特别是当使用电脑和网络不便的情况下,能够免于奔波之苦。

明复的手机短信"寻亲"有三种功能:其一"寻亲搜索",在短信中按照一定的格式,首先输入"寻找"字样而后输入姓名、年龄、地区、性别等信息到指定的移动服务号码,即可寻找失散亲人,例如"寻找+38岁+女性+唐萍+×地区"。其二"寻亲登记",在手机短信搜索没有结果的情况下,寻亲者可按照短信提示将寻亲信息进行登记,当要找的亲人被系统查找到后,系统会自动用短信通知寻亲者。其三"寻亲信息发布",寻亲者可通过手机WAP上网发布寻亲信息、报平安等信息。

该移动寻亲功能有如下几个优势:第一,不受网络设备限制,对灾区人民来说随时使用电脑和网络是一种奢望,在四川受灾严重地区无线通信依然畅通的情况下,手机寻亲不受设备限制无疑对灾区人民更为实用。第二,在开通的移动寻亲功能中,"寻亲登记"是其他网站寻亲功能所不具备的,这种方式可以给暂时未寻找到失散亲人的寻亲者以心灵慰籍,也为日后寻找到失散亲人埋下了希望的种子。

(2) 服务形式

① 短信搜索方式

用户编辑搜索的内容发送短信至明搜索特服号码:1066958866(移动、联通、小灵通),搜索结果会通过短信的形式回复,如图4-11所示。

图4-11 明复短信搜索演示

② WAP 搜索方式

打开手机浏览器，输入网址 http://wap.mInfo.com。

a. 在页面搜索框输入搜索内容，单击"搜"，页面返回搜索结果；如输入"川国演义"，点击"搜"键，如图 4-12 所示。

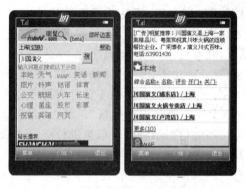

图 4-12　WAP 搜索演示 1

b. 直接选择页面的频道分类，如"本地"、"新闻"，进入明搜索的某个子频道使用搜索服务，如图 4-13 所示。

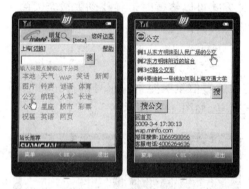

图 4-13　WAP 搜索演示 2

c. 在页面搜索框输入搜索内容，按频道分类，进行频道内搜索。如输入"周杰伦"后点击"铃声"频道，如图 4-14 所示。

图 4-14　WAP 搜索演示 3

③ IM 搜索方式

利用即时通讯工具 MSN，加 mbot@mInfo.com（小明机器人）为好友，即时在聊天框内输入搜索内容进行搜索,如图 4-15 所示。

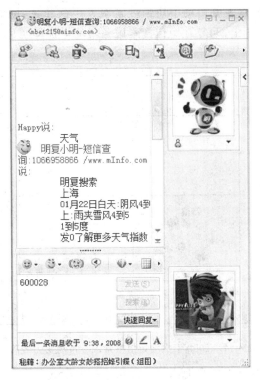

图 4-15　IM 搜索演示

④ 手机客户端

手机客户端只能在手机上运行,先将手机客户端安装文件选择下载到电脑上,下载完成后通过数据线、红外、蓝牙等方式将此安装程序传送到手机中安装运行,如图 4-16 所示。

图 4-16　手机客户端搜索演示

(3) 发展情况

2008年,中国短信搜索服务市场中短信搜索服务厂商较少,同时各厂商的市场地位较为明显。由图4-17可以看出,明复在短信搜索服务市场中优势明显,位于领先者象限,具有绝对垄断优势。

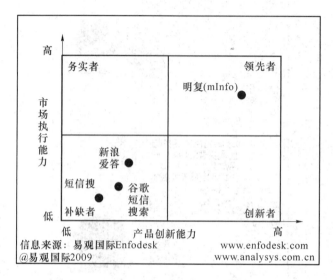

图4-17 2008年中国短信搜索服务市场实力矩阵

该种竞争格局主要有以下两个原因。一方面,除明复外的各家厂商对短信搜索服务重视不够,导致投入力度不足,因此存在推广不足、服务不完善等问题,从而导致用户对于产品的认知度不够、体验较差。另一方面,相对于其他厂商,明复对于短信搜索服务的专注和专业使其在该细分市场占据了绝对的优势,这主要表现在以下3点:

① 技术及产品优势。明复拥有专业的移动搜索技术,其技术优势主要体现在智能自然语言搜索技术。对于短信搜索服务,用户搜索请求的描述多口语化,因此对于用户搜索请求的分析将是反馈用户有效信息的首要问题,智能自然语言搜索技术可便捷高效地解决这一问题。同时明复不仅提供丰富的中文本地信息、天气信息等的搜索,同时提供英文搜索服务平台,通过关系搜索丰富其产品及服务形态,拓宽用户使用范围。

② 营销推广方面具有较高的创新能力。2007年11月,明复信息与智买道公司共同推出搜索换积分活动,推广其移动搜索服务,同年明复在北京出租车上大力推广其移动搜索服务,此推广模式仍在持续,有效提升了用户认知度。

③ 频繁的战略合作抢占渠道资源。2008年明复与终端厂商、电信运营商、政府均取得了合作,在很大程度上促进其短信搜索产品的发展,同时大大提升了品牌知名度。合作案例的达成也表明政府、运营商等合作厂商对明复移动搜索产品的认可。

3. 百度WAP搜索

现今,中国已经成为全球最大的移动通信市场,中国手机用户已经超过全欧洲国家手机用户总和。随着3G时代和无线互联时代的到来,世界IT巨头纷纷进军中国无线互联网市场。百度紧紧把握当前IT发展动向,主动出击,2004年11月,百度先后推出自己旗下的WAP应用产品,以此进军无线互联网市场。

WAP搜索就是其中一款无线网络搜索引擎类的产品,与Internet网络版的搜索引擎功能相似,服务方向也类似。目标是占领无线网络搜索引擎的市场份额。目前,百度的手机搜索服务主要是 WAP 贴吧、WAP 知道、WAP 搜索和 PDA 搜索。这些产品都是百度主线产品的无线网络衍生产品。

(1) 战略目标

百度 WAP 的目标是为所有信息搜寻者提供更高标准的服务。百度将整合其自身所有有用的信息,向通过手机等无线网络终端实现上网功能的用户提供移动的搜索引擎功能,让他们能够更加快捷更加方便地查找和获取信息。

百度一直都在技术领域不懈的努力着,努力成为这一技术领域的开拓者。尽管在 Google 这个被全球公认的业界领先的搜索技术公司面前,百度显得还不是那么强大,但百度从没放弃赶超和竞争,一直都在不断地追求技术创新,突破现有技术的限制,随时随地为人们提供快速准确而又简单易用的搜索服务。

(2) 产品和服务

有了 WAP 搜索功能,就如同随身带着一个图书馆,任何时间、任何地点都可以通过手机搜索获取知识。

任意一款支持上网浏览 WWW 网页,并且开通了中国移动或中国联通的 WAP 或 GPRS 服务的手机,只要输入 wap.baidu.com 就可以享用百度强大的搜索功能。百度 WAP 搜索是百度专门为可以浏览 WWW 网页的手机用户提供的一个定制界面,它专门针对手机屏幕设计,界面简洁,浏览方便,支持多种手机操作系统及格式转换,让人们可以轻松体验百度强大的无线搜索功能。

(3) 技术模式

百度 WAP 搜索技术,是基于 WAP 技术和无线网络运营商的一种搜索引擎类服务、借鉴百度网页搜索引擎技术延伸而来的移动商务搜索服务。

搜索引擎依据文字在网页上出现的频率收录网站,并对网站进行自然排名。百度通过检查整个网络链接结构,来确定哪些网页重要性最高,然后进行超文本匹配分析,以确定哪些网页与正在执行的特定搜索相关。在综合考虑整体重要性以及与特定查询的相关性之后,百度会将最相关最可靠的搜索结果放在首位。

WAP 搜索同样具有超文本匹配分析技术。搜索引擎在搜索网站或访问地址的同时也分析网页内容。这种搜索并不采用单纯扫描基于网页的文本(网站发布商可以通过元标记控制这类文本)的方式,而是分析网页的全部内容以及字体、分区及每个文字精确位置等因素。

(4) 盈利模式

百度 WAP 搜索主要有两种盈利方式。

① 关键词竞价排名

百度 WAP 搜索同百度网络版一样都采用竞价排名的方式创收。这是百度盈利的主要方向。

② 广告业务

百度把传统的媒体广告转化为了网络的在线广告服务,使百度的收入呈明显的增长状态。在百度的收入来源里,网络广告已经占了相当比重。其主要的形式是为企业在百度产品中的广告、位置张贴广告、添加链接,而且与用户搜索的关键字关联,使与关键字相关的广告被列入搜索信息条中。也就是说,当用户在使用关键词进行搜索时,相应关键词的广告也会出现在搜索结果中,并能保证出现在搜索结果较前的位置。百度 WAP 搜索也以此作为其盈利方式。

(5) 经营模式

百度创立之初的经营模式在于其可用性、方便性、快捷性、全面性等特点,在之后的成长道路上,百度的经营重点是收益的创造。时至今日,百度的经营趋于多元化,网络发展成系列的产品和服务的铺垫,着重核心竞争力的加强,成功地上市融资,这些都使得百度站稳脚步,继续前进。

① 用户为本

百度之所以能长期占据中文搜索市场,其原因是多方面的。但最首要的一点,就在于它在意用户本身。

百度的网站设计充分体现了以用户为本的搜索理念,其首页设计简洁、鲜明、大方,完全突出了搜索的功能,不但给人以开门见山的感觉,而且会使人产生强烈的搜索欲望。针对用户的检索提问,百度可以帮助用户进行拼写检查,并遵从关键词的相对位置,因此在检索结果显示中,只显示相关的网页,其正文或指向它的链接包含用户所输入的所有关键词。百度不仅能搜索出包含所有关键词的结果,并且还对网页关键词的接近度进行分析。百度按照关键词的接近度确定搜索结果的先后次序,优先考虑关键词较为接近的结果,这样可以节省用户的时间。当搜索内容站点或网页不存在时,用户可以调用百度事先为用户储存的大量应急网页,经百度处理后,搜索项均用不同颜色标明,另外还有标题信息说明其存档时间,并提醒用户这只是存档资料。实际上百度将检索的网页都做了一番快照,放在自己的服务器上,这样做的好处是不仅下载速度极快,而且可以获得互联网上已经删除的网页。这一举措使百度的用户数增长,巨大的用户市场又带来了巨大的商业价值。

② 技术领先

搜索引擎的竞争从相当程度上讲是技术的竞争。技术影响信息查询的数据量、响应速度、查准率和其他功能的附加值。如今百度宣布要调整自己的竞价排名算法,将优化搜索结果的排序,努力避免和减少人为因素,客观地将最恰当的检索结果呈现给用户。在此基础上,百度也将利用超文本匹配分析技术对网页的内容以及该网页所链接的内容进行全面检查,从而判断该网页与检索需求的匹配程度。

(6) 总结

从以上的分析来看,百度在以上几个方面都有自己独到之处,其现在取得的巨大成就也不是简简单单就得来的,总而言之,其现有的优势在于:

技术力量:百度的成立源于突破性的搜索技术,具有较强的技术优势。百度现在正在完善和加强现有的搜索功能,并增加搜索服务。例如 WAP 搜索就是无线搜索的进入点。

市场份额:长期以来百度都占据着中文搜索的大部分市场份额,并在不断扩大自己的市场份额。

广告攻势:利用自身网站宣传,并制造诸多新闻大为流传。

4.2.7 案例 7 移动门户

1. 背景知识介绍

移动门户就是将传统互联网中门户网站的概念运用到移动互联网中。所谓门户网站,是指通向某类综合性互联网信息资源并提供有关信息服务的应用系统。

门户网站最初只提供搜索引擎、目录服务,后来由于市场竞争日益激烈,门户网站不得不快速地拓展各种新的业务类型,希望通过门类众多的业务来吸引和留住互联网用户,以至于目前门户网站的业务包罗万象,成为网络世界的百货商场或网络超市。从现在的情况来看,门户网站主要提供新闻、搜索引擎、网络接入、聊天室、电子公告牌、免费邮箱、影音资讯、电子商务、网络社区、网络游戏、免费网页空间等。在我国,互联网的典型门户网站有新浪、网易和搜狐等。主要的移动门户网站有 3G 门户、音乐门户 12530 和各运营商自己的门户网站等。

2. 3G 门户网

3G 门户由广州市久邦数码科技有限公司于 2004 年 3 月 16 日创建,是中国第一个开创免费无线互联网模式的网站,也是中国拥有用户最多、流量最大的手机互联网门户网站。

自 2004 年 3 月上线以来,3G 门户先后获得三轮风险投资。2005 年、2006 年获得 JAFCO ASIA(集富亚洲)、WI HARPER(美国中经合集团)及 IDGVC 三家国际著名风险投资公司投资;2010 年 7 月,再次获得中国宽带基金、IDG、JAFCO、WI HARPER 的数千万美元融资。

3G 门户网(手机登录 3g.cn)是国内最大的无线互联网门户,开创了中国无线互联网的独立免费模式,已经成为无线娱乐帝国的 3G 门户。所有 Internet 上的服务,都可手机登录 3g.cn 获得。网站面向超过 4 亿的手机用户,提供基于手机的全方位无线服务,包括新闻资讯、娱乐信息、交友互动、音乐分享、手机电视/电影、手机游戏、读书、体育等等内容,其中基于流媒体平台提供的各种娱乐服务保持了国内最领先的技术水准。同时,3G 门户还是全线手机应用开发商,拥有超过 14 个客户端软件,是客户端技术最领先的公司,包括 GO 浏览器、手机电视软件 GGLive、阅读软件 GGBook、在线听音乐 GGMusic、股票软件 GG 财神爷等,其中,独立子品牌 YY 搜索为目前中国无线互联网第三大搜索引擎。

3G 门户是继平面、互联网媒体之后的手机新媒体,与众多媒体组织建立战略合作伙伴关系推出手机官网,如江苏广电、《广州日报》、《京华时报》、《南方人物周刊》、《南都周刊》等。

(1) 发展历程

纵观 3G 门户自建立到现在,其发展模式可以分为如下四个阶段。

① 2004—2006 年,确立盈利模式。

3G 门户网最初的收费方式都是传统的邮寄汇款的方式。经过两年的摸索后才确定以广告为主,附带彩铃、流媒体、游戏增值业务盈利。

2004 年 8 月,在由《广州日报》主办,3G 门户网、空中网、网易、IT 世界、动感地带共同举办的《你的手机上网了吗?——2004 中国无线互联网第一次大型调查》中,3G 门户网以绝对优势票数领先移动梦网与空中网,被用户评选为最受欢迎 WAP 站。

② 2006 年,专一做门户网站。

3G 门户通过大而全的特点吸引流量,专一做门户,提出"无线娱乐的领航旗舰"的概念,以用户为出发点不断丰富门户内容。2006 年 1 月,3G 门户被《财富》中文版评选为"2005 年酷公司",用户数量突破 1 600 万,2006 世界杯期间全网点击突破 3 亿。

③ 2006 年年底至 2007 年,客户端开发。

3G 门户从门户站转向开始兼做软件产品 GGBook、GGLive、GGMusic 等客户端软件,以待开发新的发展模式。

④ 2008 年至今,"门户+客户端"双核心发展战略。

3G 门户以软件应用及内容产品的不断创新成为 3G 门户发展的核心竞争能力。目前,

3G门户网注册用户达1.4亿,日活跃用户超过2 000万,日PV超过11亿。

从单一的、无盈利模式的传统手机网站,发展到现在的门户式网站,只经历5年的时间,期间还获得了超过9 000万元的风险投资,其发展模式值得深思。

3G网络的流行普及使得手机互联形成很大的一块广告空间,今后的互联网更多将是手机互联。从3G门户的发展模式来看,为留住更多的客户,不能仅仅靠独立的手机网站,而需要转向手机客户端软件。在中国当前的发展形势上,"门户＋客户端"的双核发展模式正是留住客户的一种手段。

(2) 产品及服务

3G门户式网站,内容多且广泛,一般的手机网站是很难做到的。在整个手机互联中,除了移动梦网之外,已经是无人能与其匹敌的了。3G门户的内容以及多彩的服务已经给众多的手机用户带来实惠,并已经形成了一群忠于该门户的手机网民,这是其他手机互联网站无可匹敌之处。

3G门户提供的产品或服务主要有:无线互联网、手机应用客户端软件和广告服务三大部分,具体的产品及特色服务形态如表4-4所示。

表4-4 3G门户网服务及产品形态

服务或产品形态		描　　述
门户服务		拥有的主要栏目有:新闻、娱乐、体育、军事、手机、财经、汽车、便民、商旅、邮箱、软件、YY搜、书城、影院、社区、时尚、游戏、情感、星座、笑话、主题、动画、壁纸、动漫、MP3等70个频道
特色产品及服务	GGMusic	GGMusic是一款集音乐网络试听、专辑网络试听、彩铃下载、音乐下载、超过6万首内置歌曲的本地音乐播放及管理的音乐播放软件。新歌天天换,音乐时时变,3G门户的GGMusic还是一款支持海量音乐在线搜索、试听、下载的在线音乐软件
	GGLive	3G门户自行研发的手机流媒体软件,在目前2.5G网速条件下,GGLive不仅能实现手机上画质最流畅、影音效果最理想的在线影音娱乐,更在此基础上搭建了超强的用户互动平台。如将浏览器内置,方便在影音娱乐时自动切换、支持用户视频自行上传分享、以及可以针对娱乐、体育类直播设定投票、评论功能等
	GGBook	GGBook是一款集搜书、看书、评书、书友交流等多功能为一体的手机阅读软件,配套的3G书城内超过20万本精品小说全部免费,用GGBook阅读比WAP在线阅读节省一半的流量费用,比同类阅读软件提高一倍的浏览速度,更比下载其他单独电子书阅读器节省90%的手机存储空间
	GG财神爷	3G门户独立开发的证券实时行情分析、交易软件;提供沪深证券实时行情、港股外汇基金行情等,内置国内最大的无线互联网门户网站3G门户的财经频道
	YY搜索	与Google合作推出,是最热新闻资讯、预定铁路航班、掌握吃喝玩乐场所、下载热门歌曲视频、查找实用信息、搜索本地资讯的搜索引擎
	GGZhuti	更换手机桌面主题软件
	GGTicket	集天气预报、火车时刻查询、飞机票查询、票务交流等功能的手机查票软件
	手机邮箱	2006年推出具有邮箱的所有功能,能实现手机与互联网邮箱互发信件,支持附件下载,并携带网络U盘功能
	手机网游	逍遥游OL
	GG小强	手机通信管理增强软件,是一款免费软件。GG小强具有场景模式驱动的来电去电显示效果,场景模式可任意下载更新;用户可以用私密空间功能将秘密联系人的来电隐藏。此外,还具有备份恢复、手机防盗、通话录音、模拟来电等功能
	3G浏览器	手机终端浏览器软件

续 表

服务或产品形态		描　述
无线广告	无线营销	无线营销,是利用第五媒体(手机媒体)进行商业信息精确投放的服务,有利于企业开展移动定向营销
	广告客户	明基、联想、索尼爱立信、Nokia、三星、HP、七喜、戴尔、摩托罗拉、百事可乐、索芙特、DHC、迪豆、耐克、爱乐、哲时等

(3) 盈利模式

3G门户主要的盈利方式为无线广告和增值服务(手机客户端软件)。无线广告是其目前主要盈利模式,而将来客户端软件及其他增值服务的提供也将成为其一种主要的盈利模式。

① 广告类

手机互联网站也继承了固定互联网的盈利模式,广告主为付费对象,用户免费使用内容或服务,只需向网络提供商付出一定的流量费用,它是当前移动互联网业务主要的盈利模式。但是由于移动互联网的特性,在广告的投放方式上不断推陈出新,既有与传统互联网广告类似的页面广告,也出现了根据手机用户的不同属性、特点进行针对性投放的点告(即点对点广告),以及根据用户的定制信息,定向投放的直接广告。

② 内容和增值服务类

3G门户继承了移动数据业务的盈利模式,以终端用户为付费对象,通过移动互联网服务所衍生的增值服务和内容服务进行收费。

最初,3G门户为用户提供免费增值服务以培养用户使用习惯,增强用户使用黏性。目前,3G门户中个别增值服务已经开始试行收费服务。

对于内容服务来说,它有两种收费方式:一是包月制,业务提供商按照不同的内容制定相应的费用,用户按月付费;二是按次付费,用户每下载或浏览一次,付相应的费用。3G门户GGLive栏目VIP影视套餐收费标准为每月10元(促销价每月4元),VIP教育套餐每月10元(促销价每月4元)。

对于增值服务来说,如在手机游戏、手机软件上,3G门户采取与游戏软件厂商合作,借助3G门户的人气,推广手机游戏和手机软件,从而获得一定的提成比例。例如某个游戏,SP向用户收取1元或2元的道具或关卡增值费,3G门户就可以从中提成40%~60%的推广收益。当然,3G门户还有自己彩铃增值服务,推广收益所得全归其所有。

(4) 总结

随着移动终端设备的不断完善以及手机上网资费的不断下调,移动互联网将以不可替代的优势大力发展。手机上网用户将很乐意通过手机登录互联网并参与信息的分享和创造过程。届时移动终端用户数量将会有惊人的数字。移动用户的巨大数量必将给移动门户创造巨大的商机。

领先技术带来的良好用户体验形成了3G门户在流媒体业务上的差异化竞争优势,汇集的用户和流量对3G门户主要的盈利方式——无线广告形成有力支撑。但是,3G门户也面临着如下挑战,如果不能予以重视,则将有可能在中长期丢失已经取得的先发优势。

① 版权问题

目前GGTV、GGMusic等业务所提供的内容大多还未具备合法的版权授权,这显然是业务持续发展的隐患。建议3G门户充分利用既有的用户和流量优势,积极和内容源协商解决，争取达成合作。

② 业务资质问题

目前 GGTV 提供的很多业务已经涉足手机电视。而手机电视业务不仅仅涉及电信领域，还涉及广电领域。我国手机电视产业发展速度不够迅猛，部分原因就在于两大行业管理部门对主导权的争夺。独立 WAP 站点对这一领域的涉足将增加问题的复杂程度，也很容易引发干涉。

上述这两个问题会影响到站点流量的合法性，这点其他提供流媒体业务的 WAP 站点同样存在，从而对 3G 门户现行的广告模式构成威胁。

对于 3G 门户来说，在巩固技术优势、继续提供优良用户体验的同时，应考虑开拓前向商业模式。无线互联网用户和有线互联网用户的区别之一就是有较高的小额消费冲动性，如果能够提供优良的一站式服务，转换为收费门户的可能性较高。3G 门户完全可以将思路扩展，利用流媒体业务流量上的优势，考虑成为数字内容的分发渠道，开拓前向商业模式。

移动商务在企业中的应用模式，通常是将企业的客户、户外员工与企业管理系统连接起来，他们只需通过手机短信的方式，便可实现企业间双向、实时的商务信息沟通。还能通过与企业的各个信息系统的结合，自动进行数据收集及分析处理，实现办公、生产、销售数据的采集和发布。

以下选取了需要及时了解销售和库存情况的快消行业中的可口可乐公司，以及需要实时为客户提供售后服务的 IT 行业中的惠普公司应用移动商务的案例，来向大家展示移动商务应用于企业中的巨大作用。

4.2.8 案例 8 可口可乐数据空港

1. 背景

可口可乐是世界家喻户晓的饮料品牌之一，自 1979 年返回中国市场至今，已在中国投资达 20 亿美元，目前中国已是可口可乐全球第三大市场，年销售额逾百亿。截至 2009 年 10 月，可口可乐在中国已建有 39 家瓶装厂，连续 5 年在中国的业务以两位数速度增长。

尽管取得如此辉煌的业绩，但是可口可乐公司的心情已经与 20 年前刚刚返回中国市场时大不相同，那时中国饮料市场尚未开发，外国饮料公司基本上感受不到中国饮料企业的压力，可口可乐可以说是一家独大。十几年前中国出现的几家可乐型饮料，最后都无声无息地消失了。但是近年来，随着中国民族饮料品牌的蓬勃发展，以可口可乐为代表的外国饮料企业逐渐感受到中国饮料企业强烈的竞争威胁。

作为快速消费品行业典型代表的饮料企业，因其行业特点，在销售数据和库存管理方面往往会出现以下问题。首先，是销售数据可能滞后或失真，影响企业营销决策；其次，可能出现资金挤占和坏账损失，导致企业财务危机；再次，库存数据不易准确及时，导致库存成本增加、流转效率低下；最后，可能出现跨区域窜货，打乱企业整体市场布局。

面对竞争日趋激烈的中国饮料市场，行业老大可口可乐公司也意识到这些普遍性的问题对公司盈利状况产生的不良影响，开始思考改变管理模式、优化管理流程对提高管理效率和控制成本的重要意义。

2. 解决方案

在借鉴了多家有代表意义的快速消费品企业的数据管理经验后，可口可乐公司的管理人员将目光聚焦到了高效并且普及率高的短信服务业务上——应用移动通信技术服务来进行销售数据和库存管理，成为可口可乐公司的新目标。

经过广泛的市场调查和产品试用评比后，可口可乐公司选择了亿美软通来为其提供解决方案。

北京亿美软通科技有限公司是中国领先的移动商务服务商，提供具备国际技术水准的移动商务平台及运营服务，经营范围主要涉及移动商务解决方案、移动增值服务运营和移动互联网营销三大业务领域。曾于2008、2009连续两年为全国人大政协两会提供移动信息平台服务，合作伙伴遍及各个行业，与Google、腾讯、IBM、CISCO、Nokia、联想、招商银行等众多国内外知名企事业单位都曾有过良好合作经验。截至2010年4月，亿美软通在全国已拥有35万多家合作伙伴和客户，产品覆盖全国200个城市的30余个行业，业务服务覆盖超过2.5亿手机用户，是目前中国移动商务服务领域客户数量最多、市场占有量最大、产品线最齐全的移动商务服务商。

针对可口可乐公司的业务需求，亿美软通为其提供了亿美数据空港移动商务方案。该方案是针对可口可乐公司的终端销售和库存管理需求，结合GPRS技术开发的销售终端数据采集系统，将企业原有电子商务系统有效扩展到传统有限网络不能覆盖的范围。通过活力短信，可口可乐公司将及时获得下属各分公司、连锁店、代理商的实时销售、库存情况，帮助企业提高流程运转效率。

（1）方案优势

数据空港移动商务方案优势主要体现在如下几点：

① 不受地域、运营商、IT环境限制，拥有不同制式及多种传输方式；
② 操作快捷方便，具有多种应用模式，可满足企业不同需求；
③ 兼容性好，可以实现与外部数据接口无缝对接，融合了各种移动商务应用；
④ 管理逻辑灵活，支持多终端对多表单；
⑤ 安全性强，系统稳定，支持多用户吞吐，保证了数据安全；
⑥ 运作模式成熟，能为企业量身定制移动信息化应用服务。

（2）功能实现

① 针对销售和库存管理

销售人员编辑固定格式的短信，将当日销售金额、售出商品明细等信息上行发送至总部。

通过上行发送规定格式短信，销售人员向总部物流中心汇报库存物品的入库、出库、盘点情况并提报补货请求。

② 工作通知

总部发送下行短信下达各种通知：商品价格调整通知、促销信息和发薪通知等。

③ 信息发布

实现总部重大事件的信息发布提醒和企业各层级人员之间的信息沟通。

④ 短信自动归档管理

对上下行短信进行归档，并保存到历史数据表，供数据统计部门进行汇总处理。

⑤ 人文关怀

在重大节日、员工生日时，总部行政部门发送短信，送上节日祝福和生日祝贺，为员工送上关怀，增强员工凝聚力。

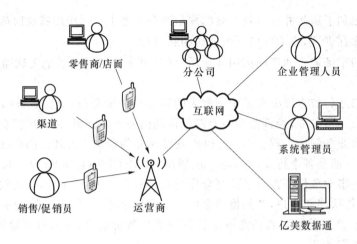

图 4-18 数据空港方案结构图

3. 方案效果

应用亿美软通数据空港移动商务方案,其方案结构图如图 4-18,可口可乐公司的各级管理者通过手机掌握各销售网点、销售地区的各时段的销售、库存情况,做出及时准确的销售分析,实现 24 小时的信息数据有效传达,真正做到对市场的快速响应,提高企业的管理水平和竞争实力,全面实现移动办公。

不断提高销售额、降低流转成本和提高运营效率是快速消费品企业的利润来源,亿美软通移动销售管理解决方案利用无线移动技术提供了企业管理层和终端销售人员间的信息管理平台,提高了销售执行力,加强了沟通,规范了终端销售人员的工作流程,帮助企业将管理延伸到每一个营业网点,真正实现了移动化办公。

4.2.9 案例 9 惠普 SDK

1. 背景

惠普研发有限合伙公司(Hewlett-Packard Development Company, L. P.),位于美国加州的帕罗奥多,是从事打印机、数码影像、软件、计算机与资讯服务等业务的全球性资讯科技公司。

中国惠普有限公司成立于 1985 年,是 HP 全球业务增长最为迅速的子公司之一,业务范围涵盖 IT 基础设施、全球服务、商用和家用计算以及打印和成像等领域,客户遍及电信、金融、政府、交通、运输、能源、航天、电子、制造和教育等各个行业。致力于以具有竞争力的价格为中国用户提供科技领先的产品与服务,提供最佳客户体验。

在竞争日趋激烈的发展环境下,高效而准确地为客户提供售后服务,已经成为 IT 企业全程销售和服务模式中的重要环节。基于售后服务电话、纸质工单的传统客服系统效率低、成本高昂,特别是在客户群体庞大而又需要及时反馈信息的情况下,很难有效控制客户投诉率。这种状况如果不积极加以改进,将会对公司的良性发展产生负面影响。

在对用户售后服务需求、同业竞争者的售后服务方式等方面进行了细致地市场调查之后,惠普产生了通过移动通信技术手段来完善现有的售后服务体系的新需求,并选择了国内领先的移动商务服务商——北京亿美软通科技有限公司为其提供移动售后管理方面的服务。

2. 解决方案

惠普原有的售后服务流程主要包括以下几个步骤:

(1) 客服人员接收来自售后电话系统的服务申请,转至售后服务部门。
(2) 售后服务部门管理员整理服务申请,派发纸质工单至售后工程师。
(3) 售后工程师打电话与客户沟通,约定服务时间。
(4) 售后工程师上门服务,完成服务后,客户在工单上签字确认。
(5) 售后工程师返回公司上交工单,供系统管理员录入信息,完成售后步骤。

调查发现,流程有三个缺陷:客户响应时间长,派工效率低且流程难以控制,运营成本高。针对以上积弊,亿美软通提出了一系列基于亿美 SDK 短信应用引擎的解决方案,利用移动技术实现售后服务流程的无缝连接。

亿美软通为惠普量身定制的嵌入型移动管理平台,将亿美活力短信 SDK 系统与惠普的售后服务管理系统相结合,通过其后台服务器与售后工程师的手机进行双向数据传输,帮助工程师及时获取派工信息,并能将作业完成情况实时上传至企业售后管理平台;派工人员根据工程师的状态可以对派单路径进行调整,提高派工效率;同时整个售后流程避免了数据人工录入,提高工作效率的同时又能节省运营成本。

(1) 方案优势

亿美活力短信 SDK 应用接口是针对系统集成商和企业软件定制、为其系统提供移动商务的应用方案,如图 4-19 所示,具备以下优势:

① 全网覆盖:接入中国移动、中国联通、中国电信短信业务平台,实现多种通信方式、多种通信网络全面覆盖。

② 智能化短信内容:支持 500 个汉字或 1 000 个英文的提交,自动分割短信内容。

③ 标准化开发包:支持 asp、net、delphi、vb、vc++、java 等多种主流开发语言,windows、linux、unix 等多种运行环境。

④ 发送优先级:在通讯结束和业务开始的中间层实现优先级算法,先处理优先级高的短信,真正做到随需应变。

⑤ 标准 API 编码:采用国际标准的 API 编码方式,并提供标准的 API 开发文档,提高开发效率。

⑥ 先进的系统架构:多层架构、均衡负载,保证通信效率与质量。

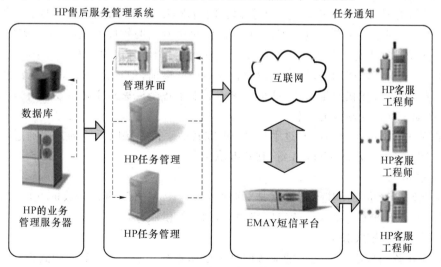

图 4-19 SDK 结构图

(2) 功能实现

① 派工管理

惠普任务管理系统分析服务申请类型,制订作业计划,通过 SDK 短信开发组件向售后工程师发送派工短信,包括:用户的需求、约定的维修时间,另外还可以向工程师发送维修服务定时提示。

② 作业管理

惠普任务管理系统通过 SDK 向客户发送短信,告知上门时间、服务人员信息。

售后工程师随时发送短信上报作业过程中发现的问题和作业进度,通过 SDK 反馈至管理系统。

维修结束,工程师上行发送短信至系统汇报作业完成;系统下行发送短信至客户询问完成情况,客户再通过上行发送短信确认完成售后流程。

③ 流程管理

根据售后工程师实时上报的信息,掌握作业完成进度,动态调整作业分派。

作业结束后,通过短信确认完成工作流程,工程师无须返回公司上交工单便可进行下一份维修任务。

④ 客户信息管理

SDK 系统对客户基本信息、服务申请记录、客户服务完成情况进行全面管理。

3. 方案效果

按照改进的移动客服流程,HP 售后工程师到达客户的时间缩短 2 小时,提高了客服效率,提升了客户满意度。亿美活力短信 SDK 系统帮助了 HP 全国超过 2 万名工程师的日常工作。同时,通过在企业内部管理中使用短信对员工进行重要的工作通知、信息发布,在员工生日、节假日时发送祝福信息等方式,使每一位惠普的员工对企业归属感和认同感不断加强,团队的凝聚力和工作积极性得到了全面的提升。

进一步阅读提示——移动互联网

1. 概念介绍

2001 年,英国的软件工程师迫于更新博客的需求,结合自己的手机,发明了一种无线更新博客的方法,即用手机发送电子邮件到服务器,再由专门的软件处理后,发布到博客首页。这种方法成功地在世界上引发了不小的反响,被喻为一个新时代的开始。

可见,用户对互联网的需求,不再仅仅停留在 PC 桌前,他们需要随时随地的获取自己需要的信息,并使其尽快产生价值,这种诉求点激发了各个厂家对手机的功能开发和业务拓展,进而带动了移动互联网的产生。

移动互联网是指用户能够通过手机,PDA 或其他手持终端以无线的方式通过各种网络(WLAN、WiMAX、GPRS、CDMA 等)接入互联网服务。

2. 业务模式

移动互联网最重要的技术特征就是"移动技术＋IP 网络",通过开放的互联网,从世界任意角落,可以很方便地接入运营商网络中,为用户提供服务。

(1) 网络业务模式分类

其位于运营商核心网络之上的业务网络主要模式有开放式模式和封闭式模式。

开放式模式的网络指任何人可自由发布内容和业务,且用户可自由登录访问的网络。

互联网是典型的开放式业务网络,用户通过不同的接入手段如 3G、WLAN、WiMAX 等接入后,使用互联网上第三方提供的增值业务并不受运营商的控制,服务质量基于承载网络所提供的尽力而为机制,也不会受到运营商控制。目前,固定网络中互联网运营商普遍采用这种方式,承载在网络之外的业务无法控制,也得不到服务质量保证,运营商只能通过宽带包月获得收入,变成管道提供商。因为网络投资是有限的,随着业务的发展,带宽瓶颈可能会限制业务的发展。

封闭模式的网络主要是运营商自建的网络,可以根据一些策略对用户接入(如 3G 的 APN)、服务质量(如 QoS 控制)、计费策略进行控制。在这种模式下,一般由用户归属的应用平台提供增值的业务应用,以便对用户管理、订购、鉴权、计费等行为实现更好的控制。

与开放模式相比,封闭模式可以对业务的接入、服务质量、计费进行控制。在移动网络无线资源稀缺的情况下,移动运营商已意识到建立一个好的业务模式的重要性。

(2) 移动互联网的业务模式选择

从移动网络技术发展来分析,3GPP 标准、WiMAX 论坛都提出了核心网能够支持相应业务接入网关的部分功能,包括路由功能和业务识别控制、基于内容的计费;无线网的 QoS 机制。在 3GPP、OMA 的业务网络架构中定义了基于 OSA 架构的业务接入和统一管理机制。同时运营商基础网络还应具有 QoS 机制,保证业务控制策略的执行能力。

在封闭模式下,运营商可以通过引入业务接入网关和管理平台实现对业务接入的控制和管理。业务接入网关的引入,主要是为了更好地对业务实现控制。它应具有以下主要功能:可以对接入的业务进行识别,以支持对业务接入的控制;可配置 SLA,对 SP 进行控制;路由功能,能识别用户接入、业务接入路由,并能对路由进行控制(如识别 BT 应用,在网络资源缺乏情况下可以拒绝);可基于内容进行流量区分,按照 IP、IP Port 和应用层协议进行区分。业务管理平台则主要实现统一的公共信息管理(如用户管理、SP 管理和业务管理),统一的内容管理,统一的鉴权认证服务。

给予不同业务以不同的服务质量保证对业务模式的建立是相当重要的。另外,数字版权管理机制也是非常重要的,运营商在网络中可以引入在 OMA 中定义的 DRM 业务引擎,和负责内容管理的业务管理平台配合,完成对内容的版权管理。DRM 服务器和内容管理平台属于业务管理平台的一部分,DRM 负责版权对象的生成和管理;内容管理平台为用户提供内容统一管理功能,对需要保护的内容进行请求加密打包。

无线移动互联网具有广阔的发展空间,随着 3G 中 HSDPA、WiMAX 等先进无线技术的应用,移动互联网业务会得到更好的发展。目前在移动互联网的快速发展中,由于对增值业务运营经验的缺乏,还没有很好的业务模式保障业务的良性发展。移动网络中的资源有限,业务模式应能做到对资源合理利用,杜绝 SP 欺诈行为,同时也要保护价值链中各方合理的利益。

采用相对封闭的业务模式是实现多方共赢的方法,封闭式的业务模式需要网络有相应的技术机制保证,利用基础网络的 QoS 机制、路由机制和计费机制,通过业务接入网关和业务管理平台,可以实现对业务流的区分并配置不同的控制策略。

3. 业务类型

移动互联网提供的增值业务主要有五类型,如表 4-5 所示。

表 4-5 移动互联网增值业务类型

通信类	语音 视频电话 Push to Talk 公共无线局域网 高速数据传输业务
娱乐类	下载(图铃、音乐、视频、电影、动画、动画铃声、流行广播、实况转播、电子书、漫画) 手机游戏 娱乐信息定制 FLASH DIY
信息类	资讯(新闻类、财经类、便民类) 手机导航(地图向导、步行导航、安心导航、助手席导航、灾害时导航、e地图)
交易类	手机购物(商店、移动拍卖、移动商贸中心平台) 功能集成(手机钱包、信用卡、ID卡、房门钥匙) 移动信用卡
移动互联类	移动社区 移动 RSS 移动博客 手机邮件

根据美国 In-Stat 信息咨询公司所做的《移动互联网的发展期盼 3G 高带宽和应用服务》报告中介绍,中国用户使用最多的移动互联网应用业务类型是音乐下载、离线游戏、彩铃这些娱乐类的应用。

此外,海外运营商基于 3G 网络推出了多种移动互联网业务应用,部分举例如表 4-6 所示。

表 4-6 部分运营商移动互联网业务介绍

运营商	推出时间	业务	业务内容
和黄 3G	2007 年年初	X-series	MSN、Google/Yahoo！Skype、e-Bay、移动博客、Orb 和 Slingbox 等
	2006 年	See Me TV	视频共享,可以与上传内容的用户进行收入分成
KDDI	2006 年 5 月	Au 搜索	与 Google 合作,可以在手机上搜索互联网内容
	2006 年 11 月	EZ GREE	与日本社区网络巨头 GREE 联手推出移动社区业务
	2007 年 7 月	Au One Mail	与 Google 合作,用户可以在手机上使用 Gmail 手机邮箱,容量达到 2 GB
SK 电讯	2006 年 11 月	UGC 视频	视频共享业务
KTF	2004 年	移动 VOD	流媒体点播业务
Vodafone	2006 年	移动搜索	与 Google 合作,用户可以通过 Google 搜索引擎寻找 Vodafone live! 及其网页上的内容和信息
	2007 年年初	移动广告	与 Yahoo 合作推出
	2007 年 2 月	Myspace	在欧洲推出移动版 Myspace 移动社区业务
	2007 年 2 月	移动 Youtube	与 Youtube 合作提供视频共享业务

续表

运营商	推出时间	业务	业务内容
AT&T Wireless	2006年12月	Myspace	在美国推出移动版Myspace移动社区业务
	2008年	移动TV	和高通公司的全资子公司MediaFLO合作,推出移动电视业务
Verizon	2007年	移动TV	和高通公司的全资子公司MediaFLO合作,推出移动电视业务
	2008年	移动Youtube	与Youtube合作提供视频共享业务

同时,国内移动互联业务服务提供商也逐渐参与并提供了多种多样的移动互联业务,如表4-9所示。

表4-7 国内部门移动互联业务介绍

SP	上线年份	主营业务	简介
天下网	2004	手机社交	提供手机交友平台,用户在平台上进行独立展示和互相交流,定位中低端用户,依靠增值业务收入和广告收入
悠悠树	2005	手机搜索	集PC、WAP、JAVA为一体的手机搜索服务,与电信黄页达成伙伴关系,与运营商分成服务定制费,运营商还收取流量费
掌中米格	2007	手机网游	中国移动百宝箱的全网SP,经典手机游戏有:西游记、梦幻王朝、赵云传等,依靠游戏下载收费、道具和服务收费模式
移动书城	2005	手机阅读	提供手机电子书下载、社区类型书友互动等服务,与多家中文网、原创文学联盟和作家达成伙伴关系和授权经营,需要安装阅读软件
腾讯	1999	移动IM	移动QQ是基于短信的一款IM工具,与运营商分成包月费,手机QQ下载客户端软件,实现手机与手机、电脑间互通,与飞信竞争
TOM音乐	2004	手机音乐	提供音乐资讯、乐评、唱片、试听等包含原创音乐和唱片公司提供的内容,与运营商分成下载收入,与英特尔携手推出网络音乐坊
创艺和弦	2004	手机视频	与超过百家电视台合作,提供通过电话和手机与电视节目互动的娱乐节目,与运营商分成下载收入
分众传媒	2006	手机广告	以文字链接、图片广告的形式,发布在合作的WAP网站上,根据广告受众属性不同,精准匹配地投放广告
万蝶博客	2004	移动博客	移动博客是彩信杀手级应用,用户需要安装相应的插件,万蝶尝试与运营商合作在博客社区中投放付费业务广告
欢乐无限	2004	移动门户	定位Web 2.0 WAP社区与聚合门户,聚合当下互联网最热门的社区资讯与精彩信息,包括:聚合、社区、互动、娱乐、知识、生活

4. 价值链

(1) 传统的移动通信产业价值链

传统的移动通信产业价值链只有四个环节,分别是设备提供商、网络运营商、终端提供商和用户,如图4-20所示。

在基本的产业价值链结构中,设备提供商处于上游,将网络设备提供给中游的网络运营商,终端提供商则将终端产品直接销售给用户。移动运营商通过为用户提供端到端的业务则可以获取大部分的电信业务收入(部分情况下需给代理商提成)。设备商、运营商、终端设备商和用户间的关系只是单纯买卖关系,不承担对方经营的风险。在传统移动业务价值链中,运营商一家独大,其他参与者居于从属地位,整个产业创造的价值大部分被运营商获得。

图 4-20 传统的移动通信产业价值链

(2)移动互联网价值链

随着移动互联网时代的到来,2G 向 3G 发展的进程中,移动通信行业的特征也在发生转移和变迁,具体如表 4-8 所示。

表 4-8 移动通信行业特征变迁

传统移动通信时代	移动互联网时代
提供有限的服务(主要是语音)	数据服务成为行业利润的主要来源,单一数据业务无法形成利润支柱
产业价值链简单,运营商控制整个价值链	产业价值链裂变,运营商对产业链的控制难度加大
专注于网络运营的改变	主要为第三方提供的内容服务
主要通过价格来吸引客户消费,业务增长来源于新客户的加入(低的 ARPU 值)	业务增长来源于使用新的内容吸引用户的深度消费

传统移动通信产业价值链也在逐步裂变和细化,具体如图 4-21 所示。

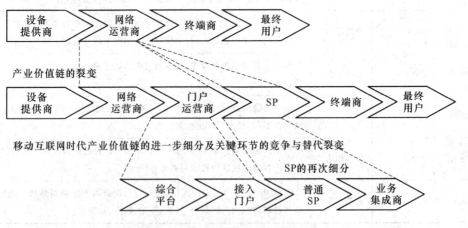

图 4-21 移动通信产业价值链的裂变细化

移动通信产业已不只是简单的通信工具,网络技术的复杂化、业务的多元化以及客户需求的个性化,使得移动互联网产业价值链相对于传统移动通信产业价值链来说更加复杂,价值链中增加很多新的元素,不同的应用形成的产业链也不完全相同。这里我们从上、下游关系的角度出发,给出一个普遍意义上的移动互联网产业价值链模型,如图 4-22 所示,产业价值链中包括以下参与方：

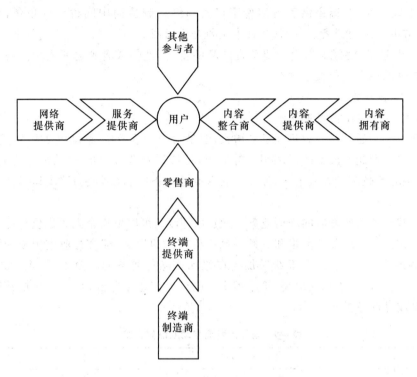

图 4-22 移动互联网产业价值链模型

① 用户：用户是整个价值链的目标和终点，用户消费才使得价值链存在意义，把用户放在整个链条的中心，和三条链都起着直接的关联，首先用户必须有终端才有可能接入互联网，为了接入互联网，用户还需要接入商提供的接入服务，最后，用户通过内容整合或直接通过内容提供商才能达到上网的目的。

② 网络提供商：网络提供商为用户提供互联网网络的接入，他们拥有或运营电信基础网络。

③ 服务提供商：移动互联网接入是通过移动互联网服务提供商进行的，服务和内容通过接入菜单提供给用户，用户按照流量付费，服务提供商通过协议和计费系统向用户收费，但不一定要用基础网络，目前在许多国家如日本、中国等，网络提供商和服务提供商是重叠的。

④ 内容整合商：内容整合商主要是把不同的内容整合到一个特定的网站上，目前也称之为门户网站。他们只关注整合特定的内容到自己的网站，自身并不创造内容，当然，任何的参与者都或多或少地进行了内容方面的编辑或维护。（理论上并不是所有的内容都需要通过内容整合商的整合才能到达用户，然而在日本，内容整合商就是三大运营商，大部分的内容都是通过该方式实现的。）

⑤ 内容提供商：内容提供商通过网站向用户提供可用的内容，他们拥有可以访问的网站，但并不一定拥有内容，用户可以通过内容整合商或者直接获得相应的内容。

⑥ 内容拥有商：内容拥有商自己拥有内容，他们可以直接扮演内容提供商的角色，也可以把内容交给内容提供商，更专注于内容的开发。

⑦ 零售商：零售商把终端产品卖给消费者，他们可以是传统的零售店，也可能是任何开

展该项业务的角色,这种角色的交叉并不带来价值链的交叉。

⑧ 终端提供商:终端提供商扮演着零售商和终端制造商中间桥梁的角色,它可以是 OEM 委托方的代理商或者运营商(在日本主要是运营商)。

⑨ 终端制造商:终端制造商主要负责产品的生产,他们或者独立研发生产终端或者按照运营商提供的标准进行批量生产。

5. 国外发展趋势

(1) 运营商移动互联网业务

尽管全球移动通信用户数仍在迅猛增长,但是由于竞争激烈,移动电话资费不断下降以及新增用户多为利润率较低的低端用户等原因,传统话音业务 ARPU 值的下降趋势明显。另一方面,移动互联市场方兴未艾,弥补了话音业务的下降,逐渐成为移动运营商新的业务增长点。

纵观全球运营商所发展的增值业务,如表 4-9 所示,可以发现个人娱乐仍然是增值业务发展的主要方向,另外,随着网络和业务平台承载能力的提高,综合行业应用成为了新的亮点和发展趋势。国际知名运营商纷纷加大在移动信息化业务上的投入,如 Vodafone 的电子邮件、移动办公,BT 的面向大型/中小型企业的综合信息化平台,T-Mobile 的跨国企业管理系统都是成熟商务模式。

表 4-9 国外运营商移动互联网业务

运营商	个人应用	行业应用
SK 电讯	下载(MP3、墙纸、活动影像、铃声、图片等);短信;电子邮件;手机游戏、电子商务(移动银行等);手机电视,社区服务(提供 Messenger、论坛、名片夹、聊天等);生活信息(提供各种生活相关信息服务及电子图书服务);音乐/视频频道(音乐广播、电影频道等)。	B2B; Groupware; M2M; 汽车导航; 家庭控制
Vodafone	铃声、图片、动画、视频、3D 游戏下载;IMPS(聊天);Mobile E-mail;Video Messaging;语音邮件;MMS;移动互联网;手机游戏;短信;Music Download;Mobile Search	Mobile Office
NTT DoCoMo	下载业务(铃声、图片、动画、视频);可视电话;可视会议;短信、电子邮件;语音邮件;视频和音乐配送业务;视频邮件、视频点播和卡拉 OK;手机游戏;信息导航(提供电子地图、路况信息、停车指南、气象预报);移动银行;远程教育/视频购物;手机电视	远程信息处理; 汽车导航; 家庭控制
BT	高速上网;音乐、视频频道;位置信息频道;手机游戏;下载业务等	大型/中小型企业的综合信息化平台
T-Mobile	高速上网;动态菜单;信息服务;Music Download;MMS;铃声/图片下载业务等	跨国企业管理系统

(2) 终端厂商移动互联网业务

和 PC 对固定互联网的作用一样,移动终端是移动互联网中最重要的设备,因此,一个拥有友好界面、能耗低、可管理的手机是移动互联网成功的法宝。未来的移动终端操作系统将是网络服务与终端软件的有机组合。国外终端生产巨头已经明晰未来发展战略,开始从终端入手渗透移动互联网。通过移动终端乃至移动终端的操作系统控制用户界面成为了终端厂商的共同目的。

表 4-10 终端厂商移动互联网业务

模式	主要措施
iPhone	推出集宽屏 iPod,支持桌面电脑级电子邮件服务和上网浏览、搜索及地图服务于一体的 iPhone 手机； 推出 Apple TV 产品
Nokia	收购地图软件制造商 Gat5 AG 进入手机导航市场； 推出全新互联网服务品牌 Ovi,带来一系列互联网服务； Widsets 业务能自动实现对设定的 RSS feeds 以及用户生成内容的多播(multicasts)
Google	Google 的无线操作系统

进一步阅读提示——其他应用

1. Kindle＋Amazon.com——聚合产业链资源为客户提供价值的模式

电子阅读器与其他便携式设备相比,其决胜因素取决于产品本身带给用户的体验和价值。

亚马逊 Kindle 的外形和尺寸与一本平装书相仿,采用的 E-INK 技术试图还原纸张的质感。模拟和还原纸质书的阅读体验,使其用户体验优于手机、MP3、上网本等其他便携设备。

作为全球最大的网上书店,亚马逊拥有无人能比的图书资源,有能力为电子阅读器用户提供资源支持,使电子书不再是个缺乏资源的终端设备。亚马逊为 Kindle 提供的电子书已经从最初的 9 万多种图书增加至目前的 23 万多种图书、30 多种报纸及 25 种杂志,并且会不断增多。2009 年,Kindle 版电子书已占亚马逊书籍销售的 35％左右。由于没有强大的图书资源支持,如 Sony、iRex,以及国内的一些比 Kindle 更早问世的电子阅读器,都没能像 Kindle 一样引起关注。

Kindle 竞争力除了丰富的资源外,主要特点还在于其网络支持功能。Amazon 和 Sprint 合作的 CDMA EVDO 无线网络,不像 Wi-Fi 那样需要外界网点支持,用户可以随时随地通过 Kindle 登录网络,即时购买图书,订阅报纸杂志和下载图书资源等,有效地实现了电子阅读器的即时性,突显了电子书的便捷。Kindle 还支持维基百科的在线搜索,读者可以随时上线搜索阅读时可能需要的辅助信息,增加了电子阅读器的附加价值。具备书内搜索、在线查询、电邮通讯(方便与作者通信)等传统阅读所不具有的功能,Kindle 让读者阅读变得主动,为读者体验未来阅读新模式营造了良好的环境。

产品改善的用户体验,加上借力明星主持人提高产品知名度,成就了 Kindle 的销售业绩。2007 年底问世的 Kindle,由著名主持人奥珀拉在其脱口秀节目上推荐后,才得到了极大的关注。奥珀拉脱口秀在 2008 年 10 月底播出,书目播放当天,亚马逊的访问比一周前增加了 6％。2008 年 11 月,在金融危机、零售业销售额大幅下滑的环境下,价值近 400 美元的 Kindle 却被抢购一空。2008 年,亚马逊 Kindle 的销售达到 50 万部左右,2009 年,第二代产品 Kindle 2 问世两个月内就销售了近 30 万部。

2. 儿童定位手机

随着生活水平的提高,儿童接受的信息也日趋多元化,使得越来越多的家长感到信息时代家教的苦恼。

目前一种可以在孩子上课时自动关机,还可实现准确定位的儿童手机大受家长喜爱。家长上网通过手机的定位系统便可随时随地了解孩子的行踪。目前,各家电信运营商都在试水这样的儿童手机:移动已经推出儿童手机相关业务;电信的相关业务正在测试、预备商用;联通的儿童手机在内测阶段。

这种儿童手机在外观上设计得小巧可爱,非常卡通,有的还像电子表一样,通常只有普通手机的一半大。这样的儿童手机有一个对家长来说大感放心的功能——定位。家长如果长时间联系不到儿童,就可以通过网络来查看持有该手机的孩子所在位置、路径轨迹等,还可以通过网络平台或发短信激活手机监听程序,再拨打孩子的儿童手机,就可以听到手机的环境背景音。而且,儿童手机上还有一个紧急呼叫按钮,当孩子遇到危险情况,按下这个按钮之后,家长的来电也可以自动接听,监听孩子身边的背景音。

儿童手机针对的群体特殊,只有家长等监护人申请、并持有效证件、办理相关手续,才能开通,并且定位等信息是不会对其他人公开的。儿童手机的推出,在某种程度上是为了迎合信息社会的需要,以架起家长和孩子信息沟通的通道,使家长及时了解和掌握孩子的动态信息和情况,从而能够有的放矢地教育孩子。

3. 中国移动关爱通业务

关爱通是中国移动北京公司推出的一项位置类业务,客户在对方同意的情况下将其加入自己的关爱名单之后,即可通过短信、WAP 或 Web 方式查询到与该客户位置相关的信息。

(1) 业务功能

关爱通业务主要提供以下功能:

① 随时定位

用户可以通过短信、WAP 或 Web 方式随时查询自己或者某个关爱对象的位置。

② 定时定位

用户可以通过短信、WAP 或 Web 方式对某个关爱对象设置定时位置查询的时间,每天到达预定查询时间时,系统会将该关爱对象当时所处的位置以短信方式发送给客户。

③ 周边查询

用户可以通过短信、WAP 或 Web 方式随时查询自己或者某个关爱对象所处位置的周边信息,例如周边的宾馆、餐厅、医院、商场、加油站等。

④ 找人路线

用户可以通过短信、WAP 或 Web 方式随时查询从自己当前所处位置到某个关爱对象当前所处位置之间的公交换乘路线,WAP 和 Web 方式还可查询驾车路线。

⑤ 轨迹跟踪

用户可以通过短信、WAP 或 Web 方式设置自己或者某个关爱对象的位置查询时段和查询频率。轨迹查询设置成功之后,客户可以通过 WAP 或 Web 网站查询被定位方的活动轨迹(系统将按照客户轨迹查询设置的频率和时段对被定位方进行定位,并将被定位方在各时间点的位置连成一段运动轨迹)。

(2) 资费

关爱通业务资费包括通信费和信息费两部分:

① 通信费:客户在使用该业务过程中上行短信所产生的短信通信费、手机上网所产生

的GPRS流量费,将按照中国移动北京公司现行通信费资费标准收取。

② 信息费:8元/月。

4. 自然语言搜索

自然语言搜索是一种使用会话式语言引导搜索过程的搜索方法,用户用大众化的语言表达自己想要搜索的内容,搜索引擎通过理解用户的意图来给出搜索结果。而关键字搜索,仅仅是进行关键字匹配的搜索引擎。

可提供自然语言搜索服务,意味着用户可以通过自然语言输入问题进行查询,并轻松获取答案,从而解决以往只能输入关键字进行查询却获得成百上千潜在关联链接的烦恼。

5. 其他移动门户的盈利模式

2005年3月,3G门户网被IDG注资数百万美元,无线互联网市场这个新兴的应用方向开始引起外界的高度关注。与此同时,JOYES手机玩家俱乐部、WAP中国、WAP天下等一批已经逐渐壮大的手机WAP门户也浮出水面,并且逐渐形成互相攻伐之势。

从2004年开始,WAP应用的良好发展势头就受到密切关注,而不少新兴的WAP门户网站开始大规模出现。它们和移动梦网、联通无限相比,无论知名度还是内容丰富度都远远不如,但它们也有着自己的独门绝技——免费。

免费是WAP门户的法宝,绝大多数发展迅猛的手机WAP门户网站都采取免费策略。传统互联网门户的注意力经济理论也再次发散光芒,免费注册、免费下载图铃、免费社区聊天……凡此种种无不向有线互联网门户看齐,但是手机上的WAP门户真的能够和有线互联网门户做到殊途同归吗?

要知道现在的新浪、搜狐、网易早就从概念为王回归到盈利优先了。免费内容服务正在逐渐沦为纯粹吸引眼球的工具,而短信、彩信、彩铃、网络游戏等收费服务才是其盈利的核心。

目前,有不少免费移动门户正在向下面几种盈利模式转型:

(1) 网站广告+部分SP服务模式

这是不少免费WAP门户取得营运资金的主要渠道。和有线互联网的运作方式相似,主要采取在页面上设置广告和开设一些下载收费专区的方式获得盈利。

(2) 社区网络模式

和有线互联网上的BBS或是论坛相似,提供图文聊天服务。目前此类服务颇受用户欢迎,因此成为大多数WAP门户的必备功能模块,但是收不收费则标准不一。与之比较相似的还有手机博客服务,目前已经出现专门的手机博客WAP网站,而且部分开始收费运作。

(3) 垂直门户模式

和有线互联网相同,手机WAP门户也有综合门户和垂直门户之分,一些专业类门户只提供单一内容的下载和交流,如手机电子书、手机软件下载等。这类门户虽然在用户量的发展潜力上有限,但忠诚度相对较高,容易实现收费服务。

(4) 付费搜索门户

这类WAP门户和有线互联网上的百度、Google比较相似,本来也属于功能单一的垂直门户,但是使用人群更广,目前已经开通的有乘车、美食搜索等各类,并且大多已启动服务,而百度也专门开通了WAP搜索引擎。有望将互联网搜索的竞价排名等盈利模式引入无线领域。

复习思考题

1. 3G手机网属于哪种类型的移动门户？
2. 日本手机阅读的发展路径对我国运营商有何可借鉴之处？
3. 移动搜索与互联网网页搜索的区别是什么？

本章参考文献

[1] 张舵.易观：上半年手机阅读市场活跃用户达2.3亿[EB/OL].[2010-10-20].http://www.eguan.cn/comment/? aid=89877.

[2] 白晓晴.手机阅读市场前景探析与发展建议[J].中外企业家,2009(11):46-47.

[3] 钟星.电子阅读传奇[J].中国中小企业,2009,(8):75-76.

[4] 程君.井下人员定位系统的实施和应用[J].安徽工业大学学报,2010(27):149-152.

[5] 郭韡,李郴.煤矿井下人员定位系统的现状和发展[J].江西煤炭科技,2008(2):33-36.

[6] 秦达,董斌,邢青.移动互联网业务模式探索[N].人民邮电报,2007-12-7(12).

[7] 李高广.电信运营商移动互联网商业模式研究[D].北京邮电大学经济管理学院,2009.

[8] 艾瑞咨询.手机搜索成为移动互联网角力新热点[EB/OL].[2009-10-26].http://news.xinhuanet.com/eworld/2010-06/02/c_12169558.htm.

[9] 方丽.2008年明复短信搜索服务占短信搜索市场绝对优势[EB/OL].[2009-05-08].http://www.enet.com.cn/article/2009/0508/A20090508470655.shtml.

[10] 李晓宁.日本运营商手机阅读业务发展经验[J].通信企业管理,2010,(10):65-67.

[11] 李茜.Flipboard推动社交网络向媒体平台演进[EB/OL].[2010-10-22].http://news.iresearch.cn/viewpoints/126231.shtml.

第 5 章 移动商务行业应用

本章关键词

移动商务行业应用	Application of Mobile Commerce Industry
手机银行	Mobile Banking
移动证券	Mobile Stock
移动保险	Mobile Insurance
移动教育	Mobile Education
移动物流	Mobile Logistics
移动办公自动化	Mobile OA
旅游移动商务	Travel Mobile Commerce
电子订票	E-ticketing
移动农业	Mobile Agriculture

5.1 基本原理

5.1.1 手机银行

作为一种结合了货币电子化与移动通信的崭新服务,手机银行业务不仅可以使人们在任何时间、任何地点处理多种金融业务,而且极大地丰富了银行服务的内涵,使银行能以便利、高效而又较为安全的方式为客户提供传统和创新的服务,而移动终端所独具的贴身特性,使之成为继 ATM、互联网、POS 机之后银行开展业务的强有力工具,越来越受到国际银行业的关注。目前,我国移动银行业务在经过先期预热后,逐渐进入了成长期,如何突破业务现有发展瓶颈,增强客户的认知度和使用率成为移动银行业务产业链各方关注的焦点。

1. 手机银行的构成及操作流程

手机银行由手机、GSM 短信中心和银行系统构成。在移动银行的操作过程中,用户通过SIM卡上的菜单对银行发出指令后,SIM卡根据用户指令生成规定格式的短信并加密,然后指示手机向GSM网络发出短信,GSM短信系统收到短信后,按相应的应用或地址传给相应的银行系统,银行对短信进行预处理,再把指令转换成主机系统格式,银行主机处理用户的请求,并把结果返回给银行接口系统,接口系统将处理的结果转换成短信格式,短信中心将短信发给用户。

2. 手机银行与电话银行的区别

手机银行并非电话银行。电话银行是基于语音的银行服务,而手机银行是基于短信的银行服务。目前通过电话银行进行的业务都可以通过手机银行实现,手机银行还可以完成电话银行无法实现的二次交易。比如,银行可以代用户缴付电话、水、电等费用,但在划转前一般要经过用户确认。由于手机银行采用短信息方式,用户随时开机都可以收到银行发送的信息,从而可在任何时间与地点对划转进行确认。

手机银行是网络银行的派生产品之一,其优越性集中体现在便利性上,客户利用手机银行不论何时何地均能及时交易,节省了ATM机和银行窗口排队等候的时间。

5.1.2 移动证券

1. 我国移动证券发展现状

电信运营商网络的迅速扩张,WAP手机网络业务的迅速发展,以及3G的运营,证券投资的普及等因素,我国移动证券市场发展势头十分良好。在中国股市整体环境的带动下,在运营商、证券公司、SP、独立服务提供商、软件商的共同推动下,手机证券产业环境和用户规模得到了相当的改善。

(1) 2005年中国移动与中国联通手机证券业务用户中安装炒股客户端软件的有8万人;

(2) 2006年后,手机在线炒股用户量开始迅速增加,全年手机炒股(客户端)用户总数突破10万关口,达到14万,同比增长75%;

(3) 2007年全年通过手机在线交易的用户总数达到28万,同比增长100%。

2. 移动证券分类

按照接入方式不同移动证券可分为:SMS证券业务、WAP证券业务、JAVA证券业务。

(1) SMS证券业务

SMS炒股是比较常见也是使用较早的移动证券。通过手机短信发起的SMS炒股可以有手机点播业务和手机定制业务两种,通过网站发起的SMS炒股只能进行网上定制业务。

① 手机点播是指用户每发出一次订阅请求后,及时得到回复,回复结束,业务就算结束,信息费的支付即时完成。

② 手机定制是指用户在规定时间内(一般以自然月为计费单位)只需发出并成功完成一次订阅请求,就能在该期间接收到相应的回复信息(一般回复的信息是多条,且定期或不定期发送,具体发送时间根据具体业务不同而不同)。

(2) WAP证券业务

WAP炒股是通过手机WAP功能获取个股行情、大盘播报以及各种炒股资讯服务。使用WAP炒股服务,用户必须拥有一部支持WAP功能的手机,并且开通GPRS。

WAP炒股服务的需求发出分为五种情况:

① WAP 手机移动梦网中预装有证券理财频道,点击该频道下相应栏目即发出信息请求。

② SP 与移动终端提供商(如手机厂商)合作,在移动终端芯片中增添 WAP 炒股频道,如证券理财频道,则使用该类手机的用户也能通过点击该频道下相应栏目发出信息请求。

③ 在 WAP 手机的 WML 浏览器输入提供相应炒股资讯服务的 SP 网址,如 wap.stockstar.com,即可在该 WAP 网站提供的炒股信息服务栏目中进行选择。

④ 移动运营商给提供 WAP 炒股服务的 SP 分配了数字点播码,将所需 WAP 炒股栏目的数字点播码编写成短信内容,发送到该 SP 的对应特服号,也叫添加书签,用户会收到一条确认短信,选择保存书签,则设置好了该栏目的手机书签,进入书签,点击对应的栏目发出请求。

⑤ 某些提供 WAP 炒股信息服务的网站提供网上设置功能,进入相关页面输入手机号码,也可完成手机书签的设置,进入书签,点击对应的栏目发出请求。WAP 炒股服务的需求发出后,进入了需求—供应流转环节:该请求经 WAP 网关的编/解码器编码后传递到 SP 的应用服务器,SP 再将需要反馈的资源传递给 WAP 网关,然后 WAP 网关将通过编/解码器解码后的信息反馈给用户终端(WAP 手机)。

(3) JAVA 证券业务

传统手机的所有功能都是固化在手机软件中的,用户无法删除无用功能、增加新功能。即使用户找到了相应的应用程序,也无法解决该应用程序与手机底层软件的适配问题。JAVA 的出现彻底改变了这一局面。网络服务器可根据用户要求将程序下载到其 JAVA 手机中供在线或离线使用,JAVA 手机用户可以在移动网络中浏览、搜索、下载或交互使用各种 JAVA 应用,并可随时更新自己的手机功能。

JAVA 炒股就是在这样的背景和系统环境中产生的。获取 JAVA 炒股服务必须具备三个基本条件:

① 拥有一部 JAVA 手机
② 开通 GPRS
③ JAVA 手机上装有获取炒股服务的客户端应用软件。

JAVA 手机的核心技术是 J2ME,J2ME 技术赋予了移动终端从网络服务器动态下载应用程序的能力和本地计算能力,因而 JAVA 炒股服务不仅包括炒股资讯,还能进行在线交易。由于证券交易必须连接证券公司平台完成,因此,出现了两种不同的业务模式和业务流程。

① 以移动运营商为首的上下游整合模式,移动运营商既和上游的移动终端设备提供商合作定制手机,开发或购买炒股应用软件,又将下游的证券公司直接纳入行情、资讯和交易服务体系。

② 移动终端设备提供商、移动运营商、SP、证券公司上下游紧密形成产业价值链的模式,甚至还可能将专业的炒股应用软件开发商汇集进来。

5.1.3 移动保险

保险行业是我国市场经济体系的重要组成部分,随着国际化竞争的加剧,对内降低组织的摩擦力,提升公司的运营效率;对外实现与客户更友好的沟通,提升服务水平,对客户需求给予迅速回应成为行业亟待解决的战略问题。而优化业务与管理流程在技术层面要更多地借助信息技术,快速发展的移动通信技术为保险行业提升管理和服务水平提供了有效手段。如客户对自身保费缴纳状况的动态查询,对保险公司推出的新产品的动态了解,对保险公司出台的保险优惠政策的动态获取;公司业务人员需要随时随地访问公司 Intranet 查询修改客户信息,随时随地向客户传递公司相关政策;公司业务管理人员需要随时随地了解公司业务状况等。移动通信技术的发展为保险行业从业务到管理的移动信息化提供了更为便捷的技术条件。

借助先进的移动通信技术,移动保险业务可以覆盖客服信息发布、核保、投保、保险代理人、保险理赔等保险业务的全过程。

1. 客服信息发布

该应用方案以移动优质的无线网络作为空中应用平台,为保险公司发布客服信息提供安全与快捷的通道保证。保险公司可以利用中国移动的无线网络,通过短信和 WAP 两种方式,完成向客户发布信息和进行客户关系互动的过程。移动信息发布适合小数据量信息实时查询。

2. 无线核保

通过无线核保应用方案,保险公司可以随时随地对业务人员递送的保单进行处理,并对业务处理流程效率需求做出即时响应。与此同时,也能接收企业内部消息和各种通知事项。

3. 无线投保

无线投保系统应用方案可以帮助保险公司的客户/潜在客户随时随地利用无线终端访问保险公司的业务系统,填写保单,跟踪保单处理状态,接收业务处理各个环节的信息反馈。

4. 无线保险代理人

无线保险代理人系统是一个创新的系统,它辅助保险公司业务拓展人员随时随地利用无线终端访问保险公司的 Intranet,试算保费,查询相关信息,处理投保、理赔、薪资查询等业务。

5. 无线保险理赔

无线保险理赔应用系统突破时间和空间限制,以手持终端系统、无线通道的方式辅助保险公司理赔人员随时随地利用无线终端访问保险公司的 Intranet,查勘现场,现场取样,发送出险现场信息,甚至与公司相关部门在线会议。

5.1.4 移动SCM

1. 移动SCM的定义

移动供应链管理是移动商务的一种,它基于供应链管理(Surface Complexation Model,SCM)平台,利用移动通信技术、各种移动设备、计算机技术和互联网技术,对围绕提供某种共同产品或服务的相关企业的特定关键信息资源进行随时随地的管理,从而帮助实现整个渠道商业流程优化的一种新的供应链管理方式。

2. 移动SCM的特点

(1) 移动供应链管理不是取代供应链管理平台,而是供应链管理平台某些功能的实现方式,是部分和整体的关系。供应链管理平台是移动供应链管理存在的基础,没有供应链管理平台,移动供应链管理就无从附着。移动供应链管理实际上是供应链管理平台上某些具体功能在移动商务领域的延伸。

(2) 移动供应链管理要有针对性,但不需要达到全面性。在功能上,移动供应链管理不需要复制供应链管理平台的全部管理功能,但必须突出某些针对性的功能;在信息处理上,移动供应链管理要能够实现随时随地收发、存储、处理供应链上某环节的关键信息;在信息共享上,移动供应链管理的发展方向是能够实现跨企业的信息交互。

(3) 移动供应链管理的最终目的和价值体现在帮助实现整个渠道商业流程优化。渠道是供应链的核心,渠道能力决定供应链的成败。移动供应链的作用是要帮助实现渠道能力的优化,提升整个供应链的效率。

3. 移动 SCM 的优势

(1) 移动供应链管理降低了供应链上信息交互的门槛。能够不受地域限制地进行信息交互,无疑增加了机会,降低了成本。许多从前不能直接实现的信息交互,也在移动供应链管理的帮助下得以实现。

(2) 移动供应链管理具有高度的实时性。在移动供应链管理中,信息的发出和接收过程几乎是不费时间的,即几乎没有信息延迟。因此,移动供应链管理能够对供应链上不断变化的过程进行实时管理。

(3) 移动供应链管理以简单化、标准化、模块化的方式降低了供应链管理的不确定性。

(4) 移动供应链管理高度自动化,提高了供应链上关键信息的处理效率,避免了人工数据输入的高成本和高差错率问题。

(5) 移动供应链管理便利的客户反馈机制符合在供应链中以最终客户需求为核心的信息资源的获取、应用和反馈。

5.1.5 移动 OA

办公自动化系统(OA)基于工作流的概念,使企业内部人员方便快捷地共享信息,高效地协同工作;改变过去复杂、低效的手工办公方式,实现迅速、全方位的信息采集、信息处理,为企业的管理和决策提供科学的依据。一个企业实现办公自动化的程度也是衡量其实现现代化管理的标准。办公自动化可以和一个企业的业务结合的非常紧密,甚至是定制的。因而可以将诸如信息采集、查询、统计等功能与具体业务密切关联。操作人员只须点击一个按钮就可以得到想要的结果,从而极大地方便了企业领导的管理和决策。

1. 移动 OA 的功能

移动 OA 的功能主要包括公文处理、公告发布、集团通讯录、信息查询、日程管理和邮件提醒等功能。其中公文处理为主要功能,包括新建公文、公文处理批复、公文流转、公文查阅和建立公文列表等功能。

移动 OA 业务主要适合于已有内部 OA 系统的大中型企业机构,尤其是企业或部门有较多的分支机构;或者是内部人员经常有外出办公、出差但仍需通过 OA 系统处理工作的客户,如政府部门、银行及金融机构、贸易行业等大中型企业等。

2. 移动 OA 的优势

(1) 拓展空间

移动 OA 最直接的优势就是将人们从桌面办公的方式解放出来,拓展了办公空间,使员工处理公务时不再受到时间和地点的限制。既提高了办公效率,又减少了办公成本。

(2) 方式多样

移动 OA 实现方式多样,但绝大多数移动 OA 系统是通过短信/彩信/WAP 方式实现的,所以对终端一般没有特殊要求,只要能正常使用相应业务即可。

(3) 安全性强

移动 OA 具有很高的安全性,从发送通道(专有通道)、信息内容(内容加密)、系统后台(软硬件防火墙部署等)等多个方面保证客户网络和信息安全,同时每个企业有自己单独的信息中心,彼此独立,不会造成多个集团信息的混淆和相互影响。

5.1.6 移动商务在旅游业中的应用

1. 旅游移动商务提供服务的主要形式

旅游信息手机上网查询服务的主要提供形式分为手机网站和手机软件,前者通过手机安装的浏览器软件(如 IE、UCWEB 等)访问特定网站进行信息查询,浏览器能登录所有 WWW 及 WAP 网站,类似于电脑通过浏览器访问网站查询信息;后者则是通过安装在手机上的客户端软件浏览和下载相关信息,软件所提供信息类别固定,具体信息内容随时联网更新。目前旅游信息手机上网查询服务的主要提供者有旅游在线零售商、第三方软件开发公司、地方旅游局等。

(1) 旅游在线零售商手机网站

许多旅游在线零售商都推出了自己的手机网站,将其作为自身网站的一个延伸,希望吸引手机用户使用其查询旅游信息的同时,通过自己的网站进行相关旅游产品的预订。携程网推出了掌上携程(pdactrip.com),手机用户可以使用手机上网浏览器登陆掌上携程网并查询酒店和机票信息。芒果网推出的手机芒果网(wap.mangocity.com)主要提供一些特价信息,除酒店和机票外,还有旅游产品、特约商户等信息,虽然不能直接预订,但在每一页面下都会列出芒果网的免费电话,提示用户拨打电话查询更多的信息或者进行预订。

(2) 第三方软件公司开发的手机旅游信息查询软件

手机旅游信息查询软件最具有标志性的就是搜吃搜玩和旅行通。品味公司的搜吃搜玩被称作手机版的大众点评网,作为一款以吃喝玩乐搜索服务为主打项目的免费服务软件,它集成了搜索、推荐、预订、指路、呼朋唤友、积分、优惠等各种延伸服务。上海新动信息技术有限公司的旅行通软件提供了乐游天下(景点等信息查询)、航班查询、列车时刻、餐馆指南、休闲娱乐、酒店预订、天气信息、新闻资讯 8 项主要功能。旅行通还是国内第一个实现手机网上预订酒店的软件,用户搜索酒店信息之后可以即刻输入个人信息进行预订。

(3) 旅游网站的手机版

旅游网站为了迎合手机上网用户的需要,纷纷推出了网站的手机版。但是不同的网站选择了不同的形式。有的网站直接推出了原有网站的 WAP 版,如大众点评网推出的大众点评网 WAP 版(wap.dianping.com),依然以找餐馆、下优惠券、写点评为宣传口号,提供同原网站基本一致的功能。

(4) 地方旅游局投资开发的旅游信息手机查询平台

2007 年 4 月江苏省旅游局联合江苏移动共同推出旅游通平台,全方位、多手段地为旅游者提供服务。将小区短信、手机全景、流媒体等功能嵌入到客户端,通过短信、彩信、WAP 等发送到旅游者手机上。旅游者可以用手机通过旅游通平台,享受上网查询预订等多项服务,同时旅游通还提供有大量的优惠及促销信息。

(5) 其他提供者

3G时代伊始,传统的门户网站纷纷推出自己的手机网站,依然延续了原来大而全的特点,如手机搜狐网(wap.sohu.com),其中包含有旅游频道和一些实用信息查询。新兴的手机门户网站如3G门户(wap.3g.cn)提供了电子地图、天气等一些与旅游相关信息的查询。这两个手机网站提供的信息及服务并不是直接针对旅游者。此外,还有一些综合类手机软件也提供有旅游信息手机上网查询服务,如e兜,集成了百度、新浪新闻、携程和Mapabc(中国最大的数字地图及本地搜索服务提供商)。

2. 移动商务在旅游业中的应用范围

移动商务应用于旅游业中,不仅为旅游企业和旅游管理者降低成本、提高管理效率提供了机会,而且为旅行者提供个性化、快捷、周到的服务,这些服务项目大致可分为以下几类:

(1) 信息服务。旅游网站可以为用户提供WAP浏览和查询服务,这些网站通常都具有旅游信息的汇集、传播、检索和导航功能。提供的信息内容一般都涉及航班、列车、景点、饭店、交通旅游线路等方面的介绍和查询,旅游常识、旅游注意事项、旅游新闻、货币兑换、旅游目的地天气、环境、人文等信息介绍。旅游信息的另外一种获取方式就是通过SMS(短消息服务),由服务商向旅游者发送其定制的内容。

(2) 旅游订票服务。因特网预订票将发展成为移动商务的一项主要业务,从因特网上进行购票和确认。移动电子商务使用户能在票价优惠或航班取消时立即得到通知,也可支付票费或在旅行途中临时更改航班或车次。

(3) 基于位置的服务(LBS)。通过对移动终端的定位,运营商可为用户提供基于位置的服务,如导航服务为旅游者和外地车辆提供基于地图的导航;当旅游者在城市观光游览时,为其提供到达目的地的最佳路径指示;基于位置的信息发布和基于位置的移动黄页等。可以分为以下几个方面:

① 安全救援服务:旅游安全是旅游业生存和发展的前提,也是旅游者最为关注的问题之一。而游客的流动性和个体性,又使得整个旅游行业的自身危机处理能力极弱。移动商务提供的安全救援服务,可以通过对用户位置的确定,给用户提供在紧急状态下的救援活动。例如在郊外无人区汽车抛锚、旅游时迷失方向、发生紧急事件需要医疗急救而事主并不清楚自己所在的位置等情况下,安全救援部门能够通过移动网络对持有手机的用户进行准确的定位,然后予以援助。

② 移动导游服务:移动导游服务指在旅游的过程中,通过电子化的手段进行景点介绍、行程安排等。它可以把景点的地理、文化、历史、典故、神话、故事、传说、人文等内容集成,通过电子导游以高质量、大篇幅、有情趣地多种语言向游客进行讲解,使游客真正感受到生态旅游是一种增长知识、拓展视野、陶冶情操的高品质精神享受,在游客了解景点的人文历史和风土人情的同时,大大提高景区导游品质且维护景区的良好形象。目前,自助游人数占的比重较大。随着我国入境旅游的快速增长,境外旅客也越来越多,移动导游服务充当了导游和语言翻译的角色,将令旅游活动更加精彩。

5.1.7 移动电子票务

移动电子票务系统可以在诸如:影剧院售检票管理系统、展览会售检票管理系统、公园自动售票系统、汽车客运信息管理系统、停车场收费系统和电子彩票系统等领域中被广泛应用。国内的移动票务市场正需求旺盛,其应用前景十分广阔。

与基于传统互联网的电子票务相比,移动电子票务具有许多独特的优势。

1. 出色的移动特性。移动电子票务的最大特点是随时随地和个性化。手机和电脑相比要小巧、轻便、容易使用得多。

2. 优质的用户群体。移动电子票务拥有消费市场中的中高端用户,不论在用户规模上,还是在用户消费能力上,都优于传统的电子票务。

3. 安全的保障基础。手机号码的唯一性和手机SIM卡的不可复制性为移动电子票务的支付安全提供了可靠的保证。

4. 完备的信用保证。手机SIM卡上存储的用户信息可以确定一个用户的身份。用手机SIM卡作为移动电子票务的信用认证基础,更容易为用户所接受。

移动电子票务是电子商务前沿发展的一个分支。它是将现代移动通信技术和先进二维条码制作识读技术同网络支付技术、计算机票务信息管理相结合,以手机短信的方式,将载有票务及其他相关信息的二维条码,通过移动通信平台,发送到手机并显示在手机液晶屏幕上的新的电子商务应用。管理者通过条码阅读设备对手机上的条码阅读,来获取相应的信息,从而快速鉴别使用者的身份。这是一种快速的、以确认使用者身份为目的的无纸化扫描新形式。

5.2 案 例

5.2.1 移动商务平台的三种常见企业应用案例

移动商务究竟在我们生活中有哪些应用呢？如图5-1所示,右边主要是企业的后台系统,包括各种财务管理生产流程控制以及供应链管理系统,在这里面,有相当多的应用,而左边是CII的延伸,面向客户的各种系统,包括零售终端的管理、消费者,这里面的FFA是现场人员自动化,SFA是销售人员自动化等,这些系统的应用和ERP、SM等各种各样的应用,都会使用到移动通信和移动商务的技术。图的上面是所应用到通信的各种基础设施。

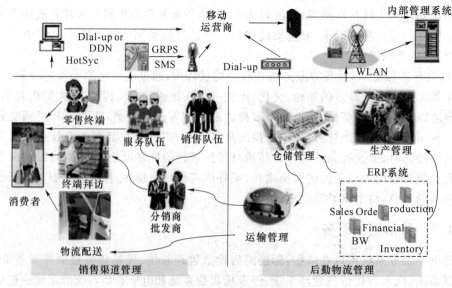

图5-1 移动商务企业应用

1. 移动商务业务平台

从各个行业的重点应用角度来讲,各个行业都有它所应用的重点。例如,证券期货是一个专业性的市场,主要应用在交易商,卫生医药是一个大综市场,更关注与客户关系的管理,快销品更关注互动沟通和促销的应用,每一个行业的移动商务应用的重点不一样,当然这些企业在各个环节上都有应用。

下面介绍三个简单的案例,说明移动商务技术如何刷新企业新的效率。

2. 中国银行短信回执的应用

人们生活中都在使用的手机短信回执,叫做短信回执的应用,在银证系统以及电子商务交流中应用十分广泛,现在人们使用银行卡的时候,超过一定金额都会有一条短信要求确认。到 2009 年为止,银行一个月要发 5 亿条短信,这个量是非常庞大的,它将应用到银证系统以及在线交易上,包括交易确认、发货通知、付款通知,各种各样的确认都可以在电子商务的系统中应用,以短信的方式进行确认,因为短信是还原电子商务网上 ID 与现实生活的一个桥梁,在网上人们都是一个个 ID,但是在实际交易中人们是一个个自然的人,那么要通过某些方式把网上的交易与现实中的人还原出来,主要是采取密码取回,怎么确认这个密码到特定的人那里呢?需要把网上的 ID 和现实中的人对应上,那么使用的是一种短信的方法,这是目前已经非常流行和普及的应用,叫回执类短信的应用。

3. 彩信的应用

彩信的应用现在主要是用在银行账单系统上,除了提供信息的沟通之外,还提供了真正的精准营销,大家都反对用短信、彩信进行群发的垃圾骚扰服务,但是通过这样一个客户许可的方式可以真正实现精准营销的方式,现在一些银行提供的彩信账单中插入可识别的二维条码,用户可以使用二维条码在蛋糕店、电影院换取蛋糕和电影票,还促使银行用户刷卡消费,比如去好利来蛋糕店如果刷卡买蛋糕就可以把手机彩信账单上的二维条码点上,刷一下,会再送一块,买电影票也是,买一张送一张,它对于身份确认以及交易凭证上的应用是非常广泛的。

4. WAP 的应用

WAP 从 2008 年开始发展特别迅速,WAP 应用除了在企业的建站上应用以外,还会成为未来很多电子商务的一种平民意义上的一个平台,也就是说互联网的应用随着社会的发展,可能未来 WAP 会不存在,但是几年之内 WAP 还会依然发展迅速,因为人们拿着手机最重要的特点就是方便,它很小、随身携带,而要面向小屏应用,就必须有针对性的通信,它将适应各种手机屏幕操作平台的浏览器,这是手机应用中要面临的一个非常重要的应用。

5.2.2 交通银行 WAP 手机银行应用

1. 背景介绍

我国手机银行业务始于 1999 年。与 WAP 的遭遇一样,早期的手机银行使用门槛高,用户体验度较差,银行方面只做了概念宣传,没有在内容宣传上真正下工夫,挫伤了一些对该业务感兴趣的客户的积极性,造成客户对手机银行存在较多的负面印象,也使得该项业务的发展并不顺利。但是随着信息技术的不断进步以及银行经营理念的逐步改变,我国手机银行的基本条件正逐步走向成熟。特别是手机终端发展迅速,无线网络质量有了很大的提高,原来制约手机银行发展的问题逐步得到解决。从 2004 年开始,手机银行业务重新得到了各家银行的重视,包括建设银行、交通银行在内的多家银行相继推出了各自的手机银行系统。

WAP 从 20 世纪 90 年代末开始就在国内被用于手机上网,鉴于当时是基于拨号方式,上网速度慢,按时间计费上网费用高;另外,缺乏手机终端的支持,在当时并未得到市场追捧。

随着网络条件的改善,制约 WAP 技术发展的上述障碍已经不复存在。移动 2.5G 的 GPRS 网络和联通 2.75G 的 CDMA 1X 网络已经培育了上千万的 WAP 用户,一个巨大的新的网络应用正在普及。同时作为银行业应用来说最为关注的安全性问题,也随着 WAP1.x 及 2.0 手机终端和 WAP 网关的升级换代得以解决。

交通银行正是看到 WAP 应用的成熟,同时充分吸取了其他各行手机银行业务的经验教训,注重降低客户的使用门槛,推出了基于 WAP 通信方式的手机银行。

2. 交通银行 WAP 手机银行的系统架构及功能

(1) 交行手机银行系统架构

交行手机银行系统采用三层架构体系:

① 接入层(客户端手机)

② 业务支撑层(手机银行服务系统)

③ 银行业务平台

手机银行客户手机利用 WAP 接入技术,通过各自运营商的网关与手机银行系统进行交互,手机银行系统再通过网上银行网关与银行的各个业务系统进行交互。

(2) 交行手机银行功能

交通银行手机银行能同时连接中国移动和中国联通,地域覆盖面广,适用客户层面多。与目前市场上的其他同类产品相比,具有功能丰富、操作便利、安全可靠和申办手续简便等明显优势。

目前,手机银行不仅可以提供账务查询、卡-卡转账、贷记卡还款、口头挂失、手机充值等个人理财业务,也可以用来进行基金交易和外汇宝交易,此外还提供了外汇买卖的牌价、行情、咨询、K 线图查询、股票证券查询等公共信息服务。

3. 交通银行手机银行的安全

在交行的手机银行系统中,如果客户的手机支持的协议为 WAP1.x,则采用 WAP1.x 架构,其中手机同网关(移动或者联通网关)之间的安全性由 WTLS(无线传输层安全性)协议进行保证。WTLS 是 TLS(传输层安全协议)无线版的安全协议,WTLS 可以保证手机同网关之间的数据完整性、保密性和真实性。在网关和银行的 WAP 服务器之间的安全性由可选的 SSL(安全套接字层)或者 TLS 进行保证。SSL 保证网关同 WAP 服务器之间的数据完整性、保密性和真实性。

如果客户的手机支持的协议为 WAP2.0,此时客户手机已经直接支持各种互联网的通信协议,所有手机同银行 WAP 服务器之间的安全直接由可选的 TLS 进行保证。这对于中间的网关(无线 IP 路由)来说是透明的。由 TLS 来保证客户手机同银行之间数据的完整性、保密性和真实性。

交行手机银行系统同时支持上述两种协议,并在此 WAP 安全架构基础上提供了安全保证。在客户进行业务交易时候,对客户交易的关键敏感字段进行加密操作,对客户间交易则使用业界公认的安全加密算法对关键字段进行加密,进而保证客户交易的安全性。

由于对新技术缺乏了解,人们往往会特别关注手机银行的安全性,甚至对手机银行这种服务手段敬而远之。事实上由于运营商对空中无线传输的加密算法,同时密钥存储在用户侧的卡中和网络侧基础设施的设备中,以及使用慢速跳频技术等多种防御机制,如果不借助网络侧的基础设施(如 MSC/VLR、HLR 等),要实现窃取无线信号内容的目的,从技术上讲是非常困难的。而作为应用开发单位的银行部门也会对手机银行的安全性引起足够的重视,因此,手机银行从应用本身来讲有足够的安全保证。

4. 手机银行具备的优势和面临的问题

从目前手机银行的应用情况来看,最受客户欢迎的是对实时性要求最高的外汇宝交易,业务量最大的交易是货币市场基金的申购和赎回,交易笔数最多的是查询类交易。而手机充值交易则备受客户赞赏,客户在出差甚至是出国时更能充分感受到手机银行的便利。

与网上银行、电话银行相比,手机银行随时连通的独特优势已凸显出来,然而手机银行真正的优势还在于安全性和身份认证上:

(1) 手机终端及无线网络上采用了多种技术保证数据的安全,其安全性要高于网上银行。

(2) 目前还没有被大家充分认识到的是,由于手机终端和手机卡是最具有私人特征的电子器具,本身具有身份认证的功能,通过手机银行的身份认证功能解决大额转账和支付交易的客户身份确认问题,能大大提高此类业务的安全性,降低交易风险,对业务发展起到重要的推动作用。

从长远来讲,利用手机终端对整个电子交易渠道进行安全保证和客户身份认证在技术上是完全可以实现的,对客户来说也是方便和完全可以接受的。

目前手机银行发展的主要问题是:

(1) 整个手机银行交易过程涉及手机终端厂商、移动运营商、银行和客户,生产链太长。

(2) 手机终端设备和移动运营设备对于数据业务的支持还有一些不规范的地方,任何的不兼容都会影响客户的使用。

5.2.3 中国建设银行短信平台应用

1. 背景介绍

手机短信已经成为国内各大商业银行向客户提供金融服务的重要电子渠道之一。银行通过双向的短信平台,不仅能向客户发送主动通知类短信,也能接受由客户发起的查询、转账等多种服务请求,从而为客户提供更加方便、快捷、贴身的金融服务,丰富银行的服务渠道,提高银行竞争力。

2. 解决方案

(1) 用户需求

2009 年,中国建设银行总行经过市场调研和技术比较后,选用了东方通科技公司的企业短信门户平台产品 SMS_Portal 来构建总行级的短信平台,并将该平台作为中国建设银行总行电子渠道系列产品的重要组成部分。

企业短信门户平台 SMS_Portal 一方面可以方便地接入建行各种业务系统,使这些业务系统可以利用短信平台快速开通短信服务;另一方面能够灵活地连接多个移动运营商,支持网关分离部署到一级分行,构造出服务号码统一、高并发、大流量、高速率、稳定可靠的短信通道;并能够为使用其他移动通信技术的系统提供支撑,如为手机银行提供 WAP PUSH 服务等。

(2) 技术路线

总行业务终端和分行业务终端通过建行企业网和骨干网与服务器(网银交易服务器、短信平台服务器、数据库服务器、国际卡短信通信装置)相连,并通过路由器与移动运营商连接,其中分行业务系统可以直接和当地移动运营商连接,如图 5-2 所示。

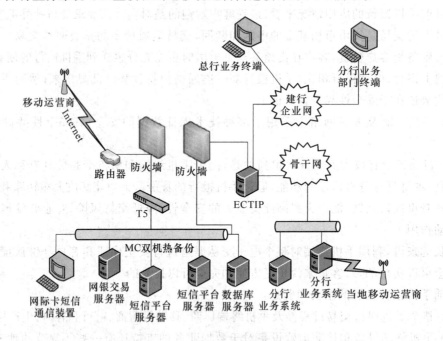

图 5-2 网络拓扑结构图

(3) 系统模块结构

短信平台分为收发系统、管理系统两大部分,收发系统包含接入子系统、网关子系统、公共交易子系统,管理系统包含后台管理子系统、业务部门子系统。收发系统采用线程、队列、传输中间件等提高性能的技术,实现高效、稳定的收发核心。管理系统采用 Jsp/Servlet 技术、MVC 框架,用浏览器方式实现友好、易用的管理功能。

短信平台各部分与业务系统、业务部门、移动运营商的关系如图 5-3 所示。

(4) 主要功能

收发系统。收发系统负责将来自各个业务系统的短信转发给移动运营商,将来自移动运营商的短信转发给各个业务系统,同时对其转发的短信进行检查、路由、协议转换等操作,监控短信平台运行状况。

管理系统。管理系统以浏览器页面方式为后台管理员和业务操作员提供后台管理、业务操作的功能。

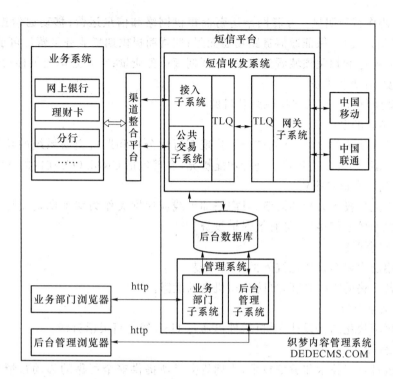

图 5-3 系统主要功能模块

5.2.4 智能终端期货行业应用

1. 背景介绍

深圳宇龙公司经过长期的市场调研,于 2003 年成功推出了国内第一款基于 CDMA 1X 网络的商务智能手机酷派 688。该智能终端具备强大的行业适应性,开放的二次开发环境可满足多种行业应用的需求,可以实现多个行业的移动应用系统,为行业用户提供随时随地的服务,真正做到网络无处不在。

宇龙公司推出的移动期货行情交易系统是以现代管理理论为指导,经过与期货投资人的反复交流,充分总结期货单位的移动操作需求和管理特点,跟当前期货行情和交易、CRM 系统等相结合,可在智能手机上应用的系统。该系统不论是在战略性、前瞻性、普及性,还是在扩展性、灵活性上都十分有利于目前我国期货管理的信息化应用。可方便地实现移动行情查询、期货交易、技术分析、信息公告等功能。

2. 行业概述

(1) 期货行业概述

① 没有物理形态的期货营业部,而是由互联网信息服务运营商、期货商、移动通信提供商、银行等分工协作构筑的在线虚拟期货营业部,并能够实现有形期货营业部所能提供的一切期货交易代理业务。

② 没有地域限制。只要有移动通信的地方,期货电子商务就在期货炒作者的身边。

③ 没有时间限制。期货市场信息随时备查。

④ 交割、对账、投资指导等期货业务服务通过网络主动提供,无需期货炒作者操心。

⑤ 分工协作特征明显。互联网络运营商提供网络和信息运营；移动通信提供商（如中国联通）提供信道支持，保证通信链路畅通无阻；期货商提供期货业务经营许可证、交易席位以及期货经营业务和相关领域研究成果，保证期货业务质量；宇龙公司提供移动期货电子商务软件的开发、升级和维护。

(2) 移动期货行情交易建设原则及目的

① 分步实施的原则

可采取分步实施的原则，首先结合期货现有行情分析和期货交易系统的功能实现基本的移动交易功能，然后在此基础上进行功能扩充，实现包括 CRM/OA 在内的强大功能。

② 设备利旧和保护投资

系统建设无需投入大量的设备，只需增加无线应用网关作为移动期货交易系统和移动终端（手机）之间的通信接口，可有效保护投资。

③ 系统安全可靠

系统利用防火墙等设备抵抗外部非法入侵。

系统具备严格的权限管理，严防公司机密的泄露。

④ 支持灵活升级

系统采用模块化结构设计，手机软件可通过 USB 线进行灵活升级。

(3) 建设目的

采用先进计算机技术和通信技术，为期货交易所提供安全可靠的移动行情分析和交易解决方案。

3. 移动期货系统应用

(1) 手持客户端应用介绍

系统的移动终端包括手机、智能手机、掌上电脑、无线通信设备等。通过手机的语音和短信通信功能可以直接与无线运营商的短信网关和语音网关进行联系。这就要求为末端用户配备相应的终端设备。

移动期货系统为每个系统使用者配备了运营商认可的手机设备和 SIM 卡号，保证和运营商建立起可靠的连接；系统还将为每个使用者配置掌上电脑和无线通信模块，登录到运营商的无线互联网上。

宇龙公司提供的酷派 688 产品具备了以上功能，同时专门针对移动期货进行设计开发，是手持终端产品的最佳选择。

(2) 移动期货系统主要功能介绍

移动期货系统通过无线应用网关实现了跟期货公司现有期货行情分析和交易系统（网站或其他现有系统）的信息交互。主要功能如下：

① 系统基本参数管理

主要针对系统各种配置参数进行设置和管理。系统管理员可以统一对系统进行管理，设置将简便化，管理将更加方便、安全、可靠。其中包括菜单管理、后台数据库配置管理、部门设置、人员注册、数据维护及系统帮助等。

② 用户登录

移动交易可以用交易员登录方式或客户登录方式。

③ 下单

④ 委托

在这里用户可以看到当日已发出的委托单的情况,是否显示已成交、已撤单的委托单或是否合并成交单可以在"其他"页面中设置。

⑤ 成交、持仓

⑥ 资金

⑦ 合约

可以查询各交易所可进行交易的合约情况,如合约号、每手吨数、交易所保证金率及最后交易日等。

⑧ 预埋单

可以查到所有的预埋单,可以选择委托单发出。当不再需要时,也可以将它们删除。双击一笔委托单可以直接发出,选择全发可以将所有预埋单全部发出。由于交易所未开盘等原因被本地拒绝的委托单不会丢失,还会显示在预埋单列表中。

⑨ 批量设置

适用于交易员为自己所代理的部分客户同时下单,事先将客户分组,并设好每个客户的手数,下单时,可以下这些手数的整数倍。

⑩ 银期转账

选择转账类别,输入资金密码等,按"发送"即可将转账或查询指令发出,由于要发送到银行端进行查询或转账处理,因此等待几秒钟是正常的。

⑪ 查询银期转账

可以查询所有转账的情况。包括查询历史转账记录和转账失败的记录。

⑫ 查询账单

可以查询、预览,也可以直接打印。选择输出到文件可以把结算单保存成文本文件。

⑬ 其他

此页面用于修改交易密码和资金密码,以及设置信息的提示方式。

⑭ 行情分析

(3) 宇龙行业解决方案优势

平台开放:开放的二次开发平台可与多种行业应用系统和数据库平滑连接,无缝集成,支持多种开发模式;

扩展无限:高度的扩展性,人性化界面设计,可轻松挂接各种外设;

技术先进:先进的中间件技术、组件技术,具备业务无关性和协议无关性;

安全高效:联通 CDMA 1X 网络,WVPDN 安全接入,支持多种安全加密技术;

维护方便:支持无线下载,软件升级,维护简单易行;

接入灵活:支持 WAP、SMS、Web 等多种通信方式。

5.2.5 中国人寿移动商务应用

1. 背景介绍

(1) 中国人寿情况介绍

中国人寿的前身是成立于 1949 年的中国人民保险公司和 1996 年分设的中保人寿保险有限公司以及 1999 年成立的中国人寿保险公司。2003 年,原中国人寿保险公司进行重组改制,变更为中国人寿保险(集团)公司。中国人寿是我国最大的商业保险集团,拥有国内最大的寿险市场份额。旗下寿险股份公司先后在纽约、香港、上海三地上市。

中国人寿保险(集团)公司是中国人寿的领导中枢,直属子公司(机构)包括中国人寿保险股份有限公司、中国人寿资产管理有限公司、中国人寿财产保险股份有限公司,中国人寿养老保险股份有限公司、中国人寿保险(海外)股份有限公司、国寿投资控股有限公司、中国人寿富兰克林资产管理有限公司以及保险职业学院等多家公司和机构,业务范围涵盖寿险、财产险、养老保险(企业年金)、资产管理、实业投资、海外业务、保险教育等多个领域,并通过资本运作参股了多家银行、证券公司等其他金融和非金融结构。截至2007年,中国人寿年保费收入已达2 208.81亿元,占境内寿险市场份额的44%,集团总资产已达12 042.77亿元,约占全国保险业总资产的45%,成为国内唯一一家资产过万亿的保险集团。公司可运用资金超过11 000亿元,是我国资本市场最大的机构投资者之一。公司已连续5年入选《财富》全球500强企业,并首次入选世界品牌500强,是国内唯一一家进入世界双500强的保险企业。

(2) 中国人寿服务需求

目前,保险公司的客户服务方式主要通过直邮、呼叫中心等方式来进行。由于行业的特性,保险公司很难和投保客户直接进行沟通,只是被动地为客户提供如保单信息、险种介绍、保险合同变更等信息服务,很难提供主动、便捷、迅速、高效的服务。直邮和呼叫中心高昂的成本费用在一定程度上也限制了保险公司的主动客户服务。

这些服务方式有待改进,并且保险行业在客户服务满意度方面尚需做出更多的努力。如何以最小的成本来完成保险公司与客户的服务沟通,如何提升客户服务质量等问题已成为保险公司无法回避的现实。保险公司应该挖掘新的服务方式为客户提供高质量的服务,以降低客户流失率,提高客户续保率。

保险公司必须适应客观形势的变化,在客户服务、险种设计、营销手段等众多方面进行创新,使客户更加便捷地获得保险保障及相关的服务。而保险公司也在寻找新的方式为他们的产品与服务增加价值,提高竞争力,提升客户忠诚度,同时吸引新的高价值客户。因此,短信作为一种新的服务方式被保险公司引入到现有的服务体系当中,以满足客户不断增长的服务需求。

2. 解决方案

为了给客户提供高质量服务,降低保险客户的流失率,赢得更多的客户和提高客户的忠诚度,2003年年初,中国人寿与知名的金融行业移动商务应用提供商北京东方般若科技发展有限公司(简称东方般若)达成战略合作,建立覆盖全国的移动95519短信客服系统,以短消息作为主要客服手段,为全国数量庞大的保险客户提供各种保险服务。通过短消息实现中国人寿与客户之间最快捷、最直接、最主动的沟通,克服了传统客户服务方式运作过程中存在的一些弊端,作为原有客户服务方式的有力补充,能够为客户提供快速、准确、个性化的服务。

东方般若公司根据中国人寿的客服流程、操作方式及个性化应用等因素有机的将短信客服系统和中国人寿现有的业务系统连接在一起,构成了移动95519短信客服系统。该系统运行在中国人寿的内部专网中,通过安全的数据接入与中国人寿现有业务系统之间建立信息通信,从而可以快速、自动、准确地提供客户需要的服务信息。

移动95519短信客服系统采用先进的软件体系结构设计,可高效地同中国人寿业务系统进行集成，将移动通信技术、网络技术和组件技术有效地结合在一起，构成功能全面、服务模式灵活的无线数据短信息综合客户服务系统。短信客服系统遵循组件化的设计思想，整个系统的框架先进、灵活、稳定，提供服务管理、短信收发、应用服务、系统管理等多方面的丰富功能，为中国人寿的短信客服系统提供了一个高效的运营支撑平台。

系统分为省中心和地市中心两个部分，其中省中心和地市中心通过 PSTN（中国一号、七号、E-1、ISDN、PR）或者 WLAN 相连，省中心配有 Center Cord 服务器和客户应用服务器，座席台席和班长席，地市中心配有 Center Cord 服务器和坐席台席，如图 5-4 所示。

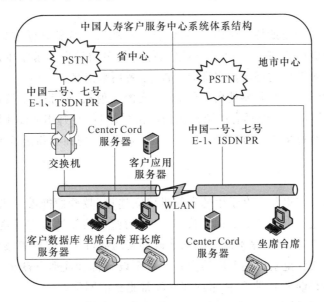

图 5-4　系统体系结构

中国人寿 95519 短信客服系统具有服务配置、通讯录管理、审核管理、统计分析等几大功能，其应用几乎覆盖了所有与客户服务相关的业务。如新单祝贺、续保划账不成功通知、续保收费确认、失效告知、生日祝贺等；系统可服务于代理人营销环节，如催收通知、催缴通知等，也能服务于办公自动化环节，比如通过将短信系统与 OA 系统整合实现移动办公，促进公司内部沟通。

2007 年 3 月 15 日，中国人寿客户服务部又启动了中国人寿 95519 短信客服系统二期上线项目，其 9 家分公司第一批开通二期短信客户系统。与一期相比，二期系统更多地从客户角度出发，开创性地引入了触发式短信发送模式。例如，客户只要申请开通该项服务，就可以在中国人寿的保险财产信息变动时收到短信提醒，更好地管理自己的保险财产。

3. 实施效果分析

移动 95519 短信客服系统不仅保证了业务和管理消息的及时、快速和主动传输，缩短了信息的流通时间，让中国人寿变成一个能快速适应、应对外界变化的金融企业，在市场竞争中赢得先机。在丰富中国人寿服务手段的同时也在很大程度上降低了服务成本，提高了服务效率和客户满意度。

另外，移动 95519 短信客服系统为中国人寿提供了一个创新的服务渠道和市场拓展渠道——短信营销。通过发挥短信客服系统的便捷、快速、个性化、主动服务等优势，吸引更多的潜在客户成为中国人寿的客户，实现了中国人寿保险客户的快速拓展和增长，从而带动各种保险业务的收入。

此外,通过移动95519短信客服系统,中国人寿的保险客户可享受到中国人寿提供的个性化、多样化的服务,不仅提升了中国人寿的知名度;而且其便捷、高效的服务、准确高质的服务内容、个性化服务更增强了中国人寿的美誉度,从而使客户逐渐依赖并留恋于持续的优质服务,成为中国人寿的忠实客户,而忠诚的客户群体是中国人寿持续发展的有力保障。

5.2.6 阿姆赫斯特大学的无线教育

1. 背景介绍

在马萨诸塞州阿姆赫斯特大学内,手持设备正在取代传统的教学方式。学校希望使大型公选课变得更有吸引力,在一些大型学院中,越来越多的教授要求学生购买无线发射机,从而使老师就学生对课程的理解给出即时反馈,或者用来点名。

马萨诸塞州大学在秋季开始使用价值36美元的发射机,如果在全校普及的话,系统预算将达到8 000万美元。一位具有授课经验的经济学教授、导师Richard Rogers说,17 500名阿姆赫斯特大学在校生中,与两年前的不到500人相比,现在有将近6 000名需要在课堂上使用发射机。

2. 解决方案

通过在巨大的教室里和所有学生的发射机建立连接,教授们能够给出多项选择题让学生来回答。学生们通过点击键盘上标示数字1~9的蓝色按钮选好并发送答案。在教授的笔记本上会出现一个条形图,来显示正确和错误答案的数目。当错误答案数目过多时,老师可以减慢授课速度或者重新讲述前面的内容。每个设备都会注册并获得一个号码,这样教授们就可以知道都有谁来上课了,并帮助那些经常犯错的同学。

在最初的5年,无线发射机在大型公共学院中最为常见,多用在那些标准化的大型课程上,这些课程一般会有数百名学生听课。在新泽西州的拉特格斯大学的物理课、北达科他州的微积分课、加利福尼亚伯克利大学的计算机系统结构课、哈佛大学的物理学导论课和达特茅斯学院都用到了发射机。

纽约Edu Cue公司(Edu Cue是经营发射机的一家分销公司)的合伙人David Seiffert说这项业务发展速度惊人。发射机的学名叫做个人互动系统,使用两节七号电池,通过红外信号来发送信息——就像电视遥控器一样。一个基本的套装卖1 950美元,包括50个发射机、接收器以及软件。

在马萨诸塞州的阿姆赫斯特大学,物理学教授率先要求学生使用发射机,使发射机成为一种趋势的是一个经济学教授Norman Aitken,他在两年前获得了来自大卫教育基金的46万美元的研究经费,用来研究这项技术的影响。他的研究团队分析的数据来自前一年春天的数十门课程,用来研究使用发射机的学生是否学得更好。

但是一个来自布朗大学的计算机科学方面的访问教授Roger Blumberg,说此项应用的风险在于如果老师根据发射机调整教学可能会导致某些方面的遗漏。

3. 实施效果

"我们都愿意让课堂越来越小,但是那是不可能的",教授Thomas Whelan说,他要求学生这学期都必须配备发射机和安全眼镜,"任何可以让学生集中并使课堂感觉小一点的技术都会有帮助。"

但是对于那些利用大型课程不点名而偶尔缺席的学生来讲,手持设备中嵌入的点名机制很是让人讨厌。此外,学生也不愿意付出额外的费用。这个不太重的灰色塑料发射机价值36美元,二手的价值27.25美元。发射机使用完毕之后,可以卖给学校的书店。

"如果你没有来上课,就得不到学分。"一位来自普利茅斯的二年级学生Ryan Flaherty说,他曾在心理学和经济学课程中使用过二手的发射机。发射机"敦促你去上课,所以我觉得这是件好事。"

也有学生存在疑惑,当Randall Phillis教授在生物100的课堂上满腔热情地给数百名学生介绍发射机时,一些大一新生看上去相当困惑。

"我们必须买一个吗?"一个同学问道。(是的,你们必须买。)

使用发射机也会发生状况,学生们已经开始通过让他们的朋友携带他们的发射机去上课来逃课。而教授们则通过点数来预防有人携带多个发射机并代替他人发送答案。

"多亏了研究奖助金,现在马萨诸塞州的许多教室可以使用发射机",Rogers说,"大学现在变得更小了。但是一些人文学科并不赞成使用这个系统,因为他们的课程更加开放。但是现在不仅仅是自然科学和经济学使用这项技术,心理学、统计学、法律、会计,甚至艺术历史都开始使用这项技术了。"

阿姆赫斯特大学的大三学生Jessica Sugal,上个学期在两门大课上使用了发射机,她说比起以前更少逃课了,因为教授会知道她不在课堂上。"因为在课堂上回答的问题和考试题目类似,所以每天的发射机测试让我更加有自信。甚至当我无法确定答案时,我还是愿意尝试,从而知道自己是对还是错。""这项技术比说'请举手'有效,因为人们不想和坐在他们旁边的人不一样。"

该系统不是防作弊的,来自广州的一名二年级学生,Kerry Sullivan看见他的经济学同学选择和其同桌一样的答案。有一堂课,许多答案无法显示类似这样的技术故障让人们感到难以接受。这个工具同样增加了老师们的工作量,他们需要写出多项选择题的题目并管理和录入数据不过多数人认为这是值得的。

"如果你需要教340个人,你还想和他们进行互动,我们有这样的技术可以帮助你",资源经济学教授Bernard Morzuch说,"我不喜欢同时教340个人,但是这是我的工作,而且我觉得我有义务根据孩子们交的学费来传授给他们相应的知识。"

4. 延伸阅读

(1) 英国:M-learning解困教育社会问题

2001年,英国实施了移动学习项目,当时很少有人知道移动学习的概念。项目受到欧洲委员会IST(Information Society Technologies)资助,这个项目有五个合作伙伴:英国Anglia Polytechnic大学的Ultralab、意大利Salemo大学的CRMPA(Ricercain Matematica Puraed Applicata)、英国的CTAD(Cambridge Training and Development Limited)、苏丹的Lecando,最后是英国的LSDA(Learningand Skills Development Agency)。

移动学习项目实施的主要目的是为了解决三个存在于欧洲年轻人中的问题:社会文盲问题、缺少继续教育问题和由于缺少信息技术而导致的不公平问题。该项目开发出了一些产品,可以使用一些便携设备为学习提供信息。Ultralab中心还开发出两个移动学习模式和智能导师系统。

该项目设计和开发了一系列的学习材料,在已开发的移动学习系统上进行试验,选取了

90个移动设备租借给学生。试验结果表明学习者对移动学习都怀有激情,62%的学生表示在他们使用了移动学习之后,对未来的学习充满了渴望。在这62%的学生当中,有91%喜欢使用手提电脑学习,82%喜欢使用个人电脑,80%喜欢使用手机,76%喜欢和自己年龄相当的同伴一起学习,54%喜欢在大学学习。

(2) 欧洲:服务非正式学习的移动技术

这是一个世界范围的由欧洲人领导的研究和发展项目,目的是探究如何利用先进的移动技术开展基于问题的非正式学习和工作中学习。项目协会包括来自欧洲、以色列、瑞士、美国和澳大利亚的24个合作伙伴。

这一项目提供了移动学习的结构框架,开发了一些课程软件。这些课程软件主要针对三类学生:

① 学习MBA课程的学生,他们要求课程总结、考试准备、有关的其他信息以及列出学习重点;

② 学习医疗保健职业的学生,他们要求最新的专业化的信息;

③ 博物馆和艺术画廊的游客,他们通过移动电话接收展览物品的详细信息。

(3) 挪威:小尺寸显示屏上的学习环境

这是由欧洲联盟资助的一个项目,合作伙伴有爱立信公司和Rome III大学等。

项目的背景:挪威的NKI互联网大学实施该项目,爱立信和Nokia预测2002年全球使用手机的数量将达到10亿,欧洲的无线通信技术如蓝牙、WAP、GPRS和UMTS已经得到很大的发展,无线电话和无线通信的基础设施已经具备。项目的目的是要开创下一代职业教育与培训的先河,勾勒出有线虚拟学习环境向无线虚拟学习环境进化的脉络。

项目从制作适合于PDA、智能手机(Smartphone)和移动学习的一系列课程开始。其可贵之处在于,它解决了在PDA上开展移动学习课程面临的所有问题。它使用5.7 cm×7.6 cm的PDA显示屏尺寸,采用微软阅读软件,为学生学习设计了一个舒适的环境。PDA可容纳千张A4纸的课程,包括教材和背景阅读材料。它作为学校支持服务的一部分,还提供课程付费注册、学分等服务。

NKI为自己的网络学生提供了全面的移动学习环境,为学生配备袖珍电脑;学生需拥有移动电话并配备便携式键盘。学习内容可以被下载到移动设备上供离线学习,内容包括内容页、前言、介绍、所有学习单元和各种资源(网上的文章等)。能够很快进入问题论坛并能尽快参与讨论和发言。通过E-mail的方式促成师生间和学生间的沟通,布置和提交作业。

在具体的实施中,所有NKI的网络学生,无论是否通过移动设备进行学习,都可以在家、工作地点或其他地点使用台式电脑接入教育资源并进行交流,可以将学习内容下载到台式电脑和袖珍电脑中,而在移动状态中,所有的交流都通过袖珍电脑和移动电话完成。

在这个项目中,使用最多的无线通信设备是PDA和移动电话,另外还有部分智能电话。

接受调查的学生普遍对此感到满意。作为一种学习方式,PDA的移动学习不存在任何问题,由PDA提供移动学习的问题都得到了解决。但该项目也表明,在智能手机和移动电话上开展移动学习还存在相当多的问题没能得到有效解决。

(4) 新加坡：构建移动的教学环境

为了构建移动教学环境，新加坡在 2001 年启动 MobiSkoolz，这是一个建立无线学习的教育方案，使用学校已有的因特网平台和新增的移动设备来增强学习和教学环境，学生可以在任何时间在线获得作业、复习以及核实测试登记，教师和学生可以用 E-mail 进行交流，起初有 40 名学生和 10 名教师参加。

MobiSkoolz 是一个纯粹的建立支持无线学习的教育解决方案，有如下特征：
① 提供一个获取笔记和各种学习材料的简单方法。
② 对接收或者已经阅读过的笔记进行跟综。
③ MobiQuiz 是一个测试编辑器，使用者可以自测和自我评价。
④ MobiPollz 是一个方便课堂表决和反馈的工具。
⑤ MobiPigeonz 是一个管理学生之间笔记交流的工具。
⑥ MobiFolderz 是向服务器备份和上传数据的工具。

5.2.7 移动物流行业应用

中国联通重点推出的面向行业用户的移动信息化产品——移动物流，它是建立在自动识别技术和 GPS 卫星定位技术基础之上，基于 WCDMA 和 GSM 手机开发的一整套物流类行业信息化解决方案。物流业务人员通过语音、扫描、现场视频直播等多种方式将前端信息数据实时传给企业后台，实现了企业信息管理的实时交互功能。

1. 需求分析

(1) 最佳路径任务调度

物流企业需要将企业内部的运力做到最佳配置，通过位置管理进行任务调度，需要根据实时路况信息和客户的门牌号码来实现实时的最佳配送路径，并需要对车辆进行中心导航服务，监控调度系统示意图如图 5-5 所示。

(2) 任务全程跟踪

基于物流运输任务从取件、回库、中转、派送、签收到通知用户，全程实行时间、位置及有关图像的跟踪管理，做到让客户、物流公司、第三方运输参与者都随时了解任务信息。

图 5-5 监控调度系统操作示意图

(3) 货物全程跟踪

基于单个货物的全程跟踪。在第三方物流公司的运输环节中需要客户、承运公司、物流公司实时了解货物位置。

2. 产品定义

采用 WCDMA 的手机终端及专用定位跟踪产品,结合全国最新的导航电子地图及定位跟踪平台,基于 TMC 动态交通数据,实现最佳路径优化导航、远程任务指派、工作单基础信息实时录入与传输、签收信息反馈、签单影像扫描、货物拍照上传、现场工作人员/车辆定位、轨迹查看等应用目标,为物流公司提供移动信息管理的整体解决方案和服务。

3. 主要功能

(1) 人员及车辆定位

通过 GPS 及基站移动定位技术和 WebGIS 平台,为客户提供基于专用通信终端的位置服务。其优势体现在:

① 货物和司机的安全有了更高程度的保证;
② 货主可以主动、随时了解到货物的运行状态信息及货物运达目的地的整个过程;
③ 增强物流企业和货主之间的相互信任;
④ 物流企业可以充分了解车辆信息,通过配货、调度等途径提高企业的经济效益和管理水平。

物流企业后台管理人员通过 WebGIS 平台直接登录来实现如下功能。

① 用户管理:可以对基本信息、定位时段、分组管理、终端管理等进行设置。
② 人员定位:公司随时可以查询员工位置。
③ 连续定位:根据时间频率要求进行连续定位。
④ 位置显示:货主可以通过互联网查询自己货物的位置。
⑤ 轨迹跟踪:定时回传位置信息实现路径跟踪,并支持轨迹回放,如图 5-6 所示。
⑥ 短信下发:客服或调度可根据定位查找,通过短信形式下达任务及通知,如图 5-7 所示。

图 5-6 轨迹回访图

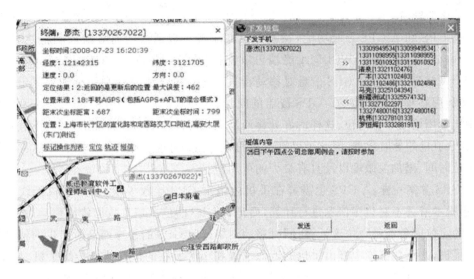

图 5-7 位置查询及任务下发

(2) 信息(位置、图像、视频)实时采集传输

① 工作任务下载:通过手机随时随地下载工作任务及公司通知。

② 工作状态上报:准确反馈物流工作信息,上报货物重量、数量和目的地等。

③ 货单号码扫描:使用拍照解码自动采集货单号。

④ 签字、收货地点拍照:使用图像显示签收证据。

⑤ 手机视频直播:通过 WCDMA 网络进行视频直播,采用 MPEG4 压缩技术,延时只有 0.6 秒,可以将货运现场视频实时传输到后台。

⑥ 通知货主到货:以自动回复短信的形式通知发货方该货物已签收。

⑦ 远程查询:通过手机终端可查询运单状态、商品库存等信息,如图 5-8 所示。

- 登录、认证
- 后台下单,终端下载
- 业务流程操作(取货、派送)
- 货单号码扫描
- 相关信息输入
- 签字笔迹的拍照
- 数据上传
- 视频采集上传(需要WCDMA网络)

图 5-8 操作示意图

(3) 终端导航

支持 GPS 和 A-GPS 导航功能,物流人员或车辆可以通过实时导航顺利抵达目的地。相对普通 GPS 定位,多数 WCDMA 终端可以支持 A-GPS 定位。A-GPS(AssistedGPS)是一种结合网络基站信息和 GPS 信息对移动台进行定位的技术。既利用全球卫星定位系统 GPS,又利用移动基站,解决了 GPS 覆盖的问题,可以在 GSM/GPRS/WCDMA 网络中使用。由于借用网络数据定位,这样的好处显而易见,利用 A-GPS,接收器不必再下载和解码来自 GPS 卫星的导航数据,因此可以有更多的时间和处理能力跟踪 GPS 信号,这样能降低首次定位时间、增加灵敏度以及具有最大的可用性。

与 GPS 方案一样,A-GPS 也需要在手机内增加 GPS 接收模块,并对手机天线进行改造,但手机本身并不对位置信息进行计算,而是将 GPS 的位置信息数据传给移动通信网络,由网络的定位服务器进行位置计算,同时移动网络按照 GPS 的参考网络所产生的辅助数据传递给手机,并从数据库中查出手机的近似位置和小区所在的位置信息传给手机,如图 5-9 所示,这时手机可以很快捕捉到 GPS 信号,一般仅需几秒时间,不需像 GPS 的首次捕获时间可能要 2~3 分钟时间。而精度仅为几米,甚至高于 GPS 的测量精度,堪称目前定位精度最高的一种定位技术。避免了普通 GPS 由于现在的城市高楼林立,或者是由于天气的原因,导致接收到的 GPS 信号不稳定,从而造成或多或少的定位偏差。

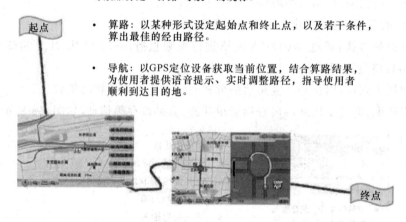

图 5-9 终端导航

(4) 货物追踪

① 需求简单明确:只要知道货物在哪里,与企业的流程、性质、运输方式无关,如图 5-10 所示。
② 适用范围广:物流企业、快递企业、制造业的供应链管理、特种行业等都有大量需求。
③ 使用简单:不需要改变企业现有流程,不需要对硬件作任何改造。
④ 网络负荷小:货物追踪一般只需要每小时定位一次,网络承载的负荷比较小。
⑤ 后续维护量小:需求简单明确,保证了后续维护量很小。

4. 系统架构

系统的架构如图 5-11 所示。

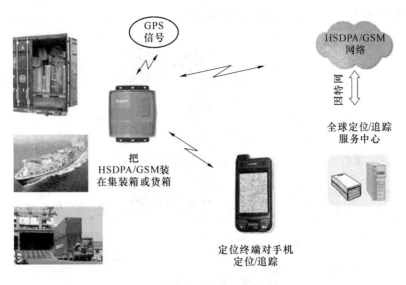

图 5-10　货物追踪

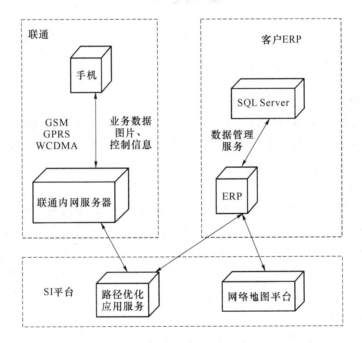

图 5-11　系统架构图

5．工作流程

(1) 协议客户通过电话、传真和电子邮件方式在物流公司下单；
(2) 物流公司 MIS 将信息传送至中国联通物流服务平台；
(3) 物流服务平台下发调度指令及派送信息；
(4) 物流公司接收客户信件、包裹等物件；
(5) 移动物流终端传送揽收条码信息至物流公司 MIS（通过物流服务平台）；
(6) 物流公司将客户信件、包裹等物件运送至指定地点仓库；
(7) 移动物流终端传送目的地物件条码信息至物流公司 MIS（通过物流服务平台）；

(8) 物流公司通知客户接收,如图 5-12 所示。

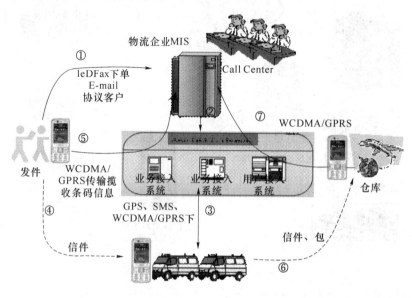

图 5-12 工作流程

5.2.8 巴枪物流管理应用

1. 背景介绍

深圳市成兴业国际运输有限公司(顺丰速运)成立于1993年,是一家民营区域性快递企业,现总资产已超亿元。顺丰速运一直致力于企业信息化建设,于2004年12月与深圳移动合作在广东省范围内启动了巴枪物流管理应用。

2. 需求分析

随着物流行业信息化建设的不断发展,现代化信息技术已渗透到了运输、仓储、包装、装卸搬运、流通加工等各个物流环节,计算机的使用达到了一定程度的普及,这为传统物流企业向现代物流企业过渡转型建立了良好的硬件基础。但客观上分析,除了少数国内外大型物流企业以外,大多数企业对信息技术的使用只停留在最基本的日常计算及办公等方面,信息的网络化、移动化、智能化的优势并没能得到充分的发挥。随着物流信息化进程的加快,物流企业普遍感到了信息技术巨大的潜在效应和同行咄咄的竞争态势。对此,物流企业的信息化建设提出了新的需求,主要表现在五个方面:

(1) 建立车辆实时跟踪调度信息平台

能够实时查询短途货运、速递等车辆的方位和闲置状况,进行准确有效调度,避免车辆空载,节约成本。监控中长途车辆的在途情况,及时处理不利情况,保证车辆按计划到达,并保障运输过程的畅通。

(2) 建立数据处理中心和物流操作员之间的信息互动

能够动态接收物流操作现场货物收发、分拣、出入库、分拨、装载、配送等细节情况;能够突破场地的限制,需要无线方式支持数据的传输;优化物流行业内外勤人员揽收派送的操作环节,并保障信息流的通畅,突破时空的限制。

(3) 保持资金流畅通

能够帮助物流业(特别是速递业)减轻找零收零的麻烦,以及规避收取假币带来的风险,并实现资金流的实时传递。

(4) 建立 CRM(客户关系管理)信息平台

建立客户资料库,为客户提供定期的问候、报价及相关优惠服务;定期了解客户最新需求,根据客户特点,为其量身打造物流解决方案。

(5) 实现安全管理模式

保障外出车辆的安全、防盗;保障运输、仓储及装卸搬运等运作过程中的货物安全情况,减少货物损坏、丢失、污染等情况的发生,落实责任归属问题。

(6) 提高客户忠诚度

运输市场竞争日益激烈,交通运输公司意识到客户服务的重要性,如何赢得客户的信任,并与之保持长期战略合作关系,成为广大物流企业十分关注的需求之一。

3. 解决方案

物流的本质是服务。广东移动为了解决物流业内存在的各种问题,依托广东移动优质的通信网络,以手机或 PDA 终端为主体,结合条码扫描枪、手持打印终端和 GPS/GPRS 系统,有效地满足了行业需求。

所谓巴枪,是低成本、可移动的信息化解决方案,以手机或 PDA 终端为平台,结合条码和扫描枪而形成的条码数据采集系统。巴枪系统功能的实现,可以为物流企业提供更优秀的标准化完整服务,优化服务质量;使原本需要大量人力完成的工作在 1~2 秒钟即可解决,大大提高了工作效率,节省运营成本;帮助降低客户库存、提高资金周转率,提升企业客户满意度和忠诚度;实时掌控物流资源信息,为企业决策提供数据支持,安全性也大大提高。

4. 实施效果

巴枪系统的采用与实施,可以有效地拉大客户企业与竞争对手的实力差距,并逐步形成核心竞争力,扩大市场份额,快速率先完成传统物流企业向现代物流企业的转型。

顺丰速运的负责人表示,自从使用了巴枪产品,大大优化了企业物流管理的流程,规范了货物的进出库操作流程,减少了外勤人员开展物流信息传递的通信成本,提高了货物揽收、配送的时效性。由于使用巴枪产品,目前顺丰物流揽收派送环节的处理时间减少了 20%左右,人均业务量从每人每天 30 单提高到了每人每天 40 单,而且实现了客户随时随地获取货物的在途信息,规避了因信息流中断造成客户满意度下降的情况。公司通过移动巴枪在各货运站点的扫描操作,提高了物流全程的透明度,提升了客户服务的水平。

5.2.9 宝洁与移动商务

在宝洁面前纷纷倒下的中国日化产品生产商们不知道,除了一整套工业流程和品牌经理制度等商业运作的硬功夫之外,宝洁还有一种软功夫——通过应用移动商务将销售数据采集时间从 2 周缩短到 1 天;而这 1 天如果应用在需要一对一营销或季节性较强的产品领域里,将在供应链方面抛下竞争对手遥遥领先,成为挤垮对手的生死时速。

2003 年 5 月,宝洁中国公司透露,继 5 年前宝洁引入 PDA 移动设备、率先在中国"摸着石头"探索移动商务之后,它又在全国三个有代表性的城市测试移动商务的新型产品企业移动商务引擎,并且一旦机会成熟,很快就会在全国铺开。

1. 货车+PDA：移动攻伐二级市场

早在1998年，中国尚未有移动商务这个概念之时，宝洁就率先试水。据说当时与宝洁首批实验移动商务的还有可口可乐等少数跨国外资巨头。

宝洁公司在北京、上海等大城市的一级市场，已建立了强大的销售网络，而中小城镇及农村等二级市场，则一直是宝洁的软肋。为了攻克向来被国内众多日用消费品牌所把持的二级市场，宝洁当时启动了它的货车销售（Van-saling）模式。当时负责参与设计和实施此项目的穆兆曦说，当时宝洁在二级城市与一些特别大的经销商合作，购买一些依维柯、昌河等货车，销售人员开着货车大街小巷地穿行在宝洁没有固定覆盖网络的二级城市和乡村，配备了PDA的销售人员坐在载满宝洁产品的汽车上，每到一家店，就与店主谈，就地送货。

为了考核销售人员的供货能力和业绩，宝洁要求销售人员使用PDA，记录所到城市、商店的具体路线，到每间商店的具体时间，与哪个店主达成了哪些交易、具体是哪些品种、哪些规格，全部记录在PDA中，每天传回宝洁总部的中央处理器。这样，宝洁就把销售信息与网络，通过PDA延伸到了一些更加遍远的二级城市和农村地区。

宝洁在二级市场的货车销售模式计划虽好，但很快遇到了新的问题。使用PDA本来是想获得真实的销售信息，但上有政策，下有对策，在具体执行中却做得走样，出现了虚报数字的现象。因为报了销售数字就有好处，销售人员多报就能拿更高工资奖金，经销商多报是为了多拿返利返点。

2. 玉兰油与SKⅡ的电子柜台

在借移动商务掘金二级市场的同时，宝洁也没有放弃它在一级城市市场推广的可能性，只是应用的方式略有不同。

1998年前后，宝洁推出玉兰油，想实行专柜销售模式，玉兰油及相关产品都有专属宝洁的柜台，专柜销售人员由宝洁公司招聘、培训、考核和发放工资，并给柜台配备PDA。当时宝洁在天津、广州、深圳三个城市100家左右的玉兰油专柜测试使用PDA。虽然宝洁当时的销售数据采集时间是两周左右，而其竞争对手的时间是3~4周，但宝洁一直想把时间缩短一些，并能细化到客户管理这一层次。由于专柜面积小，不可能使用PC、POS机这样成本高达1万~1.5万元的终端设备，并且商场一般不愿为柜台设置专门电源线、电话线等，所以选中成本只有三四千元、无需专门电源电话线的PDA。

宝洁希望在专柜人员为消费者提供服务过程中，通过PDA把客户的详细资料记录下来，通过远端PDA完成这些数据的采集，销售人员每天将这些数据传送到宝洁总部的中央处理系统。对这些数据进行统计和分析，看哪个年龄层喜欢购买什么产品、客户喜欢选用哪种促销品等。

除玉兰油外，宝洁还在内地及香港SKⅡ高档化妆品柜台上使用了PDA。

3. 企业移动商务引擎取代电子柜台？

玉兰油电子专柜遇到推广PDA成本过高的问题。一位当年为电子柜台提供咨询服务的咨询公司人士说，宝洁在全国有几千家甚至近万家玉兰油电子专柜，如果当时每个专柜都配备价格三四千元的PDA，总成本可能会高达三四千万元，并且后期还有繁重的系统维护重负，高昂的成本，使宝洁不得不停步观望。

后来宝洁把玉兰油价格下调到几十元的水平，把玉兰油看做大众的化妆品，放弃CRM管理模式，玉兰油像牙膏一样卖，这使其利用PDA全面搜集客户资料已无太大必要，因此，玉兰油电子专柜后来始终停留在测试时的100家左右,并没有进行第二波的推广。至于SK Ⅱ,由于其作为价格在300~500元的高档化妆品,掌握这些高端客户资料有较大价值,另外其销售专柜非常少,所以PDA在该产品专柜中使用相对广泛些,即使如此,内地与香港的专柜加总也只有50家左右。

宝洁没有大规模推广以PDA为主要应用的移动商务,并不等于放弃探索适合于自己的移动商务方案。目前,宝洁公司正在广州、武汉、中山三个城市的30多家玉兰油专柜中测试由高维信诚公司提供的企业移动商务引擎移动商务解决方案。

据方案提供商高维信诚公司介绍,企业移动商务引擎主要是库存、销售数据采集系统。宝洁公司只需花4万~5万元购买一套这个软件,花1万~2万元购买一台服务器,然后把软件装上。这样,玉兰油专柜的销售终端人员每天通过手机短信把库存、销售数据按规定的标准格式发送到高维公司与移动运营商合作建设的系统平台,信息数据就会自动分发到宝洁的中央服务器里。

据介绍,在每天下午5点钟生意最不好的空隙时间,玉兰油专柜全国上万家销售终端的销售和库存数据就可以发送到宝洁总部的中央处理系统,这样,就可以把销售数据的搜集工作,从原来靠手工记账方式和层层传递时期的1~2周,缩短到一天时间完成。

高维信诚公司认为这种采集库存、销售数据的方法,对整个供应链来说,有一个革命性的改观,但该公司同时亦承认,普通手机数据处理容量毕竟有限,如果想具体管理到某种业务、做详细的会员管理,需要成本比较高的PDA系统或其他把手机功能与PDA功能结合起来的产品,企业移动商务引擎难以实现相对复杂的商务管理。

5.2.10 长春市无线政府移动政务平台应用

1. 背景介绍

有线网络通信方式虽然为电子政务应用带来了很多便利,但是政府公务人员一旦离开办公场所,便无法获得政府和相关单位的实时信息,造成信息、服务和决策的延迟。

2005年,为有效解决这一矛盾,长春市在政府各职能部门推广基于手机的移动政务平台应用,以建立覆盖全市统一的移动政务平台,将电子政务从有线时代推向无线时代,政府部门也从有线政府变成无线政府。

2. 解决方案

2005年6月,长春信息港开始构建移动政务平台。长春市信息中心与吉林移动、吉林联通、吉林网通策划并合作,首先开发了内外网手机短信平台,该平台构建在机关内部网、广域网、电信运营商网络三种网络服务之上,分别实现内部数据管理、广域网数据传输、通信网络服务三项主要功能。

目前,该移动平台建设初期设计的功能已经全部完成,其中包括意见建议、短信投诉、短信评议、短信投票、会议短信群发等功能模块。该平台能够支持每秒数千条的信息发送,实现紧急信息的海量集群发布、用户信息及时反馈及自动统计,还可根据需要定时、定期、定向地发布信息。具体应用情况如下:

(1)意见建议

已开通包括市交通局、市检察院、共青团长春市委、市文明办、市公安局、市体育局等党政机关各部门在内的100多家单位。

(2) 会议短信系统

应用范围已覆盖全市各党政机关及直属单位。在2006年1月9日至12日举行的长春市政协十届四次会议中,该系统为与会代表提供了详尽的会议日程通知提示服务,每天定期向与会代表发送次日的会议日程及相应介绍。该服务功能获得了市政协委员们的一致好评。

(3) 快讯简报

针对全市党政机关工作人员每日早晚两次提供国际、国内和本地突发新闻事件和天气预报信息,使机关工作人员能够在第一时间获得最新的信息服务。

(4) 短信投票评比

已经完成了长春市检察院、团市委主办的长春市十大杰出青年评选、市文明办主办的十佳好市民评选等多项评选活动。在十大检察官评比投票期间,评委会共收到社会各界选票30余万张,评选出长春市第二届十大优秀检察官,在人民群众和检察干警中引起强烈反响,受到社会各界的好评。

(5) 内网短信平台

该平台已成功应用于长春市核心政务系统公文传输子系统中,在发送电子公文的同时,向公文接收者发送短消息提示。

3. 实施效果

长春市移动政务平台初期设计、实施已经基本完成,运行良好,并分别在OA2005第九届办公自动化国际学术研讨暨展览会上获典型应用系统推介奖,在中国信息协会举办的2006政府信息化创新大会政府信息化创新奖评选中获奖。

4. 经验总结

开发适用的移动政务业务,提高政府内部以及政府和公众的互动能力。移动办公平台要针对各应用单位的具体情况,以GSM/GPRS/CDMA等移动通信网络为承载,以WAP、SMS、Socket为传播方式,全面支持政务办公系统,并针对政府各部门及不同行业机构的业务流程量身定制,将信息沟通和数据传递彻底进行到移动通信网络覆盖下的任何一个地方。

长春市在移动政务建设方面已经迈出了稳重而坚实的一步,取得了一定的成绩,具体表现在:

(1) 以点带面,完成现有业务和新业务的全面普及。在政务办公领域,目前,会议通知、政务通告等短信服务已经在市政府、政协、团市委、榆树市委等单位应用。

(2) 在行业应用领域,目前已完成长春市移动人才网、食品药品监督网等行业应用的开发,下一步要以此为借鉴和参照,与产品防伪、政府采购、农林预警、劳动保障等行业主管部门合作进行行业应用的全面推广。

(3) 在公共服务领域,目前已完成公众意见建议采集、社情调查、朝阳社区服务等移动业务的应用,下一步将以此为基础完成全市社区服务、教育卫生、煤水电气费用查询、出行指导、突发事件公告等关系到公众衣、食、住、行等方面的移动应用,从而方便广大群众,提高公民对政府机关办事的满意度。

但长春市移动政务平台尚需完善的地方还很多。问题主要集中在3个方面:

(1) 移动网络业务平台方面尚需全面建设。目前长春市移动政务平台的短信中心已经建设完成,短信业务得到全面推广。平台建设目标是让政府公务人员之间、政府与公众之间可以摆脱有线网络的束缚,随时随地实现相互间的信息传递。而短信服务仍存在诸多限制,无法完全实现这一目标。

(2) 行业应用开发计划尚需详细制订。目前,移动政务在公文提醒、政务公告、会议通知、意见、建议等政务办公领域已经得到推广和应用,在行业应用领域也取得了一定成绩,但在社会保险、医疗卫生、纪检监察、农林水利等行业应用领域,该平台还需要详细规划、开发、推广。

(3) 3G 的技术、业务类型和应用环境尚需了解。如何利用 3G 提供移动多媒体业务的最主要特征,向用户提供比第二代系统更大的系统容量、更好的通信质量,需要深入了解。另外,长春市信息中心还要开展更多的业务,整合各个领域的业务资源为市民和企业提供更加方便、快捷的服务。

5.2.11 政府应急指挥调度:无线政务网

随着社会经济与城市规模的发展,社会生活和经济发展的管理面临着严峻的挑战,对世界各地各级政府的管理水平、处理突发重大公共事件和应急救援能力提出了更高的要求。

而政府部门已经感到一种迫在眉睫的需要,那就是启用一种新型的政府用于应急处突的指挥调度系统,即所谓无线政务网(Government Radio Network,GRN)。特别是在 9·11 事件后,全球各地政府在反恐、处突方面面临巨大挑战,无线政务网得到了快速发展。

1. 无线政务网

所谓无线政务网就是一种政府各部门共用和共享的专业无线通信系统,系统内的主要用户为政府用户。无线政务网不是一种技术或一种特殊的系统,它是一种归属权理念和一种业务运营模型,或者说是用户群体性质的划分。

虽然说无线政务网不是一个技术模型,但是它非常有赖于使用正确的技术和正确选择解决方案提供商或合作伙伴,只有这样才能保证一套无线政务网自始至终的成功。

最初的无线政务网一般为某一级政府所有并被该政府下属的各部门所共享,随着无线政务网的规模逐步扩大,政府职能的转变以及电信管理体制的开放,无线政务网的归属和运作方式也呈现出多元化的趋势。

政府共用无线指挥调度网的规模可大可小,从市、区、省地方性网络到全国性网络均有案例。作为摩托罗拉承建、全球已经投入运营的最大的无线政务网,英国 O2Airwave 运营的英国全国无线政务网的用户已经达到 20 万,而这个网络中的用户群体中主要是公共安全类的用户。

这样的用户规模的形成并不能完全归因于 O2Airwave 自己业务发展的成果,而是英国内政部计划主导和推动的产物。

所以在讨论无线政务网的市场规模时,与普通的商业网络不同的是,市场的规模并不完全由运营者自己的努力来决定,而是由相关政府的财政能力、组织水平和对各个部门的协调能力决定的。

2. 无线政务网的功能要求及应用

无线政务网的建设首先要满足政府部门应对全局性重大突发事件快速反应的要求。无线政务网的建设不仅仅是为了满足个别单位、个别组织的日常社会服务的要求,而是要满足配合政府应急管理部门实现提高其全局性应急能力的要求。

其次是实现支持政府各部门日常的、局部性的应急管理和日常工作的目的。所以无线政务网在建设时要求能够支持政府的应急指挥体制、支持全局性的应急指挥中心的工作、同时也要能支持各个应急单位的应急指挥体系和各具体单位的应急指挥专项中心的工作。

无线政务网在应急状态下是一个覆盖市、区、街镇各级、各类应急管理工作机构的应急指挥通信网络,为政府各职能部门、应急管理工作机构和基层单元应对各种突发公共事件提供便捷通畅的指挥通信。

无线政务网在常态下是一个面向各级政府职能部门、应急管理工作机构和基层单元的日常无线通信网络,为政府各职能部门、应急管理工作机构和基层单元的日常行政管理和生产作业调度提供服务。

无线政务网对所采用的技术体制和设备水平提出了一定的要求。比如:

(1) 要能够支持大规模的指挥中心建设,支持大量的调度台系统;

(2) 要能够实现快速和及时的通信,呼叫建立时间要求能够满足应急通信的要求;

(3) 每个应急通话单位的数量要能够非常灵活,以实现应急单位十几个、几十个到几百个人通信指挥调度的要求;

(4) 需要具有高级的指挥调度功能,如通播呼叫、通话组快速合并、动态重组、紧急呼叫、强插、强拆等功能。

当然为了配合应急指挥,无线政务网除了语音呼叫之外,还需要支持相应的数据业务和应用。为实时了解应急人员位置而需要开展的人员定位,就要求无线政务网中的手持台和车载台具有内置的 GPS 接收功能,并能够根据需要智能地将位置信息传送回指挥中心,以确保指挥中心对应急人员的位置有准确的掌握。为实现现场执法人员对可疑人员或车辆的信息获取,需要系统和用户机支持具有多时隙分组数据业务,同时还需要支持 WAP PUSH 等功能,以便指挥机关将信息和指令下达给现场应急人员。这些都成为无线政务网的特殊要求。

摩托罗拉是首家将无线政务网引进中国的企业。早在 2001 年 11 月,南宁市人民政府就与摩托罗拉利用模拟技术携手建设了中国第一套城市应急联动无线指挥系统。

这一系统被认为是中国无线政务网实施历史上的里程碑。此外,摩托罗拉还分别在 2004 年和 2006 年为成都和上海建设了无线政务网系统。这些系统在 2008 年四川 5·12 地震救援以及 2007 年残运会和 2008 年夏季奥运会期间均发挥了关键的作用。

3. 推动无线政务网普及的因素

无线政务网的概念已经被我国各级政府接受,然而不同城市或地区政府推动无线政务网的因素各有不同。通常比较普遍的原因有以下几个方面:

(1) 经济因素。目前,各级政府正在努力寻求以更低的开支来支持各项政府服务。由于预算的压力,政府的各级财务部门正在尽可能地削减费用,其中包括在各政府部门之间尽量合并技术资源的使用。如果多个政府部门可以共享特定的资源,就可以缓解节省紧张的政府预算,将其用于其他公共需要或投资。更进一步,有些政府会通过电信运营商或其他专业机构出资建设无线政务网,以减轻一次性投资的压力。

(2) 改进政府服务、提高政府工作效率的需要。在无线政务网出现之前,每个政府部门分别采购自己的无线指挥系统。在这种各自为政的系统模式中,并非所有的部门都有能力购买自己需要的系统。

(3) 面向各种标准化的操作需要。政府对特定的技术、战略合作或开放式标准制订统一的标准,从而使政府可以充分利用自己的资源更高效地工作,最终节省费用。

(4) 改进应急通信的需要。部署无线政务网的最大动力之一是改进政府部门(主要是公共安全用户和联动部门)之间应急通信的需要。在各级政府完成了重大突发事件应急预案之后,不同政府部门,特别是诸如公安和消防部门等各备一套无线电系统的问题所造成的相互之间沟通不善,严重妨碍或阻挠了他们面向公众做出有效和高效反应的能力。政府共网是一种运行模式,加入其中的政府各部门必须使用规定的统一而共享的系统,大家互惠互利。

(5) 无线电频率管理的需要。无线电频率的集约化管理和高效共享也是无线政务网发展的因素之一。在我国许多大型城市,频率资源相当紧张,通过建设无线政务网,为政府各个部门提供统一的服务平台,也是充分利用频率资源的一个手段。

由于我国经济发展和政治发展水平从东南沿海、中部地区到西部地区呈现比较大的不均衡性,对于无线政务网的需求在不同区域也会呈现出不同的形态。一般而言,无线政务网的市场将会首先在经济发展比较快的区域,如京津地区(环渤海)、长江三角州地区和珠江三角州地区成熟起来。

5.2.12 农信通

1. 农信通系统介绍

农信通可以发挥移动自身网络、业务、服务优势,通过组合农业相关机构信息,利用移动彩信、短信业务向广大农户传播农业专业知识,同时进行信息查询、信息发布和信息交互,实现农村信息化。该系统可以为农民提供迫切需要的脱贫致富信息,并提供供求信息发布平台,可实现供求信息采集发布、价格行情查询、农业政策服务、专家答疑解难等服务,解决了本市农产品市场服务信息进村入户的难题。除了供求信息、市场价格行情、农业科技实用技术、政策法规、病虫害防治、劳务市场、咨询互动等功能外,还可以定制个性化点播和自主化信息发布等功能。

为了方便农民浏览信息,所有信息栏目和技术功能都被事先灌制在农信通手机卡内,使用者只要配备安装有农信通卡的手机,就可以选择相应菜单接收有关信息。

系统采用了部署灵活、扩展性强的三层体系结构,以农信通网站平台为核心,应用Web技术、移动终端设备的嵌入式技术、空间数据库及计算机网络技术建立软件系统,实现了信息采集、传输、管理、分析、发布的一体化平台。根据对系统需求的初步分析,系统的网络结构设计如图5-13所示。

农信通系统充分考虑了我国目前农业、农村、农民的实际情况和对信息的现实需求,参照国家对信息化工作的要求和信息技术发展的方向,并结合移动公司资源和业务特点而提出。主要服务内容有:

(1) 农业信息资源整合平台,建立统一的网络平台,整合各类农业信息资源;

(2) 电子商务,实现农业信息发布、供求信息配对,农产品交易、农资产品交易;
(3) 针对农业企业、农民经纪人、批发市场、种养运销大户提供特制信息服务方式;
(4) 手机信息发布,通过短消息、彩信、WAP PUSH 等方式实现信息询问、信息交互。
(5) 发行专业农信通手机卡,实现信息快速获取,农民实时手机提交农产品信息,获取买家信息。

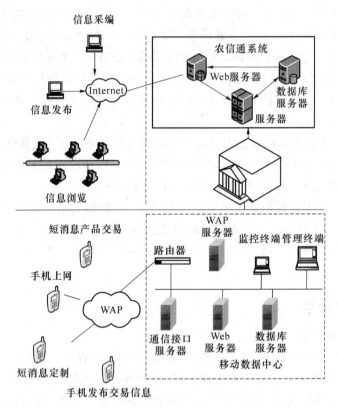

图 5-13 网络结构设计图

2. 主要功能模块

(1) 农信通网站平台

农信通网站平台是地区农业信息化建设的窗口,农信通信息化系统建设的大部分工作都体现在该网站上,例如,致富信息、政策法规、农产品信息、市场信息、农资指南、配货信息、农家门诊、实用技术、海外农业、信息发布、消息交易平台等,同时实现各种资源的有效整合。

(2) 信息采编及信息辅助站

利用移动在各地区、乡镇、村落的采编人员收集各处农副产品信息、农资产品信息,并协助地方农民使用农信通系统,提供现场演示、实时帮助等。利用该采编及信息站提高信息收集和发布的效率。

(3) 农产品市场价格分析预测系统

动态搜集全国主要农产品批发市场的农产品价格,并能以图形的方式给出多种分析结果,如价格分析、产量分析、交易额分析等。

① 本地市场价格由专门的采编员录入或者通过本系统自建体系录入;

② 全国市场价格从农业部菜篮子价格体系自动下载；
③ 批发市场网站的价格自动抓取；
④ 多种分析手段，图形化结果输出，直观明了；
⑤ 多种输出方式，可以与语音系统、门户网站、手机短信平台交互。

(4) 农信通 WAP 服务平台

发行专业农信通手机卡，通过短消息、彩信、WAP PUSH 等方式实现信息询问、信息交互。手机短信息系统：通过手机短消息、彩信、WAP PUSH 定制农业信息，实现所需求信息的收发以及进行交易。WAP 网站：定制适合手机上网浏览的专业网站，发布重要信息。

(5) 农信通电子商务平台

农信通电子商务平台主要提供农产品和农业生产资料的网上交易功能。包括：农产品供求信息、自动配对撮合。农产品供求信息发布是农产品供求信息的发布平台，该部分内置分类齐全，可以发布各种供求信息。用户可以按照分类或者模糊查询查看其他用户发布的供求信息，提供自动配对和留言功能，可以通过手机短信定制供求信息。

同时为了产品的直观，在农信通电子商务平台中提供产品网上展示展销，该部分采用虚拟现实技术，用户可以看到在线销售的各种农产品的外观，可以同买家（或卖家）通过网络或手机实施交流，商讨价格，可以采用三维形式查看各种商品。此外，还可以在农信通电子商务平台建立招标竞价系统，对某一种农产品进行招标竞价，增加产品收益。

(6) 信息视频点播系统

通过手机点播农业视频，或用户用手机注册过农信通系统后可以登录网络点播农业视频。系统可以转化多种视频格式，如预先录制好的录像带、农业电视节目、农业科技光盘等。通过专用的转换软件把上述各种媒体格式转换成便于在网上传输及 WAP 系统适用的格式，通过 Web 服务器或者专用的流媒体服务器及手机播放。系统可以自定义多种播放速率，以适合不同带宽的用户。

(7) 资源数据库

采用数据库的形式存放农业信息资源，查询方便，便于信息的保存和使用，是农信通系统的基础。

(8) 农业智能化专家咨询系统

可以综合各种农业专家资源，开发各种智能化咨询子系统，例如，农业生产资料智能化咨询系统、辣椒栽培智能化咨询系统、小麦栽培智能化咨询系统、大豆栽培智能化咨询系统等。

(9) 特制信息服务

为批发市场、农民经纪人、种养大户、农业企业等提供特制的信息服务，个性化服务，使信息服务更有针对性。

(10) 信息宣传推广

利用农信通网络平台，增加信息及相关广告信息的发布功能，利用手机短消息、彩信、WAP PUSH 增加系统效益。

3. 农信通短信应用举例

(1) 信息发布类业务

信息发布类业务如表5-1所示。

表5-1 信息发布类业务

发送端口	内容简介	发送时间	发送量
佳特水产	为提高虾营养水平,请在放苗一周内开始投放开口。我社有喜盈盈和大乐等品牌	2006-6-17 12:17	148
世际兴	世际兴公司:玉米0.17元/斤,豆粕1.06元/斤,鱼粉4.9元/斤,麸皮0.43元/斤(此条免费)	2006-6-26 15:55	163
东丽农机局	东丽农机局提示:进入夏季人容易疲劳。请农机手和农机部注意安全驾驶和农耕生产,以防中暑,确保农机安全生产	2006-6-27 08:47	61
天祥水产	天祥协会发来短信,日前雨过天晴鱼类设施强度加大,食量显著增加,一定要采取四定、五看科学投食方法进行投饵,防止鱼类取食过饱,诱发肠炎	2006-7-15 16:53	187
世际兴	五月龄猪喘、咳嗽治疗方案:1.青霉素160万单位2支,链霉素200万单位1支,注射用30 ml,肌肉注射一日二次;2.咳嗽宁20 ml,肌肉注射一日二次	2006-7-28 18:10	163
津南养殖	近日有虾农反映虾胸腹部出现白色斑点,症状疑是白斑病,请养殖户注意防治。有疑问请拨打:28559085	2006-8-2 15:02	67
力臣阳光	力臣阳光提示:雨后要注意马上喷洒杀菌剂,以速效触杀的为主,5~7天后再喷洒保护性杀菌剂	2006-8-9 09:27	358

(2) 信息定制类业务

信息定制类业务5-2所示。

表5-2 信息定制类业务

ID	业务名称	业务内容
1	白对虾养殖技术	①养殖技术;②价格行情;③天气预报
2	猪养殖技术	①养殖技术;②价格行情;③猪养殖动态
3	鸡养殖技术	①养殖技术;②价格行情;③鸡养殖动态
4	枣树种植技术	①种植技术;②天气预报;③枣树种植动态
5	果蔬类市场价格	①蔬菜价格;②水果价格
6	禽蛋鱼类市场价格	①禽蛋价格;②水产价格
7	欣农快讯	①农业新闻;②生活常识;③娱乐信息

5.2.13 江苏盐城农业信息化应用

1. 背景介绍

2009年,中国移动江苏公司盐城分公司充分发挥移动信息化产品的优势,以农信通平台为依托,通过移动信息机的推广,以及无线广播业务的开展,在大丰市斗龙港村大力实施信息化工程,大大提高了农业信息化进程。在江苏省信息产业厅组织的江苏省信息化示范村申报中,盐城地区大丰市斗龙港村以全省第一的骄人成绩通过了专家组的评审,江苏省电视台为此专门拍摄了专题纪录片。

2. 解决方案

政务信息传达:通过短信(代码12582)、话音、WAP等形式,满足农民在村务管理上的信息化需求,如政策法规发布、政务公开、农情通报、劳动力信息通告等。结合农村政务实际,梳理农村政务流程,解决农村政令畅通、上传下达等问题。

农产品信息传递:通过短信、话音、WAP等形式,为产、供、销环节提供及时、全面的市场信息、技术资讯、沟通平台,如生产过程中的种养科技、农业气象、病虫害防治信息等;供应环节中的农资价格信息、农资市场、新品信息等;销售环节中的农产品价格行情、农产品市场分析等。结合农业产业特点,梳理农业生产、农资供应、农产品销售等环节中的各个流程,有效解决了产供销过程中信息传递的问题。将产供销环节中所需的各种市场信息、参考资料及时、准确地传达到每位农民,农民们可根据自身的情况,及时制定生产和销售策略,从而对产供销环节进行积极引导。

民生信息传递:通过短信、话音、WAP等形式,为农民及时提供有关农村教育、农村医疗、文化生活、社会保障等民生问题在内的信息。充分满足农民切身关注的法律、卫生、教育、文化、务工等民生问题,使农民及时、准确、全面地获取农村教育、文化生活、农村医疗、卫生防疫、法律援助、技能培训和用工信息等。

定制行业终端设备:终端是提升农业信息化水平的重要工具,主要包括行业终端、农村信息机、普通终端(支持基于OTA的STK卡)三类。

(1)行业终端主要是指专门应用于农业行业信息化应用的定制终端,如经过农业部认证的动物溯源系统的PDA设备、粮库温湿度控制终端、农村雨量监测终端等,主要应用于具有行业应用需求的目标对象。

(2)农村信息机主要满足农村政务管理、信息采集与发布等需求,可实现政务信息的上传下达、短信分组群发、应急广播等功能,目标客户群包括村委会、信息服务站、农村信息员、涉农企业、种养运销大户等。

(3)普通终端(支持基于OTA的STK卡),通过将程序及菜单预制到STK卡中,利用OTA下载技术,方便广大用户获得自己需要的业务菜单,使用简单方便,易于农村信息化规模推广,目标对象为广大农村普通客户群。

3. 实施效果

(1)有利于促进农业科技进步

它可以利用不受时空限制的途径,全方位、多途径、高效率地把农业科技成果和先进的适应技术随时送到农村和农民手中,从而实现农业科技成果和先进生产技术与广大农民需求的有效对接,加快农业技术转化。

(2)有利于农村产业结构调整和增加农民收入

通过农信通的应用,可以加强农产品市场、供求、技术等各类信息的采集、处理和发布,拓宽信息传播渠道,增强农户和企业获取信息与应用信息的能力,真正实现以市场为导向调整和优化产业结构,从而避免生产经营的盲目性和趋同性。

(3)有利于提高农村政务处理能力

农信通业务结合农村政务实际,能够有效地解决农村政令畅通、上传下达等问题,满足政务公开、政策法规发布、社保管理、土地管理、人口管理、农情通报等核心需求。

4. 延伸阅读

非洲农村：一个移动电话发展潜力巨大的市场

50岁的老农民拉班·鲁塔古米瓦的家在乌干达西部大量种植香蕉的偏远山村，那里没有电，他只能用汽车电池来为他的手提电话充电。当汽车电池也用完的时候，他只能步行4英里多的路程为他的手机充电，这样可以维持他作为邻居们的信息中心和香蕉病虫害跟踪者的作用。

在乌干达，香蕉种植占该国耕地面积的大约40%，香蕉是乌干达1 200多万人的主食。每年因香蕉病虫害造成的损失估计达7 000万美元至2亿美元之间。在一个电力缺乏和互联网几乎不存在的地区，移动电话改变了科学家们跟踪香蕉病虫害和将最新科技向边远地区农民传授的能力。

鲁塔古米瓦用他的手机，拍摄数码照片，建立全球定位系统坐标和储存已完成的50个从附近农民那里得来的关于农作物病虫害的调查问卷。通过手机，他即时地向在乌干达首都坎帕拉的科学家发送这些信息数据。

"过去，我们从来也想不到可以用手机获取信息"，鲁塔古米瓦说，"这是一个神秘的事情。现在，我们的眼界开阔了。"

非洲已成为全球移动电话增长最快的市场。企业家们和各种发展组织正热切地捕捉由这种增长所带来的机会。他们正在为整个非洲大陆的盈利和非盈利企业构建各种移动电话应用平台。例如，数百万非洲人现在使用他们的手机转移资金、开启水井、了解足球比赛成绩、购买和销售商品等。

一家总部设在乌干达的技术公司 Appfrica 的创始人兼总裁乔恩·高什尔说，在非洲，移动电话的普及率远远超过互联网，尤其在农村地区，移动电话成了最便捷的通信工具。最近，东部非洲规划中的若干条连接宽带互联网的海底电缆的首条完成铺设，增加了人们加快东非高速互联网接入的希望。高什尔预料手机信息应用未来几年仍将有需求。"我认为现在为手机所作的开发是不会停止的"，高什尔说，"我们将看到非洲诞生全新一代的应用平台，包括网络的移动应用。"他认为有用的本地 Web 内容的开发将落后于互联网接入价格的下滑速度，而互联网接入价格下滑将很可能需要一年多的时间。

乌干达一家民间机构 Grameen 基金会已开发了几个移动电话应用平台，香蕉病虫害追踪以及教育农民如何保护他们的种植园是其中的两项应用，Grameen 基金会旨在通过小额融资和新技术，减少乌干达的贫困状况。

应用项目负责人埃里克·康托尔说，Grameen 基金会与乌干达最大的移动网络运营商 MTN 合作，构建了 AppLabUganda 应用平台，积极探索如何利用移动技术来改善人民生活。

另一位 Grameen 基金会培训过的村负责人60岁的大卫·班吉拉纳发现，像他这样使用村负责人手机网络来教育村民和收集偏远村落香蕉病虫害以外课题的信息还是很有潜力的。

班吉拉纳以前做过老师和村长，穿着胸前印有"问问我"的明黄色T恤。有村民现在来问他关于耕作方法和有关健康的问题，他使用谷歌可以很快找到答案以及手术服务。他说，有时候他把手机带给村里小学的孩子们看，告诉他们手机上可查询无限的信息。

使用移动电话,让他们知道了以前从来不知道的东西,还可以问任何有关他们周围一切的问题。

5.2.14 旅游通开启数字旅游新天地

数字化旅游已成为当今旅游业发展的新趋势。我国旅游行业的电子商务能力正在快速增强,如何改变传统的宣传及营销模式,打造富有竞争力的旅游产业链是摆在每个旅游企业面前的一个大问题。

1. 背景介绍

江苏苏州是一个富有深厚历史文化底蕴的古城,素有上有天堂,下有苏杭的美誉。旅游业一直是苏州市的重要产业,也是苏州知名度不断提升的一个重要因素。据统计,2006年苏州市共接待国外入境游客181.49万人次,比上年增长16.33%;接待国内游客4 135.34万人次,同比增长13.08%;旅游总收入达525.07亿元,同比增长21.51%。实现旅游增加值236.28亿元,占全市地方生产总值的4.9%,比上年提高了0.1个百分点。

2. 解决方案

旅游通业务的前身是苏州市综合资讯平台。2005年9月27日的世界旅游日,苏州移动斥资600余万元打造的综合资讯平台正式开通。该平台以中国移动12580语音服务和短信互动为基础特色服务,向漫游至苏州的中国移动客户提供苏州本地经济和旅游类相关信息的综合资讯服务,第一时间为来苏州的游客提供了解苏州、认识苏州的窗口。

苏州移动不断应用新技术,丰富和拓展旅游通功能:

(1) 启用小区短信业务,与特色商家、景区景点开展合作,开通无线WAP网站,让游客通过手机就能浏览特色旅游信息;

(2) 与各大商场、酒店、旅行社及主要景区管理处开展合作,把最新旅游信息以短信形式及时发送到游客手中;

(3) 与各景区开展合作,开通主要旅游景点的二维码应用,游客用安装识别软件的手机进行拍摄,可自动连接至相关介绍网站。

旅游通集成了流媒体、二维码、手机全景、WAP等诸多技术应用,给使用者带来了耳目一新的旅游感受。

(1) 流媒体应用

流媒体应用是一种应用流技术在网络上传输的多媒体文件,将连续的影像和声频信息经过压缩处理后放到WAP站点服务器,用户通过移动终端直接访问站点(http://wap.sz.travelcmcc.com),或通过WAP PUSH、小区短信方式引导游客访问旅游通网站"看看景区"栏目,进行流媒体下载和欣赏。流媒体技术在旅游通中的运用以受众的"拉"式传播替代传统媒体的"推"式传播,游客可以主动点播需要的景点信息,通过看、听获得旅游信息,通过暂停、播放控制,高效率获得信息。

(2) 二维码

二维码在结合手机应用的过程中分为主读与被读方式。主读方式是指配置摄像头的手机在安装软件后主动识读印制在报纸、杂志上的二维码,通过这种方式移动手机用户可以拍摄二维码实现快速上网、下载彩铃、获取优惠券、了解企业信息及产品信息等操作。被读方式是将交易或身份凭证信息编码成二维码图像,预先通过短信、彩信等方式发送给移动手机用户,使用时通过专用设备加以识读、认证,从而完成各种电子商务应用。

二维码在旅游行业应用中大放异彩,在园林景点的各个位置设置二维码标志,参观者可以通过手机拍摄二维码而获取景点位置的相关信息,结合移动流媒体业务,手机还能播放语音与视频介绍,轻松方便地实现自助导游。结合二维码电子凭证旅游管理系统可以实现在线门票销售和数据管理。游客用手机付费后,二维码门票以短信或者彩信的形式发送至游客手机,每个游客进入景点游览时,只需出示手机上的二维码门票,景点入口处的采集器便可识别。二维码信息可加密,能较好地防止门票被造假。同时,每采集一次二维码信息,该终端将自动记录相关信息,通过网络保存在数据库中,可随时统计出该景点在任何时段的游客数量。此外,旅游企业可以利用二维码电子打折模式促进旅游产品销售,提高旅游商品的竞争力。

（3）手机全景

手机全景应用了三维全景技术（又称全景图像）,全景图像是指大于双眼正常有效视角或双眼余光视角,乃至 360 度完整场景范围的照片。中国移动客户可以通过旅游通 WAP 页面查看相应的景点,下载手机三维虚拟全景浏览软件,安装完成以后即可浏览相应景点的全景图像,体验身临其境的感觉。对于旅游电子商务来说,这种旅游产品网络推广形式使无形的旅游产品慢慢变得"有形"起来。同时,三维实景展示结合互动创意,让固化的景区活起来,让一个个景点变成流动的风景,成为宣传景区的最佳手法。

（4）WAP 服务平台

旅游通的 WAP 服务平台集成了多个栏目,为旅游者提供全方位的信息服务。

旅游黄页频道能够满足游客移动信息查询需求,对苏州以及周边旅游景点、酒店、俱乐部等旅游配套资源进行综合性整理分类。游客只需通过旅游黄页输入关键字,便可查询到景点地址、宾馆联系电话及无线网站等各类相关信息。

旅游景区频道对原来综合资讯平台旅游频道的信息框架进行了拓展和完善,共收录 6 大类 75 个苏州周边旅游景区信息。内容不仅包括新增景点的无线网站和流媒体介绍,还有详细的相关票价信息,并预留上传电子折扣券接口。

旅行社频道利用移动信息传播渠道扩大旅行社的影响力,促进优势资源整合,实现双赢。苏州移动与苏州青旅签订合作框架协议,共同开发青旅趣普仕商圈,为游客提供优惠和方便;与同程网合作推出旅差宝,将差旅管理服务延伸到手机,差旅人士在外可以通过手机终端直接查看酒店、票务信息,在线享受线路规划、预订酒店和订票等服务。

玩转苏州频道划分为行、食、娱、购四块内容,几乎包括了游客在苏州旅游所需的全部资讯,其中"行"涵盖了苏州主要交通信息和 24 个停车场位置信息,方便了开车一族;"食"链接了全市 41 家特色食府,满足了游客的餐饮需求;"娱"介绍了 25 家休闲娱乐会馆,满足了游客的娱乐需求;"购"则包括了苏州三大商业区（观前、石路、南门）信息,满足了游客的购物需求。

酒店宾馆频道在原有玩转苏州的基础上,把酒店宾馆单独设置为一个频道,列举苏州各大酒店概况,该频道已收录包括 5 家五星级酒店在内的 31 家星级酒店。不仅有豪华舒适的各类星级酒店,还有一些具有特色和高性价比的酒店宾馆,能够满足不同游客的各类需求。

环球旅行会杂志频道为旅游发烧友提供自驾游、徒步游、探险游等路线信息以及旅游小贴士,并提供详细周到的移动资讯服务,旅游发烧友可以随时随地通过浏览 WAP 页面或订制彩信杂志获取所需信息。频道目前收录5大类别,共计41条经典旅游线路信息。

我的旅游通频道主要包括旅游救助、旅游投诉、会员申请三大内容,其中旅游救助主要介绍旅游救助体系及危急情况下如何自救,旅游投诉则通过提供江苏省内旅游投诉电话、投诉方式等信息,让游客能够第一时间保护自身权益,会员申请则让游客和商家通过申请旅游通会员,获得更多更完善的旅游信息服务。

3. 实施效果

2007年4月,中国国内旅游交易会在苏州隆重举行,江苏移动和江苏省旅游局以此为契机,在苏州进行旅游通平台建设试点,苏州移动在省公司指导下对原有综合资讯平台进行了升级,建设了苏州本地旅游通平台。不仅在内容上增加了旅游景点、旅游线路、特色小吃等相关旅游资讯服务以及旅游关联产业,如酒店、购物等行业的信息,更在技术上保持了平台的可扩性和兼容性,为未来旅游业长期发展留下信息扩容接口。

使用两年中,苏州旅游通平台短信累计发送宣传信息近3 000万条,外地游客拨打051212580进行咨询累计超过500万人次,WAP门户访问量超过50万人次,二维码新业务体验数超过2.5万次。苏州旅游通业务的成功发展经验为江苏省的旅游信息化建设提供了有益的借鉴。旅游通平台为客户开启全新的移动多媒体世界,让他们随时随地畅享移动新生活。

旅游通项目的成功推出还带动了苏州行业信息化的建设。在移动信息专家的总体定位下,苏州移动借用旅游通的成功发展模式,以移动终端为载体,通过短信、语音、互联网等多种方式满足客户基础通信、办公管理、生产控制、营销服务等信息化需求,成功开发和推广了交通、电力、烟草、公安等一系列的行业信息化应用,推动政府信息化和企业信息化,开创苏州数字化建设的新局面。

5.2.15 长沙移动公司VIP客户关怀

1. 背景介绍

湖南移动电子商务条码凭证业务在长沙试点,作为新业务的试点城市,长沙移动在条码凭证业务方面的成败直接关系着整个业务在湖南的推广。

为体现移动公司对VIP客户的重视,满足客户对精神生活的渴望。长沙移动在2008年5月开展了一次旨在针对VIP客户的关怀和回馈活动,联合长沙部分电影院线场所开展,活动采取以电子兑换的方式进行,VIP客户在活动开始的时候收到由移动公司下发的一条二维码彩信,凭借该二维码信息可到公司指定的消费场所,享受免费的观影优惠。

活动的对象及金额由移动公司提供,数据中心将提交的手机号码发给新大陆厂家,然后厂家在一定时间内,将观影活动的二维码发至VIP客户的手机上。考虑到VIP客户中还有部分不了解条码凭证,在活动开始的前期,通过短信或其他方式告知其观影福利将采取什么样的方式进行,以及如何使用等。

2. 解决方案

活动实施参与者有:

(1) 长沙移动公司:二维码

(2) 中影国际影院:电影观赏方单位

(3) 新大陆公司:技术支持、维护

系统拓扑图如图 5-14 所示。

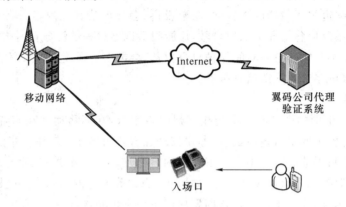

图 5-14　系统拓扑图

系统特点：
(1) 应用二维编码技术，保证防伪效果。
(2) 实时查询数据，快速准确。
(3) 采用多重数据安全技术，系统安全可靠。
(4) 广泛适用性。
(5) 经济可靠。

电子影票验票流程：
(1) 出示手机上的二维条码；
(2) 在专用识读机具上进行识读（如无法识读，输入辅助码）；
(3) 识读设备将电子票信息发送到上海翼码公司通用业务触发系统进行验证；
(4) 验证成功后识读机具打印出电子票凭条；
(5) 客户凭打印凭条即可兑换当天的任何一场电影的电影票；
(6) 移动公司凭打印凭条与电影院进行结算。

3. 实施效果

大部分 VIP 客户在使用过手机二维码后，均认为其应用领域十分广泛，除了常见的电子票据、商品识别、防伪认证等，在手机购物、物流、政务等多个领域，二维码均能大显身手。

相比于二维码电子票，传统纸质票据的弊病显而易见：
(1) 售票、验票、退票等过程多由人工完成，造成效率低下，用户要排长队；
(2) 为推广票务销售而增加销售网点，造成成本增加；
(3) 退票手续烦琐，票据携带不便，且丢失后无法补办；
(4) 票紧俏时，将遭遇非法哄抬票价等问题，另外还存在票据被仿冒的现象。

通过用户端手机二维码和商家端识读器的结合应用，则可消除传统票据的弊端，电影票、文体演出票、机票、车票等，都可以通过手机二维码来实现。手机二维码可以存储传统门票的所有信息，拿电影票来说，可包含电影名、放映时间、座位和购票人姓名、联系方式等信息，并能保证唯一性和安全性。给消费者带来了便利，对商家来说，也能降低票据制作、配送、现场购票成本，提高售票、验票效率，避免被仿冒的损失。

部分用户还表示，手机二维码应用于餐饮、旅游、文体、展览、零售等各行各业的票务领域,将会显著提升票务销售管理的效率,降低成本,提升客户服务质量,安全上也能得到保障。

二维码对商家的促销也很有帮助,以往商家在淡季或某类产品清货时,可发送相关短信到顾客手机上,现在就可以直接发送二维码格式的优惠券、折扣券了。顾客凭手机内的二维码前往店面消费便可享受优惠。通过手机二维码的形式,企业甚至可以向客户发送礼品券、免费停车券等,不一而足。

在活动进行过程中,也遇到了部分问题和困难:

(1) 客户误删除二维码电子券:如误删除二维码电子券,可通过拨打新大陆的客服电话进行补发(也可报给数据中心活动支撑人员),补发信息将根据客服部门提交的活动客户对应表,将信息补发至丢失人对应的手机号码中。不得由申请补发人随意指定号码。

(2) 活动过程中客户的手机号码进行了更换且二维码电子消费卡误删除,客户可通过号码的更换申请,由客服部门将更换后的号码提交数据中心,再通过数据中心联合厂家对原有的活动号码表进行更改,更改后客户通过补发申请,新的二维码电子消费卡将发至客户新的手机号码中。

(3) 客户的手机丢失时,为防止别人盗用该信息进行消费,客户可通过拨打新大陆的客服电话进行挂失(也可报给数据中心活动支撑人员),通过后台将原有的二维码电子券信息作废。作废后客户可再申请新的二维码电子券。

(4) 客户到达影院后,把手机放置在识别终端读取条码信息验证,进行相应场次影票的换取,即可进行观影。

(5) 识别终端将出具的纸质凭证作为客户的消费凭证,同时也是电子二维凭证与影院数据核对的基础。长沙移动与影院数据核对工作将在活动开始后每月进行一次,以保证后台数据与前台数据的统一。

5.2.16 手机话费购买电影票

1. 业务概述

12580通过人工语音的方式提供北京多家影院的电影票预订服务,用户拨打12580选择影院、影片、场次及座位,并使用手机话费支付票款,即可收到短信及彩信电子影票,用户持电子影票到影院自助出票机打印纸质影票即可入场观影。

目前仅面向北京移动全球通和动感地带客户。

2. 主要功能

(1) 提前预订,自助出票,省时省力,一切尽在掌握

用户拨打12580,可提前预订好具体的影院、影片、场次和座位。在支付票款后,用户凭收到的电子影票到影院自助出票机上,通过简单操作,自己就可以打印出纸质的影票,直接入场观影,无需再排队买票。

(2) 手机话费支付,方便快捷

用户只要简单地回复短信确认,就可以使用本手机的话费直接支付票款,并获得短信或彩信形式的电子影票。

(3) 资费优惠

通过12580订购电子影票,看任何电影,任何场次,每张票只需45元。

3. 业务资费

（1）通过12580订购的电子影票：45元/张。

（2）客户拨打12580进行业务受理时，按照客户所在品牌现行通话费标准收取通话费（可计入套餐）。

（3）客户回复确认短信时，按照客户所在品牌现行短信资费标准收取通信费。

4. 使用流程

（1）用户拨打12580，告诉话务员自己想看的影片、影院、场次。

（2）话务员根据客户的要求，为用户选定具体的场次，并根据影票当前销售情况，和客户协商为用户预订具体的座位。

（3）话务员与用户确认影票的信息，包括影院、影片、场次、座位号。

（4）确认挂机后，用户收到系统下发的两条短信，影票信息短信和确认支付短信。

① 影票信息短信包含了影片、座位号等信息。

② 确认支付短信：用户根据提示，回复此确认短信后，系统将从用户手机话费账户中扣除相应的票款。确认短信示例如下：确认支付请回复数字7，您将通过话费账户购买12580电影票一张，费用45元。客服4006125880。

（5）用户回复确认短信后，将收到系统下发的包含二维码的电子影票，通过短信和彩信各下发一条，两条代码相同。

（6）用户凭电子影票到影院售票口旁的自助出票机上输入二维码，即可打印出订好的影票，直接入场观影。

本章参考文献

[1] 袁雨飞.移动商务[M].北京：清华大学出版社，2006：112-120.

[2] 雷源.移动互联网改变商业未来[M].北京：人民邮电出版社，2010：254-262.

[3] 高邦仁，王煜金.流动的世界——奔向移动互联网时代的生活[M].北京：清华大学出版社，2010：164-173.

[4] 薛娟. 短信实名，开启移动商务另一扇门[N]. 中国经济时报，2005.

[5] 毕新华，李海莉，张贺达. 基于价值网的移动商务商业模式研究[J].商业研究，2009(01).

[6] 王韦. 基于移动校园平台的移动商务创新价值浅析[J]. 科技信息，2010(25).

[7] 中国建设银行短信平台应用案例[EB/OL]. http://solution.chinabyte.com/475/8538475.shtml.

[8] 智能终端期货行业应用解决方案[EB/OL]. http://www.soft6.com/html/trade/7/74600.shtml.

[9] 某某保险公司移动解决方案[EB/OL]. http://www.sh.10086.cn/brand/group/case/industry/0/1/327.html.

[10] 金融行业移动商务应用成功案例展示[EB/OL]. http://www.icargo.org/htmls/20071030/30136911.html.

[11] On campuses, handhelds replacing raised hands[EB/OL]. http://www.boston.com/news/nation/articles/2003/09/13/on_campuses_handhelds_replacing_raised_hands/.

[12] 移动教育比较研究[EB/OL]. http://www.360doc.com/content/06/0928/20/11641_219245.shtml.

第6章 移动支付

本章关键词

移动支付系统	Mobile Payment System
近距离通信技术	NFC
Felica 技术	Felica Technology
NTT DoCoMo	NTT DoCoMo
SmartMoney 业务	SmartMoney Business
Paypal 业务	Paypal Business
移动支付的发展	the development of mobile payment
中国移动支付环境	Mobile Payment Environment of China
世博手机票	Mobile Expo Tickets
电子钱包	Electronic Wallet
长江掌中行卡	Yangtze Hands Card
一卡通	Smart Card
移动支付平台	Mobile Payment Platform

6.1 基本原理

6.1.1 移动支付系统

移动支付的广泛应用需要良好的软件系统(包括一般的应用系统和操作系统)支撑。目前对移动支付软件系统的研究范围日益拓宽,从纯理论到各个领域甚至是各个具体环境下的应用研究都受到广泛重视。

6.1.2 移动支付运营

(1) 以移动运营商为主体的商业模式

移动运营商作为移动支付平台的运营主体,把用户的手机话费账户或专门的小额账户(即专有账户)作为移动支付账户,用户通过移动支付发生的交易费用直接从手机话费账户或专门的小额账户扣减。金融机构是最终结算单位,账户管理者,承担一部分平台维护工作。从运营商拥有的无线通信网络资源和手机客户资源来看,该模式中运营商具有产业链主导者的天然优势,要求运营商调动和协调整个移动支付产业链。

(2) 以金融机构为主体的商业模式

该模式中银行作为移动支付平台的运营主体,将用户的银行账户与手机账户绑定,用户通过银行账户进行手机支付。移动运营商不参与支付过程,只向用户和银行提供信息通道。

(3) 以第三方支付平台提供商为主体的运营模式

第三方支付机构是运营商与商业银行或银行卡公司成立的合资公司,也可是除运营商、银行卡公司和银行之外的其他中介机构。用户不用考虑银行彼此互不相连的因素,在任何一家银行接受的移动支付 POS 机上都可进行操作;金融机构和商家通过接入移动商务平台,也可共享不同运营商的用户。

第三方移动支付运营商需要具有灵活的机制和敏锐的市场反应能力,还需要具有整合移动运营商和金融机构等各方面资源并协调各方面关系的能力。

(4) 多方合作的商业模式

结合移动运营商、金融机构、第三方服务提供商和商家等各自占有的优势资源,彼此分工协作,形成科学合理高效的移动支付商业模式,同时实现各个环节之间的共赢。

最明显的特征就是金融机构和运营商紧密联合起来,利用各方的优势,整合多方资源,联合管理和运营移动支付,积极推进移动支付技术和移动商务的发展,建立一个完整的交易支付产业链,使用户在支付过程中体会到更大的便捷性和安全性。同时这也是移动支付未来发展的一个趋势。

6.2 案　　例

6.2.1 案例1 基于 NFC 的移动支付系统

1. 背景知识介绍

(1) NFC 技术

近距离通信技术(Near Field Communication,NFC)是在 RFID 和互联技术的基础上融合演变而来的新技术,是对非接触技术与 RFID 技术的发展与创新,是一种短距离无线通信技术标准。它的发展为所有消费性电子产品提供了一个极为便利的通信方式,使手机成为一种安全、便捷、快速与时尚的非接触式支付和票务工具。

NFC 通过在单一设备上组合所有的身份识别应用和服务,帮助解决记忆多个密码的麻烦,同时也保证了数据的安全。通过 NFC 实现多个设备如数码相机、PDA、机顶盒、电脑、手机等之间的无线互连,彼此交换数据或服务都将有可能实现。

(2) 工作模式

NFC 技术采用双向的识别和连接,NFC 终端有三种工作模式。

① 主动模式。NFC 终端作为读卡器主动发出自己的射频场去识别和读/写别的 NFC 设备,如图 6-1 所示。在该模式中,具备识读功能的 NFC 手机从 TAG 中采集数据,然后根据应用的要求进行处理。有些应用可以直接在本地完成,而有些应用则需要通过与网络交互才能完成。

图 6-1　作为识别设备的应用模式

其典型应用有:门禁控制、防伪应用或车票、电影院门票售卖等,使用者只需携带储存有票证或门控代码的设备靠近读取设备即可。它还能够作为简单的数据获取应用,比如公交车站站点信息、公园地图信息等。

② 被动模式。NFC 终端可以作为一个卡被读/写,它只在其他设备发出的射频场中被动响应,如图 6-2 所示。在该应用模式中,NFC 识读设备从具备 TAG 能力的 NFC 手机中采集数据,然后通过无线发送功能将数据送到应用处理系统进行处理。

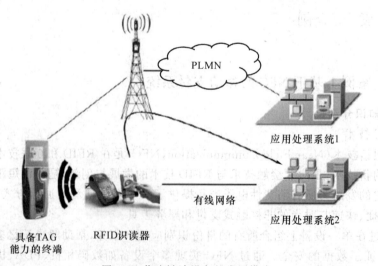

图 6-2　作为被读设备的应用模式

其典型应用有:本地支付、电子票应用等,比较受欢迎的业务包括公交车和地铁刷卡业务、停车缴费业务、超市小规模购买等。

③ 双向模式。双方都主动发出射频场来建立点对点的通信,如图 6-3 所示。在该应用模式中,NFC 手机之间可以进行数据的交换,后续的关联应用既可以是本地应用也可以是网络应用。

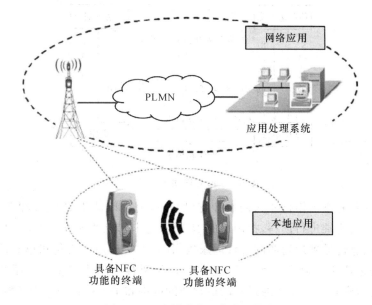

图 6-3　双向模式的通信应用模式

其典型应用有:建立与蓝牙的连接和交换手机名片等。

2. NFC 支付系统运营模式

(1) 主动支付

当 NFC 手机进行主动支付时,信息传输主要通过无线网络,移动支付流程类似于远程移动支付,具体流程如下:

① 消费者进入消费者前台系统选择商品,将购买指令发送到商家管理系统;

② 商家管理系统将购买及扣款指令发送到移动支付平台(该平台可以是独立的,或者和移动运营商结合);

③ 移动支付平台将支付确认请求指令发送到消费者前台消费系统或消费者手机上请求确认,如果没有得到确认信息,则拒绝交易,购买过程到此终止;

④ 消费者通过消费者前台消费系统或手机将支付确认指令发送到支付平台;

⑤ 移动支付平台将消费者支付确认指令转交移动运营商综合管理系统,请求扣款操作;

⑥ 移动运营商综合管理系统将消费者支付确认指令传递给银行系统;

⑦ 银行系统负责鉴权和扣款,完成扣款行为后,将扣款结果信息传递给移动运营商综合管理系统;

⑧ 移动运营商综合系统将扣款结果信息传递给支付平台;

⑨ 支付平台告知商家管理系统可以交付产品或服务,并保留交易记录;

⑩ 支付平台同时将扣款结果传递给消费者,并将交易明细写入消费者前台消费系统,以便消费者查询。

移动商务应用实例

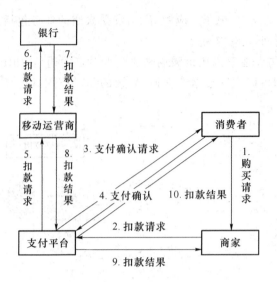

图 6-4　远程移动支付流程

如果移动支付是不需银行介入的小额支付,则该流程取消步骤 6、步骤 7,NFC 芯片直接与商户的读写器终端进行读写,把用户的 NFC 银行卡信息读入读写器,把用户 SIM 卡信息和支付金额信息传递到运营商的后台记账数据库中,实现用户支付账单和话费账单的合并,直接由移动运营商负责鉴权和扣款,并将扣款结果传递给支付平台。而进行大额支付时,用户的信用卡密码信息需要通过移动运营商的网络和平台被传送到发卡机构,然后在用户的信用卡账单上扣除相应支付额度。

若采取 NFC 技术中 OTA 空中下载方式,则可通过移动网络实现用户通信账户和银行卡账户的连接,把用户银行账户中的金额转移到手机智能卡中。对移动运营商而言,这样能够控制一部分支付账户,与发卡机构合作,从而进入移动支付产业链中价值较高的环节。

该类远程移动支付以手机交费业务和内容下载类为主,同时,这两类业务也是目前移动支付市场容量和利润空间最大的手机支付项目。

（2）被动支付

当 NFC 终端被动支付时,其作为被读/写设备,信息传递主要通过本地网络,把支付载体从非接触式卡片（如公交一卡通）集成进入手机,支付应用是封闭的。具体流程如下:

① 消费者选择商品,将购买指令发送到商家管理系统;

② 商家管理系统将购买及扣款指令发送到移动支付平台（该平台可以是独立的,或者和移动运营商结合,通过无线网络传输信息;或者和商家管理系统结合,通过商家系统终端的本地网络传输信息）;

③ 移动支付平台将支付确认请求指令发送到消费者前台消费系统或消费者手机上请求确认,如果没有得到确认信息,则拒绝交易,购买过程到此终止;

④ 消费者通过消费者前台消费系统或手机将支付确认指令发送到支付平台;

⑤ 移动支付平台将消费者支付确认指令转交给银行管理系统,请求扣款操作;

⑥ 银行管理系统负责鉴权和扣款,并将扣款结果信息传递给支付平台;

⑦ 支付平台告知商家管理系统可以交付产品或服务,并保留交易记录;

⑧ 支付平台同时将扣款结果传递给消费者,并将交易明细写入消费者前台消费系统,

以便消费者查询。

进一步阅读提示——NFC 论坛

为了推动 NFC 的发展和普及，飞利浦、索尼和 Nokia 共同创建了一个非赢利性的行业协会——NFC 论坛，以促进 NFC 技术的实施和标准化，确保设备和服务之间协同合作。目前的赞助会员已有包括三星、微软、Visa 等在内的 11 家企业，其各类会员总数已超过 100 个，集中了全球领先的运营商、手机厂商、芯片厂商、智能卡生产商、银行和信用卡组织。

国外移动支付发展情况

近年来，随着移动支付技术的快速发展，移动支付业务在日、韩及欧美等地蓬勃发展，形成了公交、地铁票务、便利店/超市/餐馆小额支付等规模化应用。2009 年全球移动支付额约为 1 630 亿美元，据英国调研公司 Juniper Research 预测，2013 年全球手机支付市场规模将达到 6 000 亿美元。

6.2.2 案例 2 亚洲

1．日本

（1）发展背景

日本移动支付市场在 2005 年开始出现高速增长。2005 年，日本移动支付的市场规模为 5.1 亿美元，之后的 3 年内，其市场规模的年增长率始终保持在 50% 以上。到了 2008 年，更是达到了 22.4 亿美元。可见，移动支付在日本是一个比较显著的新型增长产业。

日本移动支付迅速发展的主要推动力是日本的移动通信运营商，它们在整个产业链中处于中心环节，利用优势地位，整合了下游设备提供商的资源，联合上游的银行机构开展移动支付业务，是典型的以移动运营商为主体的移动支付运营模式。

此外，日本移动支付能如此顺利发展也得益于其本国市场如下的一些因素。

① 移动互联网发展水平高

移动支付的发展离不开移动互联网。早在 1999 年，日本即在移动互联网方面开始试探 HTML 格式，代表为日本运营商 NTT DoCoMo 当时推出的 i-Mode 服务。相比当时全球致力于 WAP 开发的大背景，具有一定的前瞻性。

在移动互联网的发展历程中，日本不断扩充着移动互联网的内涵，发展出了数据接入费、广告费、移动内容、移动商务等收入模式。2008 年年底，其移动互联网用户为 8 728 万，占其移动用户总数的 87%。这一切为日本移动支付的发展提供了用户消费习惯基础。

② 3G 应用较成熟

日本 3G 移动数据多媒体业务分为三大类，即多媒体信息业务、多媒体内容服务和数据多媒体浏览业务。

a. 多媒体信息业务主要有以下几种：

> 动画邮件。最长可制作 15 秒的录像，可把其他的相应业务（如定位）一同综合传送。
> 照片邮件。可以拍照，然后传送。
> 定位（GPS）邮件。可以通知其他人自己的位置，通过内容提供商可以提供很好的定位服务。

b. 多媒体内容服务包括如下几种类型：
- 导航业务，如交通信息服务、餐馆定位服务、安全服务等。
- 视像业务，如新闻剪辑、电影剪辑、体育比赛等。
- 游戏业务。
- 娱乐业务，如商场购物、铃声下载、可听歌曲（Vocal Ring）等。

c. 在移动数据业务中，使用量最大的业务是 E-mail，但由于发送内容一般较为短小，占通信总量不大，且资费较为便宜，故其收入不是最大的。收入最大的业务是铃声下载业务，一次收费 20 日元。数据业务中，使用较多的还有桌面图像下载、屏幕保护图像下载、新闻发布、天气预报等。目前对数据业务的需求正在成长，特别是彩屏、游戏、流媒体需求明显增加。

③ 信用卡普及率低

受政策管制的影响，日本银行业信用卡业务的起步较晚。信用卡于 20 世纪 60 年代进入日本，零售商通过个人金融公司（日本称信贩）向消费者提供分期付款信贷。根据一项职权划分协议，零售部门受通产省（2001 年更名为经济产业省）的监管，而银行受大藏省监管。通产省为了保护零售部门的利益，直到 1982 年才允许日本银行通过成立全资信用卡附属公司间接介入信用卡业务，并且该信用卡不具备循环信用功能，只能采取每月清偿的延期还款方式。

20 世纪 90 年代初泡沫经济破灭后，日本银行体系产生了大量的呆坏账。日本政府为解决日本银行业的坏账问题采取了很多政策措施。其中，放松银行业进入信用卡市场的管制是一项重要内容。1992 年允许银行的附属信用卡公司发行具有循环信用功能的银行卡（即贷记卡），2001 年允许将信用卡扩展到所有的分期支付领域。从 2004 年 4 月起日本银行可以直接发行信用卡。至此，日本银行业进入信用卡市场的限制才被完全取消。

由于以上原因，信用卡产业在日本并未发展成型，在 2004 年政策取消了银行业开展信用卡的限制之后，马上就迎来了日本三大运营商的移动支付正式商用。这一本来就有替代关系的支付产品，由于信用卡市场的缺失，使得移动支付的开展相对顺利许多。

④ Felica 技术广泛应用

2003 年日本零售商开始使用非接触卡进行电子货币交易，日本电子货币系统 Edy 运营采用电子钱包方式来实现非接触式支付。而后日本 NTT DoCoMo 在其 i-Mode Felica 中内置了 Edy，实现了移动 Edy。移动 Edy 可以在任何接受 Edy 的地方使用，包括 2 万个零售商。移动 Edy 可通过移动网络充值，并在手机上查询余额与交易记录，平均支出额比普通 Edy 要高。

日本三家移动运营商 NTT DoCoMo、KDDI 和软银（原 Vodafone K.K）分别于 2004 年 7 月、2005 年 7 月和 2005 年 11 月推出了移动支付业务，采用的都是索尼公司开发的 Felica 技术。

日本最大的铁路公司东日本铁路（JR East）于 2005 年 1 月推出基于 Felica 技术的 MobileSuica 服务，将移动电话与公共运输相结合。这项服务使手机用户能够从事所有与车票有关的交易活动，如订票、购票和支付。而且，具备 Mobile Suica 功能的手机可以用于在这项服务所支持的商店中购物。

⑤ 政策上的低限制

正如前面提到的，日本政府在 2004 年完全放开了信用卡市场的种种限制，同时对于运营商开展信用卡业务也比较宽松,因此 NTT DoCoMo 走出了一条日本特色的移动支付发展之路,即通过收购信用卡公司,来直接掌控产业链。事实证明,这是一条行得通的道路。发展至今,NTT DoCoMo 受到世界移动支付行业的关注、研究与学习。

(2) NTT DoCoMo 的移动支付

① 发展情况

NTT DoCoMo 活动支付和发展的历程如表 6-1 所示。

表 6-1 NTT DoCoMo 移动支付发展历程

时间	历 程
1983 年	银行/信用卡公司联合建立信贷金融信息系统 CAFIS,NTT DoCoMo 控股并运营,借机进入银卡收单市场
1999 年	推出 i-Mode 手机互联网服务,获得巨大成功
2000 年 3 月	购入基于互联网的股权,提升其 i-Mode(移动因特网业务)服务的质量,提供从手机终端接入金融信息的基础
2001 年	推出第一款基于 WCDMA 的 3G 服务 FOMA
2004 年 8 月	推出采用索尼公司 Felica IC 技术的移动支付业务——Osaifu-Keitai;建立 Felica Network 平台,用户预存一定金额,同时在 NTT 申请一个手机钱包,便于小额支付
2005 年 4 月	收购三井住友信用卡公司 34% 的股份,双方合作推出 ID 借记卡业务,用户需要预存一定金额
2005 年 12 月	启动 ID 信用卡支付服务
2006 年 3 月	注资 10 亿日元,获得瑞穗金融集团关联企业 UC Card 18% 的股权
2006 年 4 月	宣布推出 DCMX 子品牌的移动信用卡,将手机钱包与信用卡捆绑,可透支消费,将移动支付渗透到消费信贷领域
2007 年 4 月	移动支付业务用户 2 150 万户,占其 FOMA 用户的 44%

日本运营商 NTT DoCoMo 当时推出的 i-Mode 服务取得了巨大的市场影响力,截止到 2010 年 5 月,已有超过 4 900 万用户使用该项服务,是全世界最成功的移动上网模式。其最大的改变在于计费模式,将原本以时间为主的计费方式,改变成以封包(下载量)为单位,如此可以大幅降低使用者的上网费用,加快普及的速度。i-Mode 服务使得日本消费者逐渐转变观念,不再将手机仅仅作为一种通讯工具,而是一种生活方式工具。当消费者习惯了用手机来做通常在 PC 上所做的事情时,如收发电子邮件、浏览网页、下载音乐、玩电子游戏等,再让他们接受手机支付功能,自然相对容易得多。面对庞大的潜在消费人群,商户也乐于参与受理手机支付。

为发展移动信用卡业务,NTT DoCoMo 于 2005 年 4 月同三井住友金融集团(SMFG)及其旗下的三井住友卡及三井住友银行公司结成战略联盟,并斥资 980 亿日元收购三井住友卡 34% 的股权。在联盟中,三井住友卡负责建立受理手机信用卡支付的基础设施,包括在签约商户安装 POS 终端,并将其现有信用卡业务同 NTT DoCoMo 的手机信用卡业务合并,推广手机信用卡;而三井住友银行公司则负责开发兼容手机支付功能的 ATM。这是 NTT DoCoMo 为了获取运营信用卡业务所需经验和技术的一种主动战略选择。

NTT DoCoMo 的移动支付业务在日本正在稳步推进。

② Osaifu-Keitai 业务介绍

NTT DoCoMo 采用 Felica IC 技术的移动支付业务品牌为 Osaifu-Keitai，在 Osaifu-Keitai 总移动支付业务下又分 3 类子业务。

a. Osaifu-Keitai 手机钱包业务。该业务是最普通的手机钱包业务，没有银行的介入。用户在 NTT DoCoMo 申请一个手机钱包账号，并预存一部分金额就可以使用。用户使用该服务购买商品所付的款项直接从手机钱包预存的账号中扣除。使用 Osaifu-Keitai 手机钱包业务无需输入密码。

b. ID 借记卡业务。该业务是 NTT DoCoMo 和三井住友银行合作推出的移动支付业务。双方合作推出 ID 借记卡，借记卡信息将储存在 Felica 芯片中。用户需要事先在 ID 借记卡中预存一些金额，才能使用 ID 借记卡业务消费。ID 借记卡能和三井住友银行的普通信用卡相连，用户可以从三井住友的普通信用卡向 ID 借记卡转账。一般情况下，使用 ID 借记卡业务无需输入密码，但如果用户购买商品金额超过 ID 借记卡中的余额，则需输入密码。NTT DoCoMo 通过 ID 借记卡业务搭建了一个移动信用卡平台，以吸引金融机构加入，目前加入到此移动信用卡平台的金融机构有三井住友银行和瑞穗银行。

c. DCMX 信用卡业务。DCMX 信用卡业务真正将移动支付业务渗透到消费信贷领域。用户使用 DCMX 业务无需在信用卡中预存金额就可以透支消费。DCMX 分两种透支额度：一种是 DCMX mini，可透支 1 万日元，用户消费时无需输入验证密码；另一种是 DCMX，透支额度为 20 万日元，单笔消费 1 万日元以上需输入验证密码。与 NTT DoCoMo 合作推出此项业务的同样是三井住友银行。

③ 商业模式

如图 6-5 所示为 NTT DoCoMo 移动支付业务产业链。

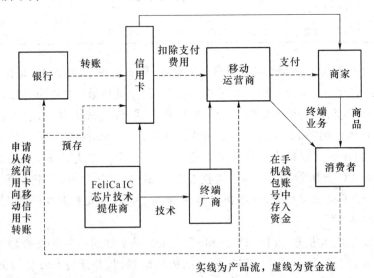

图 6-5　NTT DoCoMo 移动支付业务产业链

NTT DoCoMo 提供的这种移动支付业务最大的优点就是极大地简化了使用移动支付业务操作的繁琐性，方便了用户的使用。但要成功开展移动支付业务，NTT DoCoMo 需要银行和商家的支持。

为调动银行和商家的积极性，NTT DoCoMo 采取了如下策略。

a. 选择 FeliCa IC 作为移动支付技术。

Felica IC 技术是日本索尼公司研制开发的非接触智能芯片技术。从技术上来讲，FeliCa IC 技术适用于移动支付。第一，FeliCa IC 卡具有很高的安全性，适合存储安全性要求高的用户个人信息。第二，FeliCa IC 技术传输速率非常高，操作简单，用户只需在特殊的读卡器前晃动安装 FeliCa 芯片的手机就可完成支付，能够改善用户使用移动支付业务的体验。

从应用发展来看，FeliCa 芯片在日本众多领域都有应用，且在电子支付领域具有一定的基础。采用 Felica IC 技术，一来可以省去许多安装特殊读卡器的费用，从而更容易调动商家开展移动支付业务的积极性；二来在用户中进行宣传比较容易。

b. 商家选择和激励策略。

如何调动商家的积进性来开展移动支付业务是移动支付业务成功开展的关键因素之一。在移动支付业务发展初期，使用业务的用户还不多的情况下，商家要想开展此项业务，一方面要投入巨资安装特殊阅读器，成本高昂；另一方面用户使用量较少，收益不多，这样极有可能出现入不敷出的现象。因此，商家的积极性较难动。

鉴于此，NTT DoCoMo 在选择合作商家时，首先选择了已经通过 Felica IC 技术提供电子支付业务的商家。例如，日本 am/pm 零售连锁店早在 NTT DoCoMo 开通 Felica 手机钱包之前就已经采用了 Bitwallet 开发的支持 Felica IC 技术的 Edy 电子支付系统，而且 am/pm 的 1 000 多家连锁店主要集中在人口密集的大城市。因此，NTT DoCoMo 选择了 am/pm 作为首批合作的商家之一。

为鼓励商家采纳移动支付方式，NTT DoCoMo 在业务开展初期承诺为商家承担安装特殊读卡器的费用（以每月向商家收取租金的方式收回投资），并且向商家收取比银行低的交易佣金。NTT DoCoMo 之所以能够向商家收取比银行低的交易佣金，是因为 NTT DoCoMo 在整个移动支付产业链中充当着运营商和银行的双重角色，可通过简化交易处理环节来降低交易成本。另外，向商家收取的移动支付交易佣金并不是 NTT DoCoMo 的主要收入来源，降低交易佣金比例也不会对其收入造成太大影响，而以交易佣金作为主要收入来源的银行则不行。

c. 通过注资的方式掌控产业链。

银行是移动支付业务产业链上的关键一环，调动银行的积极性对移动支付业务的开展具有很人的推动作用。但在运营商主导的产业链中，银行处于被动地位，在移动支付业务开展的初期，多数银行开展移动支付业务的积极性不高。因此，NTT DoCoMo 先后注资三井住友信用卡公司和瑞穗金融集团的关联企业 UCCard 公司。从实际的发展来看，NTT DoCoMo 的这一举措得到了不小的回报。三井住友银行和 NTT DoCoMo 联合推出的 ID 借记卡业务使得 NTT DoCoMo 的移动支付业务突破了小额支付的界限。DCMX 信用卡业务使 NTT DoCoMo 的移动支付业务渗透到消费信贷领域。

④ 安全措施

另外，NTT DoCoMo 在确保移动支付业务安全性上也采取了一些措施：

a. NTT DoCoMo 规定消费额超过预存款和 DCMX 移动信用卡业务每笔消费超过 1 万日元都需要输入 4 位验证密码；

b. 用户可以通过已注册电话或者公用电话告知 NTT DoCoMo 锁定移动支付业务,阻止其他人使用;

c. 针对 DCMX 信用卡业务推出的定制手机中有指纹和面部识别功能,使安全性更高一层。

⑤ 发展情况

2006 年 10 月 12 日,NTT DoCoMo 宣布,旗下 2006 年 4 月推出的 DCMX 手机信用卡服务已经吸引了 86 万用户。任何购买兼容该公司移动钱包服务 Osaifu-keitai 的新款手机用户均可立即自动获得 10 000 日元的授信额度。用户可以再向该公司申请额外的授信额度,最高可达 20 万日元。截止到 2010 年,已有超过 3 500 万用户使用手机钱包服务。

如今,NTT DoCoMo 手机商务移动支付已应用于购物、票务、公司卡、身份识别、在线金融、交通支付等几大领域,从地铁、机场登机、公交车、卡拉 OK 到大厦的门禁管理、超市、快餐连锁店、水电费等缴费都可以用手机支付,用户在消费时只要刷一下他们的手机就可以完成交易。2007 年 4 月,NTT DoCoMo 移动支付业务已拥有用户 2 150 万户,占其 FOMA 用户的 44%。目前日本有 2 万多商家可接受移动支付。

可见,NTT DoCoMo 开展的业务适用于所有的移动用户,并已经渗透到了生活的各个方面。

(3) 总结

移动支付业务在日本已具备相当的规模。目前,日本移动支付的用户数已经占到了手机用户总数的 75%,其移动支付用户既可以享受到网上购物、虚拟物品购买的手机支付的便捷,也可以享受到如传统信用卡形式的手机支付,其领域涵盖了网上在线支付和传统的 POS 支付、公共交通等等方面。日本的移动增值业务的发展在全球处于遥遥领先的地位。

通过以上发展历程可以看出日本移动支付主要经历了以运营商为主导地位小额支付业务阶段,运营商和信用卡公司合作借记卡支付业务阶段和运营商和银行合作信贷支付业务阶段。NTT 手机支付通过收购、入股的方式,与银行进行日益紧密合作,是 NTT 手机支付成功与发展的关键。

2. 菲律宾

2000 年 12 月,菲律宾国内领先的移动网络运营商 Philippines Long Distance Telephone(PLDT)公司旗下的子公司 Smart 通讯公司,与万事达公司合作,引入了 Smart Money(智能货币)这种经济的方式,实现了移动支付业务的大规模普及。这项服务既无需用户更换手机,也无需运营商支付昂贵的 SIM 卡开发成本。

Smart Money 是世界上第一个连接到移动电话的电子现金卡,有银行账户的人可将钱转账至 Smart 账户。用户可通过短信指令将钱转账至零售商进行支付,还可以就同一个智能货币账户为其他人制定消费许可权。随后,Smart 公司会将他们交易情况的短信确认发送至账户持有人。该项服务还可以将钱款转账至已注册的个人。这是一种单向个人对个人(P2P)的汇款系统,并在此后为许多其他国家所仿效。

(1) Smart Money 适用范围广泛

Smart Money 采用 64 KB 内存的 Super SIM 卡,使得用户能够通过在线或无线的方式将增值 SIM 应用程序下载到手机上,大内存的 SIM 卡使得这些应用程序能够轻松安装。用户使用移动支付服务时,将不必记忆复杂的 SMS 代码,而通过程序运行自动生成特殊

SMS 信息来完成服务。

Smart Money 在购物中可以发挥借记卡的功能,在任何接受万事达卡的商家都可以使用。通过与万事达的联姻,Smart Money 在某种程度上借用了万事达卡的商家网络和银行网络,从而获得了形成 TSM(可信服务管理者)控制环节的核心能力。通过与万事达的联姻,为 Smart 的国际化战略打造了有利条件。与此同时,Smart Money 用户在菲律宾绝大多数 ATM 自动取款机上都能提取现金,广泛的适用性也使得 Smart Money 有了与银行卡、信用卡同台竞争的优势和地位。

(2) Smart Money 让现金流动起来

Smart Money 的手机充值服务和银行卡转账服务最大限度地考虑了现金的流动性,任何人可以往任何手机上充入闲散的手机预付卡余额和银行卡余额,从而使得父母对孩子、海外工作人员对家属、手机临时充值、借款应急等常发性事件得到了最大的支撑,大大提高了 Smart Money 的使用率和实用性。

这种为手机充值的服务被冠名为 Smart Load,于 2003 年发布,是世界上第一个电子预付费充值服务,并取代了预付刮刮卡。当用户已经用完账户余额时,他们无需寻找出售 Smart Buddy 预付费充值卡的商店或联营银行的 ATM 机来为预付费账户充值,而是可以直接从任何其他有多余通话时间的 Smart 用户或零售商处购买通话时间,然后 Smart 用户或零售商就可以使用菜单触发的 SMS 消息轻松地执行充值过账。由于不需要打印卡,也无需承担实际分销的成本,更不会有盗窃和丢失等情况发生,Smart 降低了成本。Smart Load 已经从根本上改变了 Smart 的预付费业务和竞争环境。

(3) Smart Money 走向世界

2008 年 11 月,Smart 宣布将与总部位于美国的 Roam Ware 合作创建一个用于部署国际移动金融服务的全球服务环境,双方协议将利用现有的网络基础设施、资源、专业技能和国际影响力,让世界各地移动运营商和金融机构都能够拥有移动汇款业务。

海外运营商在进军国际市场时,往往遇到不小的障碍。Smart 从互联网业务的全球化找到了灵感,脱离于网络的明星技术和业务往往更容易全球化,同日本的 NTT DoCoMo、韩国的 SKT 一样,Smart 将自己的明星业务作为了进军全球市场的武器。

6.2.3 案例 3 欧美

1. 欧洲

(1) 移动支付发展现状

欧洲国家的移动支付一如其他产业一样,同时进军欧洲多国,所以欧洲品牌多数采用多国运营商联合运作方式,即银行作为合作者但不参与运营。业务模式往往是通过 WAP、SMS、IVR(交互语音应答)等接入方式来验证身份,操作较为繁琐,不适于时间性要求很高的支付行为,所以多用于 WAP 业务、电子票务等。欧洲移动支付业务的发展历程见表 6-2 所示。

在欧洲,NFC 手机支付在 2006 年起步,2007 年开始实验型推广。到了 2008 年,欧洲变成了全球 NFC 技术应用发展最快的地区。

在德国,Nokia、飞利浦、Vodafone 是主要的推动者。2006 年 4 月,飞利浦、Nokia、Vodafone 公司及德国法兰克福美因茨地区的公交网络运营商美因茨交通公司(RMV)宣布,在成功地进行为期 10 个月的现场试验后,NFC 技术将投入商用。例如,集成了 NFC 技术的Nokia 3220手机不仅可以用作电子车票,还可在当地零售店和旅游景点作为折扣忠诚卡使用。

在法国,运营商Orange和消费信用公司Cofinoga是先行者。2007年年底,法国6大银行和4大移动运营商联合宣布,与威士欧洲公司和万事达公司共同在法国推出用手机无接触付费试用活动,由斯特拉斯堡和卡昂两座城市的200多个商家首先推出现场支付服务。该系统试用期为6个月,将在未来几年内推广到法国全境。2009年,法国Sagem通信公司推出了专门为Orange定制的NFC单线协议(SWP)SIM卡,这预示着法国进入了NFC技术大规模应用阶段。

英国O2公司于2009年5月完成的手机钱包试验表明,90%的参与者陶醉于手机采用NFC技术后所带来的便利的移动支付,78%的参与者希望使用与非接触式技术相关的手机应用。67%的参与者表示,相比标准的Oyster交通卡,O2手机钱包用起来更加方便。O2手机钱包用户在使用伦敦交通系统时,或者在零售店购物时,只要简单地将手机对准阅读器,就完成了支付交通费以及购买商品等相应操作。在长达半年的试验中,利用O2手机钱包完成了将近5万次的轨道交通搭乘。这一试验是目前欧洲最大的NFC试验,参与者多达500人。

此外,欧洲创建的单一欧元支付区(Single Euro Payment Area,SEPA)很大程度上消除了手机支付存在的很多障碍。

表6-2 欧洲移动支付业务发展历程

时间	内容
2002年2月	在芬兰赫尔辛基地铁公交系统,实现短信购买公交车服务。用户用手机发出短信代码给指定的服务上,获得购票信息反馈,可在1小时有效时间内乘坐地铁及部分公交车,票款计入购票者每月电话账单。后逐步推广到芬兰全国
2003年2月	英国Vodafone启用移动支付M-pay结算系统,提供增值服务购买和在线购物服务
2003年2月	欧洲4家主要移动运营商T-Mobile、Orange、Telefonica Moviles与Vodafone建立移动支付服务协会(MPSA),后命名为SimPay
2003年5月	T-Moblie引入另一种扩展的移动支付,m-payment服务。使利用手机通信网络和WAP网络为零售商的商品或服务付费成为可能
2003年5月	瑞典的一些银行和运营商达成手机用的电子识别(e-ID)标准。由此,手机可以安全地用于一些业务的识别、认证和签名,其电子认证功能与SIM卡捆绑
2004年6月	PayBox和Mastercard合作推出了MoneySend服务,支持Mastercard卡之间的资金转移
2005年6月	实现对移动手机或PDA的组合服务:包括账户余额和交易查询、转账和股票定购、StarMoney Mobile 2.0移动离线支付服务。使PDA和手机成为了移动财务中心
2006年底	欧洲的移动用户将通过手机为其使用的内容支付330万英镑,而通过PC机Internet上的支付仅有170万英镑

(2) Vodafone移动支付业务

英国Vodafone是全英最大的移动运营商,移动付款结算系统在Vodafone现有市场规模、话音和数据基础上不断提高其营业收入。

2003年2月,公司开始引入M-pay模式进行内容计费。此后,Vodafone在多个市场提供不同的移动支付解决方案。2003年7月,英国Vodafone公司推出了移动购物门户M-Pay,该门户与零售商建立了虚拟购物中心。

① M-Pay

Vodafone最初推出移动支付业务主要用于支付移动增值内容费用,随后采用移动M-Pay结算在线付款解决方案,移动电话用户可(通过WAP或互联网)在线采购小额项目。

M-Pay服务的提供可以使预付费服务,也通过Vodafone live!开通的移动电话账户付款。与Valista合作建立移动支付系统Valista Payments Plus,具有重要的付款处理、收入共享和商业集成功能,强化了Vodafone公司Vodafone live!移动付款系统。

② M-Pay方案特点

a. 一个账单。用电话账单来支付移动内容方面的费用。

b. 集中结算。在集成层上与批发商进行结算,从而实现将大量小金额的交易集成为一笔大规模的交易,尽管这些需要详细的协议来进行约束,但小额支付的费用明显降低,从而避免了类似于使用信用卡进行小额支付时出现的问题。

c. 简便安全。用户在线购物需要口令验证确保支付安全,用户可在支付月话费或预付金额中扣除购物款,十分方便。

③ 支付流程

在线购物支付实现简便,客户选择提供商在线商店的内容,然后选定移动付款结算的付款方法。客户只需要采用WAP采购的MSISDN或自己互联网的用户名和口令,经过验证后,移动付款系统可根据客户预付款或后付款手机账户预定资金。然后,内容提供商传送内容,确认交易。移动系统由客户账户划拨资金。具体流程如图6-6所示。

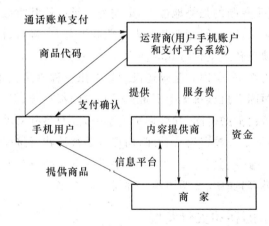

图6-6 M-Pay方案支付流程

2. 美国

很难想象,高新技术和金融服务最发达的国度——美国,在移动支付领域只能算是个第三世界国家。据Arthur D. Little《2005年全球移动支付报告》称,在美国,移动电子商务及移动支付市场的发展,居然还没有脱离胚胎期。

同时,受到金融危机的影响,NFC手机支付在美国的推行也没有太多进展。新的NFC项目大都部署在美洲的其他地区,例如,墨西哥在西班牙电信和西班牙对外银行的合作努力下,于 2009 年推出了手机支付业务;南美洲的巴西等国家,在 MasterCard 的 Pay Pass 计划下,推出了手机支付业务。

(1) 贝宝支付

1999 年,贝宝支付(PayPal)成立之初时,本来计划开发用于手机支付的软件,但很快发现,eBay 拍卖(贝宝于 2002 年被 eBay 收购)的买家和卖家更喜欢使用基于互联网的支付方式进行结算,于是放弃了移动支付,直到 2006 年 3 月才推出贝宝移动(PayPal Mobile)手机短信支付服务。

贝宝移动的技术相当原始:客户在贝宝开立账号,向个人付款时,需将收款人的姓名、账号、转账金额等通过短信或电话发送给贝宝;想要购买接受贝宝短信支付(Text to Buy)的商品时,须通过短信向贝宝发送订单,贝宝回电话确认后完成支付。贝宝计划大力推广这一服务,主要针对无力负担信用卡公司高昂商户折扣的小商户。这些小商户如果接受信用卡支付,往往需要付给信用卡公司高达交易金额 9% 的商户折扣,而贝宝只收取 2.9%。

除贝宝移动,万事达和 Visa 也将其非接触 IC 卡标准拓展到配置 NFC 芯片的手机中。业界普遍认为,在移动支付领域,NFC 及类似的非接触式芯片技术远比短信技术更具发展前景。在美国有过几次 NFC 手机支付现场实验,如 2005 年 12 月,美国最大移动通信运营商 Cingular 同 Nokia、大通银行、Visa 美国和亚特兰大的若干运动队和运动场等合作推出一个试点项目,但距离日本或韩国的全国性大规模商业应用还很遥远。

(2) 阻碍因素

首先,移动运营商势力较弱。在移动通信领域,美国最大的移动通信运营商 Cingular 的市场份额只有 30% 多一点,同排名第二的 Verizon 相差无几,不像 NTT DoCoMo 或中国移动在本土市场拥有近乎垄断的强势地位,其影响力不足以使其主导移动支付发展。

其次,在金融服务领域,美国银行卡和个人支票高度普及,银行、消费者和商家对银行卡和支票形成路径依赖,缺乏转换支付方式的动力。

最后,就消费者行为而言,美国人至今还没有培育出一种手机文化。这也许同美国人的生活方式有关。美、日两国上班族每天上下班的通勤时间都很长,但日本人多乘坐公共交通工具,需要一种东西来帮助消磨时间,并处理个人事务,因而各种移动通信增值服务,无论是游戏、音乐、电子邮件还是个人投资组合管理,均很容易被消费者接受,而开着私家车的美国人显然没有什么机会享受这些服务。结果,美国手机的普及率、市场上可以见到的手机款式和功能、增值服务的种类等,同中、日两国相比都要落后许多。

6.2.4 案例 4 中国移动支付发展

1. 发展历程

国内移动支付的发展可分三个阶段:

(1) 1999—2004 年:市场预热和启动期

阶段特征:

① 技术实现方式多种并进;

② 分别以运营商、银行和第三方支付平台为主导的三种商业模式先后出现;

③ 用户使用习惯处于初期的培育阶段。

标志事件:

① 1999年,中国移动与中国工商银行、招商银行等金融部门合作,在北京、广东等17个省市开始移动支付业务试点。

② 2001年,广东移动在深圳推出了移动POS机业务,使客户在饭店、商场的刷卡消费更加方便、快捷。

③ 2002年5月,中国移动在浙江、上海、广东、福建等地进行小额支付试点,如广州等地手机买可乐和地铁票的业务、深圳等地手机彩票投注业务。

④ 2002年6月,中国联通在无锡成功地推出了联通第一个小额支付移动解决方案试验系统;7月,中国联通和中国银联在北京签署了合作协议,双方决定在多方面进行广泛合作,而移动支付是双方合作的重点。

⑤ 2003年,各地移动纷纷推出移动支付业务,如年初湖南移动与中国银联长沙分公司合作推出与银行帐号捆绑的手机支付业务;12月中旬上海出租车开展银行移动POS机业务。

(2) 2005—2010年:发展期

阶段特征:

① 可实现移动现场支付的RFID和NFC等技术优势凸显,并在中国正式进行商用试点;

② 移动运营商重视程度不断加大,特别是2008年奥运会的推动,掀起了移动支付的试用高潮;

③ 在手机用户快速发展基础之上,移动支付用户规模稳步扩展。

标志事件:

① 2006年,Nokia NFC支付在厦门试点;

② 2007年7月30日,Nokia手机支付正式在中国投入商用,广州、厦门和北京三城市率先启用;

③ 2007年11月,中国移动正式启动B2C业务试运营,移动影音书刊俱乐部在广东和湖北两省进行试运营,俱乐部使用中国移动小额支付平台,采用手机话费支付,额度上限为每月150元。

(3) 2010年以后:成熟期

阶段特征:

① 业务种类逐步丰富、功能和技术趋于完善;

② 用户使用逐渐普及。

2. PEST分析

(1) 政策环境

当前中国整个电子支付市场的发展缺少相应的监管政策,移动支付市场也同样存在这方面的问题。第三方支付平台的法律地位和权利责任等的规范还有待支付清算组织管理和相关法规的规范。金融机构和电信运营商两大组织在移动支付领域都拥有实力和资本,他们之间的博弈结果对移动支付行业发展至关重要。

(2) 经济环境

随着移动增值业务的快速发展,用户对移动支付需求的渴望将会日益强烈。电子商务的快速发展为电子支付市场提供了很大市场空间,而随着移动电子商务的发展,移动支付的发展空间也同样很大。同时,电子支付市场高增的交易额规模和广阔的发展前景都是移动支付发展的巨大推动力。

(3) 社会环境

从用户角度来讲:一方面,数量庞大的手机用户是移动支付发展坚实的基础,截至 2010 年 9 月,中国移动电话用户数已突破 8 亿;另一方面,用户的认知程度还很低,尚未形成真正的使用习惯,处于市场培育阶段。

从社会层面看,中国的整体信用体制不健全,运营商在经营金融业务时为用户提供的信用度明显不如银行,人们比较信赖银行在这方面的优势和服务。

(4) 技术环境

技术上的安全隐患是当前最大的问题,用户发送的支付请求信息全部通过公网传输,没有加密功能,手机号码、密码等重要信息很容易被破译和截取。

当前,国内移动支付还处于发展的初期,重点是用户培育和商业模式探索。综合分析移动支付发展的各方面环境可以发现,移动支付的发展动力及市场需求是明显存在的,特别是有金融机构和运营商的参与和推动,发展空间是广阔的。但是,受制于目前一些不利的环境因素影响,包括用户习惯尚未形成、商业模式还未成熟等,移动支付暂时还在不断摸索之中。

3. 市场格局

国内移动支付市场与业务发展运营相关的主体主要是电信运营商、金融机构(包括银行和银联)以及第三方支付业务提供商,目前这三类业务主体竞争与合作的格局正在形成。

(1) 电信运营商

中国移动在 2009—2010 年推出了手机钱包、世博门票、手机一卡通三大移动支付业务,并在上海、重庆、湖南、北京等 10 余省市开始移动支付业务规模化商用推广,形成了世博会、上海地铁、湖南移动支付平台、重庆一卡通业务平台等一批成功试点样板项目。

中国电信在 2010 年正式推出基于天翼 3G 业务的融合支付业务翼支付。翼支付面向政企、家庭、个人客户,通过短信、WAP、客户端、手机终端等多种渠道,提供固话账单支付、手机费充值、公共事业费缴纳、订购商品、自助金融等服务。针对学校等行业市场,中国电信在翼支付平台基础上推出了翼机通行业版应用,并在上海、内蒙、南京、成都等地实现商用。

中国联通在 2009 年推出基于 NFC 技术的移动支付业务,并在上海进行试点,主要开展公交、积分兑换等业务。在与银行合作方面,已签署与银联和中国交通银行的战略合作协议,并在世博会园区内提供 NFC 手机刷卡 POS 机。

(2) 金融机构

目前招商银行、兴业银行、浦发银行、光大银行、农业银行、交通银行等金融机构均推出手机银行类业务,手机银行模式产生的数据流量费用由运营商收取,账户业务费用由银行收取。银联于 2002 年推出了第一代采用短信方式的手机支付业务,并在北京、上海、深圳、广东、江苏、浙江、山东、天津、湖南等 21 个省市成功推广,用户人数突破 2 000 万,年交易金额超过 170 亿元。2009 年开始,银联推广新一代采用 13.56 MHz 频段的现场支付业务(采用 SIM Pass 技术),并在上海、山东、宁波、湖南、四川、深圳、云南 7 省市进行了试点。

(3) 第三方支付提供商

第三方支付提供商主要是借助手机的移动上网功能实现随时随地无线支付,例如 2009

年支付宝推出手机客户端软件。

4. 现存问题

移动支付市场发展空间大,但在我国一直没有真正开展起来,仍处于探索阶段,其交易额规模和网上支付相比,相差很多,这表明我国移动支付的发展还存在诸多方面的问题。

(1) 安全性问题是移动支付发展的关键瓶颈

技术上的安全隐患是我国移动支付面临的最大问题,一方面,手机终端的安全级别不高,缺乏加密技术的普通手机在支付过程中容易导致信息的泄露;另一方面,目前主要是通过短信支付方式,其实时性和数据完整性无法保证。

(2) 产品服务单一是移动支付缺乏用户基础的主要原因

目前移动支付大多用于价值较低、交易频繁的小额支付,各家银行推出的服务大同小异,内容单一,没有创新性,对用户的吸引力不高,特别是在大多数用户还没有形成使用习惯、信任体系还没有建立之时,移动支付很难大规模发展。

(3) 产业链分工和利益分配机制有待建立和完善

当前我国的移动支付产业链还没有真正建立起来,产业各方之间的分工合作还很混乱,利益分配机制也远未建立。银行和运营商都想在产业中占据主导地位,但囿于各方环境限制,并没有花大力气来推动。

移动支付属于典型的技术驱动型产业,虽然与之相关的新技术层出不穷,但用户尚没有形成真正的使用习惯。技术驱动型业务成功的基础首先是建立一个基本成型的价值链和基本清晰的盈利模式。但这两点恰恰是目前制约移动支付服务发展的关键因素。

5. 发展趋势

国内移动支付业务起步于2000年,统计数据显示截止到2009年年底,国内移动支付用户规模已达8 250万,移动支付市场规模达到19.74亿元。

未来,移动支付的发展将有如下几个趋势。

(1) 趋势之一:方便快捷、发展潜力大

手机支付以其方便和快捷等优势,在日本、韩国等国取得了快速发展,在中国,手机支付的优势也在逐步凸显。移动远程支付方面,从手机钱包业务的推广、到中国移动重新启动小额手机支付,移动运营商和金融机构一直在培育着这块市场;移动现场支付开始试点。

相信随着用户习惯、安全技术等方面的逐步完善,手机市场将逐步培育起来,其潜藏的巨大能量将迅速释放,发展潜力很大。

(2) 趋势之二:贴近大众日常生活支付需求

目前移动支付还以小额支付的发展为主,其方便快捷的特性比较适合做日常消费品的支付。未来,通过手机支付电话费、水、电、煤气、有线电视费等,可以成为大众缴费的重要途径,同时手机投保、福彩投注、购买数字点卡等有代收费性质的手机支付业务也将会获得更快的发展。

(3) 趋势之三:移动现场支付可成为突破点

手机作为人们日常生活中随身携带、不可缺少的工具,已经不仅仅局限于通信工具,而将逐步成为人们的生活工具,支付则是人们生活中经常发生的行为。现场刷卡支付以其便捷性受到消费者的青睐,目前多数人已经习惯用银行卡、公交一卡通刷卡支付。移动现场支付则可以在用户已建立的刷卡消费习惯基础上,将各种现场支付集成到统一的手机上,免去用户需同时携带多种卡的烦恼,真正让用户体验到移动支付的优势。因此,移动现场支付可以成为移动支付突破发展的关键点。

(4) 趋势之四:与其他电子支付方式的融合

移动支付作为电子支付方式的一种,与其他支付方式之间的融合已经成为一种趋势。包括向传统 POS 支付市场的渗透、与网上支付之间的互通等。总之,电子支付的多元化整合已经成为一种趋势,而移动支付作为众多支付手段中的一种,也必然是各支付平台希望加以整合的支付方式。

6.2.5 案例5 中国移动世博手机票

1. 业务介绍

2010 年 5 月 1 日至 10 月 31 日,第 41 届世界博览会在中国上海举办。2009 年 11 月 1 日,上海世博局和中国移动共同正式上市推出了全球通信和世博历史双首创的新业务——中国 2010 年世博会手机票,为广大用户提供全新的移动时尚生活体验。世博手机票与实体票的地位等同,适用范围和票价一致,并面向所有中国移动网内用户开放。

世博手机票以手机终端作为门票的通信载体,以 RFID SIM 卡作为核心数据存储载体,通过手机终端的用户界面、无线通信技术以及非接触通信技术来实现手机票的购买、选票等功能,充分展现了绿色环保、科技时尚、便捷优惠的特点,无疑是本届世博会的重要亮点。

世博手机票以非接触的方式直接检票入园,用户无须更换手机,只需要更换一张具有非接触通信功能的 RFID SIM 卡片并购买世博手机票即可体验直接刷手机入园的服务。除了世博手机票功能外,用户更换的 RFID SIM 卡片还具有支付功能,可以通过手机钱包功能实现在世博园区内外移动合作商户的就餐、购物、乘坐地铁等大众消费,体验手机购物的乐趣。手机钱包已开通地铁全线、星巴克、麦当劳、味千拉面、金逸国际影城、COSTA、巴贝拉、果留仙、全家便利(部分)等商户的应用。

2. 销售渠道

世博手机票的销售包括营业厅、网站、12580 及 STK 四种渠道。

未更换 RFID SIM 卡客户,可前往上海指定移动营业厅购票,客户在购票前营业员需先为客户更换一张 RFID SIM 卡,并在人工售票终端上操作购买手机票。购票成功后,客户选择现金或银行卡中的任意一种方式进行支付。

已更换 RFID SIM 卡客户,可通过三种渠道购票:

(1) 票务销售网站:客户可通过互联网登入的方式,实现在线购票。选择手机支付、手机银行卡或网银中的任意一种方式进行支付。支付成功后,手机票信息将直接下载至客户手机 STK 菜单中。

(2) 12580:客户拨打 12580 购买世博手机票,话务员在票务平台根据用户要求,为其选择手机支付或手机银行卡中的任意一种支付方式,由用户通过交互相关短信指令进行支付。支付成功后,手机票信息将直接下载至客户手机 STK 菜单中。

(3) STK:已更换 RFID SIM 卡且已开通手机支付或手机银行卡的客户可直接操作手机票 STK 菜单进行购票,并选择手机支付或手机银行卡中的任意一种方式进行支付,支付成功后,手机票信息将直接下载至客户手机 STK 菜单中。

思考题:以上四种购票渠道都属于移动支付么?哪些方式才是真正的移动支付?

分析：首先，让我们先来回顾一下移动支付的概念。移动支付也称手机支付，是指交易双方为了某种货物或者服务，以移动终端设备为载体，通过移动通信网络实现的商业交易。移动支付所使用的移动终端可以是手机、PDA、移动 PC 等。显然，移动支付必须具备两个条件：①使用移动终端；②通过移动通信网络。那么通过营业厅这个渠道购买世博手机票的客户是在人工售票终端上进行的操作，并没有使用移动终端，并且选择的是现金或银行卡中的一种方式支付，没有通过移动通信网络交易，两个条件都没有具备，所以这不属于移动支付。同样的，网站渠道的购票方式也不属于移动支付，只有通过 12580 及 STK 这两种渠道的购票方式才属于移动支付，属于远程大额移动支付。

3. 使用流程

世博手机票的使用包括预检、检票及领取纪念票三个环节：

（1）预检：世博局在世博园区安检通道前设置预检通道，客户需携带存有世博手机票的手机，并保证手机能够正常使用。安检人员持预检终端查验客户手机，预检终端显示手机内存有有效手机票后，客户通过预检通道。

（2）检票：客户通过预检通道后，使用存有手机票的手机直接在检票闸机上刷手机入园。

（3）领取纪念票：纪念票是中国移动为了满足用户收藏纪念的要求而提供的实体票张。客户进入园区后，可凭已检过的手机票，在园区内的纪念票领取终端上自助领取纪念票，用于收藏。一张手机票可领取一张纪念票。

4. 商务模式

（1）各支付平台将用户购买手机票的票款结算给上海公司（上海公司作为支付平台的商户），具体如图 6-7 所示；

手机支付：基地不参与分成，全额结出 100 元

手机钱包：联动优势不参与分成，仅扣除银行手续费 A（一般为 0.8% 左右）

网银：扣除银行手续费 A

（2）上海公司将 100 元结算给世博局，获得 10 元酬金（假设）；

（3）10 元（或 10－A）酬金即为移动代销世博手机票获得的收入，省间结算比例为上海：用户归属省＝15：85；

（4）如果用户在购票过程中索取了二维码凭证，则省间结算比例同实体票，为上海：归属省＝100：0，同时上海公司需要与新大陆翼码进行结算（计入上海公司成本）。

新大陆：获得每条 0.15 元＋机具租用费用

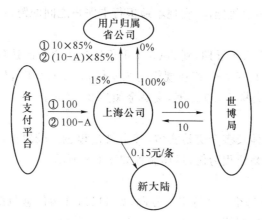

图 6-7 世博手机票收益分成

5. 重要意义

世博手机票是推动中国移动手机支付业务发展的重要契机。中国移动参与上海世博售票项目的目的在于推广世博手机票应用。中国移动以世博手机票应用为契机,将手机支付在上海世博会的一次性应用转化为常态应用,进而在全国范围内推进中国移动手机支付业务的规模式发展,进一步满足中国移动发展移动电子商务业务的整体战略要求。

6.2.6 案例6 电子钱包

1. 中国移动手机钱包业务

手机钱包业务是中国最早的移动支付业务,虽然在前期探索阶段并不顺利,一些业务还曾一度被叫停,但2004年后手机钱包逐渐解决了移动支付在法律、模式等方面的问题。成为当前中国受欢迎的移动支付方式。并且在很多用户眼里,手机钱包即为移动支付的代名词。

手机钱包业务是基于RFID技术的小额电子钱包业务。用户办理该业务后,在中国移动营业厅更换一张手机钱包卡(即更换一张支持RFID功能的专用SIM卡或办理一张支持RFID功能的贴片卡),之后便可使用手机在中国移动合作的商场、超市、便利店、餐馆、公交车等场所进行手机刷卡消费。

(1) 发展历程

① 初期发展

中国移动运营商在20世纪90年代初开始试水手机钱包业务,但由于涉及金融政策问题于2003年8月停办部分业务,之后就一直处于停滞状态。随着手机用户与信用卡用户的激增,中国移动与中国银联开始联合起来进行移动支付业务的探索。从2004年8月开始,中国移动、中国银联两家联合各大国有及股份制商业银行共同推出了手机钱包业务。这一业务是由中国移动与中国银联成立的合资公司——联动优势科技有限公司运营的,两大股东各占股50%。从此解决了运营商涉及金融以及金融机构缺乏对移动用户的营销手段等问题,手机钱包开始迅猛发展。

② 业务种类

联动优势公司先天具有金融机构以及移动运营商两大血统,中国移动的手机钱包服务已经具备了手机话费查询、手机话费交费、手机话费预存、银行账户管理、银行卡余额变动通知等服务,还有条件使用手机操作,实现本地银行卡账户之间的跨行转账业务。

③ 用户规模

从2004年下半年进入扩展期,到2005年手机钱包用户数已达到1 500万,同比增长了134%,占移动通信用户数的4%,产业规模达3.4亿元。2007年,仅银联卡手机钱包用户就达到800万,1至10月交易5 000万笔,交易金额达80亿元。

④ 实现方式

由于手机钱包业务涉及多个交易实体,其交易过程也比较复杂。下面以中国移动用户购买太平洋保险时的交易流程为例,运作流程如图6-8所示。

手机钱包购买流程:

a. 用户发送订购信息至一个特定的号码,如1111,订购信息包括投保功能码、姓名、身份证号、产品代码、生效日期等。

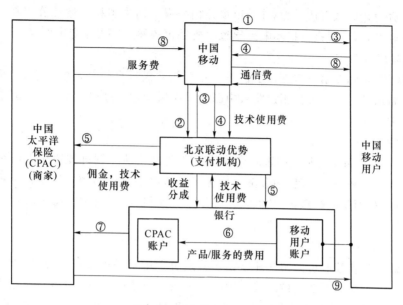

图 6-8 手机钱包运作流程

b. 中国移动按 TCP/IP 协议转换订购信息,然后传递给 UMPay 的支付平台。

c. UMPay 到认证中心核对用户信息和商家信息,然后将订购信息通过中国移动网络发送给用户,要求该用户确认订购信息,如信息无误,输入手机钱包密码确认订购。

d. 用户确认信息准确后,通过中国移动网络向 UMPay 发送自己的手机钱包密码。

e. UMPay 将确认后的订购信息发送给相关银行(即用户手机钱包绑定的银行和商家的开户银行)和太平洋保险公司。

f. 用户手机绑定的银行将一定数量的资金从用户账户转至 CPAC 账户。

g. CPAC 的开户银行将支付信息发送给 CPAC。

h. CPAC 确认无误,将保险号和密码通过中国移动网络发送给该用户。

i. 该用户享受 CPAC 的服务。

(2) 发展初期的问题

从手机钱包的发展历程来看,手机钱包诞生之初其发展并不顺利,总结原因主要有以下几点:

① 金融结算问题。从国家的相关规定看,我国并未有专门针对移动支付或者电子支付的相关法律文件,未依附金融机构的手机钱包业务必然会在金融结算问题上存在巨大的问题。因此在 2003 年 8 月,为了防止这一业务成为洗钱等不法行为的途径,信息产业部对手机钱包的部分业务给予了建议停办的公告。

② 信用问题。手机钱包与其他手机业务的最大不同就在于它具有支付功能。意味着运营商的手机账户与其他商家之间会存在现金流。而手机账户一个天生的问题就在于很多费用是按月收取的,因此如果用户在一个月内过多地透支账户金额的话,必然会出现大量的坏账,使运营商蒙受巨大的损失,同时也会影响手机钱包的健康发展。

③ 利益分配问题。由于手机钱包开通之初,业务规模较小。而且各个实体间的竞争比较激烈,各方都处于观望阶段。因此基本上只有中国移动通信公司这一家主导整个手机钱

包业务。各方力量并未形成合力,导致市场开拓缓慢。而中国移动通信公司在这段时间内有多项增值业务,可以说是应接不暇。导致手机钱包的发展一直是走走停停。

(3) 现阶段的改进

在2004年后,随着第三方支付平台——北京联动优势有限公司的建立,手机钱包业务进入了一个崭新的时代。观察用户购买中国太平洋保险这一过程可以看出手机钱包有以下几点成功改进:

① 金融机构进入

2004年8月中国移动和中国银联合作成立的北京联动原创科技股份有限公司专门负责运营手机钱包业务,标志着我国金融机构正式进入移动支付领域。这使得手机钱包不再依赖于手机账户,而是银行账户,从而大大降低了金融风险,同时也在很大程度上解决了信用问题。

② 专门公司负责运营

北京联动优势科技股份公司的建立初衷就是负责运营手机钱包业务,使得手机钱包业务不会因为主导方无暇顾及而被冷落。同时由于该公司受到了中国移动通信公司的大力支持,甚至通过赠送话费来吸引手机钱包用户,使得手机钱包的发展有了充分的动力。

③ 合理的利益分成模式

从手机钱包购买中国太平洋保险服务的交易流程图中可以看出,各方之间已经形成了固定且合理的利益分配模式。如保险公司向联动优势公司提供佣金和使用费,向运营商交服务费等。合理的利益分成方式使得移动支付的发展有了固定的模式,各方可以在这个模式下和平相处,不会因为竞争阻碍手机支付的发展。

2. 长江掌中行

2007年6月9日,长江掌中行联名卡正式在中国首发。该卡可集成在手机SIM卡内成为手机钱包,在商场购物、餐饮娱乐等行业实现刷卡轻松消费。

长江掌中行是由重庆市商业银行、中国移动重庆公司、结行移动商务公司合作发行的中国第一张非接触式银行IC卡,符合中国人民银行金融电子钱包的非接触技术,是可在最高限额1 000元下反复充值使用的电子钱包。长江掌中行不挂失,不取现,无密码,可在特约商户办理小额电子支付交易,卡内可设置多个高安全性账户,广泛应用于金融、交通、电子商务、社保、医保、俱乐部卡、记分卡、门禁、票务等各个行业。

长江掌中行主要有普通银行卡、手机移动粘贴卡(图6-9)和集成手机SIM卡3种类型。其中,移动粘贴卡大小犹如一枚硬币,可随意直接贴在任何手机的背面,起到电子钱包的作用。手机SIM卡则将长江掌中行IC卡芯片集成在移动手机SIM卡上,然后将这种特殊的SIM卡使用在定制的手机上,使手机同时具备了通信功能和电子钱包的金融功能。

长江掌中行普通卡

长江掌中行移动粘贴卡

图6-9 长江掌中行卡

(1) 长江掌中行的优点

① 使用长江掌中行支付时,在特制 POS 机上轻轻一扫,只需 0.1 秒就能成功完成所有的支付流程,比现金更安全、更卫生。

② 可享受积分、折扣、返点等 VIP 礼遇。

③ 可查询卡内余额、积分和每次消费的信息记录。

④ 手机的积分也可以转入卡内通过换算兑换礼品和购物消费。

⑤ 可以和不同银行账户进行绑定,从此不再需要随身携带各种银行卡。

(2) 拓展支付领域

为了实现手机支付业务成为与现金支付、刷卡支付平行的第三大支付模式,重庆移动与相关合作方一起大力发展特约商户,安装支付识别终端 POS 机。2007 年 5 月,已有重百超市、中百超市、重客隆、乡村基、华纳影城等 30 余户商家率先安装了 POS 机。随后,在重庆主城区 5 大步行街、商场、超市、便利店、餐饮、娱乐及 4 大美食街等处也陆续安装特制的 POS 机。用户在这些商户购物、消费均可使用长江掌中行卡进行支付。此外,重庆移动还积极扩展长江掌中行的支付领域,并与电力、供水、燃气、通信、交通等相关公司签订了相关协议,可以为其相关缴费服务。

为了长江掌中行的全面推广,重庆移动主要以商家为切入点来提供服务,主要有折扣优惠和积分优惠两种形式。

① 为了规范特约商家的手机支付业务受理,确保服务的落实和落地,重庆移动整合特约商户,打造了重庆最大的精品服务联盟,为"长江掌中行"提供无处不在的支付受理环境。只要用户用手机进行支付,就能享受其他支付业务所不能享受的折扣及贵宾优惠,此举不但可以提升手机支付者的满意度,还可以吸引更多的人使用此业务,促进长江掌中行的全面推广。

② 在精品服务联盟所属的商户消费,每次消费都能累积额外积分,并且将不同商户消费所得积分累积起来,凭借积分可以享受进一步的优惠和回馈。

手机支付业务本身作为一个跨行业合作的典范,它整合了电信、金融和电子商务等行业的资源,构建起了一个全新的价值链和商务模式,这种价值链和商务模式具有强烈的时代感和市场感,并最终影响到社会生活的方方面面。

3. 结行公司非接触式手机钱包综合解决方案

(1) 公司简介

结行最早起始于重庆结行移动商务有限公司,成立于 2002 年,是国内最早进行移动支付技术研发和应用服务的公司之一。在 2005 年,结行移动商务国际有限公司和结行信息技术(上海)有限公司成立,并于次年成功引进战略投资。

结行长期致力于满足不断发展的手机支付需求,成为中国最领先的非接触手机钱包综合解决方案和运营服务的提供商。2007 年,结行与重庆移动合作建设移动电子商务(手机支付)系统平台,并提供全面的运营支撑服务,作为国内首个规模商用和稳定运行两年多的手机支付系统示范项目,得到中国移动集团、重庆移动和移动研究院领导的充分肯定。

结行不断以市场应用带动产品研发和技术革新,在移动支付系统、电子商务系统、射频 SIM 卡应用软件、POS 终端应用软件等方面拥有自主研发的数十项核心技术,公司目前已经申请和获得多项软件著作权和专利,并被评为高新技术企业、软件企业,公司的移动电子商务平台系统软件被评为高新技术产品。

结行目前在上海、重庆、成都、乌鲁木齐设有研发中心、运营公司或办事机构,进行全国性的运营和服务支撑,并随着业务的开展,与合作伙伴共建更强大的运营和服务支撑网络。

(2) 非接触式手机钱包综合解决方案

① 业务简介

结行的非接触式手机钱包综合解决方案由4大业务应用及8大系统平台构成。

如图6-10所示,有为用户、商户及内容提供商提供的4大业务应用,为运营商及服务提供商提供的8大系统平台。

图6-10 非接触式手机钱包综合解决方案

非接触式手机钱包是一项以手机SIM卡为载体,将安全智能芯片及无线射频天线整合到SIM卡中,以卡模拟、阅读器、点对点通信为应用模式,在手机上实现电子钱包、在线购买、积分兑换、电子票务等多种业务应用的服务产品。

结行非接触式手机钱包综合解决方案作为一种结合了货币电子化、身份验证、移动通信与移动终端的崭新业务,支持运营商和服务提供商以便利、高效、安全的方式为用户提供已有和创新的产品及服务。用户突破手机终端的局限,无需更换手机即可随时随地通过SMS、GPRS等多种通信方式,享受丰富多彩的手机支付服务。

结行非接触式手机钱包综合解决方案能帮助运营商迅速搭建功能强大的手机钱包运营平台,提供全新的运营、管理和收费模式;同时针对不同行业的服务提供商,提供包括认证、交易、清结算等各具特色的功能和服务,使每个服务提供商都能得到量身定制的平台整体解决方案。

② 方案特色

该方案以 SIM 卡为核心,应用置于 SIM 卡内的安全智能芯片中,确保业务完全是由运营商控制并进行有效管理。安全智能芯片与无线射频模块整合在一张 SIM 卡中,使用户不用更换手机终端即可使用手机钱包服务。

采用此方案,可以方便地将目前已经在 Java 卡上实现的其他应用,例如银行及公交应用部署在 SIM 卡上,使 SIM 卡成为一卡多用的多功能智能卡。

a. 以运营商为核心

在该技术方案中,所有的非接触式应用都存储在运营商发行的 SIM 卡上,因此运营商可以有效地规划和管理非接触式业务,发挥核心的作用。

b. 多应用支持

SIM 卡支持硬件分区和 Global Platform(GP)技术架构,并将在后续升级支持中国移动 CMS2AC 规范。这种架构保证了在 SIM 卡中可以按照一套完整的安全标准创建多个独立的安全域,以存储各类完全不同的应用,例如电子钱包、电子券、定点储值、身份识别信息等。

c. 业务的可移植性及延续性

在平台中可保存用户已开通的所有应用信息,当用户卡片丢失或损坏后,也可将原应用及相关数据信息移植至新卡,保证用户应用的延续性。

d. 灵活性

由于应用存储在 SIM 卡中,因此在用户更换手机之后,所有的应用都可以继续正常地使用。

e. 兼容性

除支持 RF-SIM 卡之外,还支持标准化的 NFC-SIM 卡等多种形态的智能 SIM 卡。

f. 自适应性

由于不同的手机终端所支持的通信方式不尽相同,手机钱包卡能够根据所置的手机终端的不同而自动选择可用的最佳的通信模式(SMS/GPRS),在用户毫无感知的情况下为用户提供最佳的服务体验。

g. 安全性

芯片集成硬件加密,通信过程有密钥保护,以及用户鉴权和 SIM 卡本身的安全机制为存储在卡中的交易应用提供了一个安全的运行环境。基于 GP 架构 Java 卡更实现了不同应用之间的隔离,有效防止未授权的恶意攻击行为。

③ 方案优势

a. 经过验证的商用平台

以市场应用带动系统建设及技术革新。系统设计、研发及升级均以市场为导向,以业务为龙头。通过与国际领先、国内知名的合作伙伴结成战略联盟,结行非接触式手机钱包综合解决方案已经具备满足全国性、多中心运营的能力,是目前市场上唯一具备技术先进性和高可用性的商用平台。

b. 提升全面控制和管理能力

采用手机和智能卡相融合的实现方式,将非接触式 IC 卡应用置于手机 SIM 卡内,芯片通过单线通信协议与 SIM 卡进行数据交互,更加符合机卡分离的技术特点。原有的移动通信应用与非接触式 IC 卡等增值应用由统一的单芯片管理,使得运营商能更加安全、简便、有力地对 SIM 卡以及其中的增值应用进行发布、管理和控制。通过技术手段提升运营商对业务、系统、商户、用户的全面控制和管理能力。

  c. 高灵活性

针对手机终端的不同通信模式,平台在通信接入层采用了通信适配器的设计理念,针对 SMS、GPRS、WAP 等不同通信模式,均以通信插件的形式整合到通信适配器处理引擎上,对业务处理层屏蔽了相同业务不同通信模式的处理差异。

  d. 业务快速接入及部署

针对不同第三方系统的接入要求,平台在发布接入标准接口的同时,更根据各第三方系统的不同特性,提供了包括 Java 类、Win DLL、Linux/UNIX Lib 等多种接口调用方式,方便第三方应用的快速接入。

针对各第三方提供的不同应用特性,平台在建设时已经根据现有业务模式进行了深入分析和提取,预置了多种标准的业务处理流程模板,使得这些标准业务框架的应用能够在平台内进行快速部署实施。

  e. 高可扩展性

系统采用模块化结构,运营商可以轻松集成第三方应用、进行模块化添加或产品优化,高效实现运营商自有应用的快速加载和第三方应用的快速部署,充分适应未来业务发展的需要。

  f. 稳定可靠的系统平台

系统在设计时,针对各类异常建立了完整的冲正及对账(数据一致性核对)机制,能够保证在最短时间内进行交易的异常恢复处理。同时,系统的冗余设计保证高并发时的处理效率以及 7×24 小时的连续稳定运行。

6.2.7 案例 7 翼卡通打造零现钞校园手机支付新生活

2010 年,南京市女子中专与中国电信南京分公司成功签约了翼卡通项目,为广大学子打造方便快捷的零现钞校园手机支付新生活。

1. 多卡合一,翼卡通打造无钞校园

当前,由卡时代衍生出的卡奴一词已不再新鲜。仅在校园里,身份证明需要身份证、学生证,考勤需要考勤卡,就餐需要饭卡,借书需要借书证等,这么多卡、证在身,且不说其本身的麻烦,一旦身份证等丢失,补办时的烦琐手续,令人头疼。翼卡通的出现令这种问题迎刃而解。

(1) 翼卡通简介

翼卡通项目,集电信手机、校园翼卡通、金陵翼卡通三大功能于一体,是最新版三卡合一校园翼卡通运用的典范。

翼卡通(RF-UIM)是中国电信公司推出的面向大学校园的一项新型业务。它在天翼手机 UIM 卡的基础上通过集成可服务于校园信息化的一卡通功能,从而达到学生通过翼卡通手机可实现一机在手,走遍校园(食堂、图书馆、上网机房、学校超市、出勤、门禁等)乃至校园周边(餐饮、服饰、图书、娱乐等)的目的,如图 6-11 所示。

RF-UIM卡是双界面智能卡(RFID卡和UIM卡)技术向手机领域渗透的产品,是一种新型手机UIM卡。RF-UIM既拥有普通UIM卡一样的电信应用功能,又能够通过附于其上的天线与读卡器进行近距离无线通信,尤其是手机现场支付和身份认证功能。

这意味着,师生们只要一卡在手,就相当于同时携带了学生证、身份证、借书证、餐卡、钱包、电话卡、存折、公交IC卡等多卡于一身,再也不必担心在校处理事务时忘带证件,或是证件一旦丢失补办不易了。这无疑极大地方便了广大师生员工的工作、学习和生活,也为学校的教学管理和后勤服务提供了必要的信息。

图 6-11 翼卡通

翼卡通有如下特性:

① 一卡多功能

RF-UIM卡能够兼容现有的大部分手机,既有天翼移动通信功能,又具备手机电子钱包(可进行各类小额消费)、身份认证(具有学生身份信息)、电子票据(电影票、优惠券、打折凭证等)、OTA场景(音乐、电影推送)等功能,可根据需求快速扩展提供各类服务。

② 无需定制或更换手机

翼卡通可直接在普通天翼CDMA手机上使用,用户只需将UIM卡更换为通号码的RF-UIM卡即可使用。

③ 系统改造量小

只需要对现有的POS机进行更换或升级(POS机增加2.4G RF读卡模块),不需变动已有的业务系统,可在较短时间内完成升级改造。

④ 信息化终端

翼卡通终端既是校园信息化终端,同时通过中国电信的信息化平台,可不断扩展信息化服务能力,提升校园信息化能力。

(2) 一卡通介绍

一卡通广泛应用于各行各业,根据其介质,可分为只读型一卡通和读写型一卡通。

只读型一卡通一般是运用卡上的ID号来实现身份认证,并在后台进行数据交互,如磁条卡、条码卡、载有ID号的PVC卡、非接触式ID卡。读写型的一卡通运用范围比较广泛,卡片既可作为身份认证ID,也可以写卡操作。

读写型的卡片即为大家所熟悉的IC卡,分为接触式和非接触式两种。非接触式IC卡就是RFID卡,卡内有内置芯片,是未来发展主流。以飞利浦的Mifare卡为例,它由多个读写扇区组成,可以进行加密、存储、读取、改写。射频卡技术发展到CPU卡阶段,除加密、存储、读取、改写外,还具有运算及动态加密功能。

近年来,手机SIM/UIM卡与射频技术融合在一起,形成一个新的介质,即手机一卡通,翼卡通就是这种将RFID与UIM结合在一起而形成的RF-UIM卡。表6-3为三种一卡通的参数功能比较。

表 6-3 一卡通参数功能比较

卡种类	Mifare One（M1）	CPU 卡	RF-UIM
工作频率（RF）	13.56 MHZ	13.56 MHZ	2.4 GHZ
操作界面	S50/S70	非接触	
加密运算功能	无	有	
数据管理方式	分区存储	树型文件式	
总容量	1K/4K	8K	
密码标准	国际标准 DES 算法	标准 3DES 加密算法	同 CPU 卡
防冲突机制	有	有	
数据保存期	10 年	10 年	
数据可写性	10 万次	10 万次	
数据可读性	无限次	无限次	
读写距离	<10 cm	<10 cm	
安全性	中	高	
开放性	低	高	
扩展性	中	高	极高

(3) RF-UIM 的工作原理

RF-UIM 在 UIM 卡基础上实现了 2.4 GHz 非接触通信功能,无需定制手机即可实现非接触通信功能。RF-POS 是读取 RF-UIM 卡的外围设备装置,只需在普通 POS 上集成 RF Reader 即可。当 RF-UIM 卡进入 RF-POS 的有效感应区域时,在相互进行鉴权和认证的基础之上,RF-UIM 卡与 RF-POS 进行信息交互,实现非接触支付应用,参阅图 6-12。

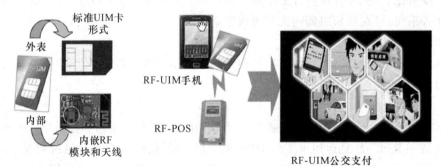

图 6-12 RF-UIM 卡

翼卡通系统整体应用框架如图 6-13 所示。

(4) 消费/POS 管理系统

① 系统概述

管理电脑与消费机之间通信可通过 RS485 通信转换器或 TCP 通讯转换器,台式消费机已内置后备电源,直接输入 AC220V,不需另配电源。消费/POS 管理系统结构如图 6-14 所示。

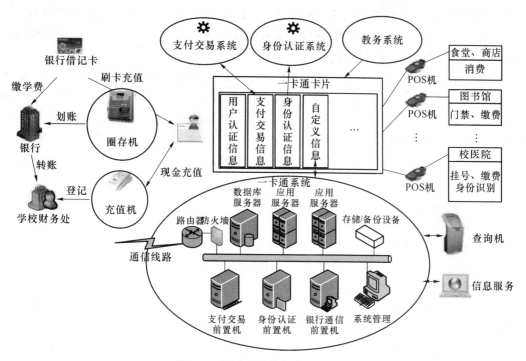

图 6-13 翼卡通系统整体应用框架

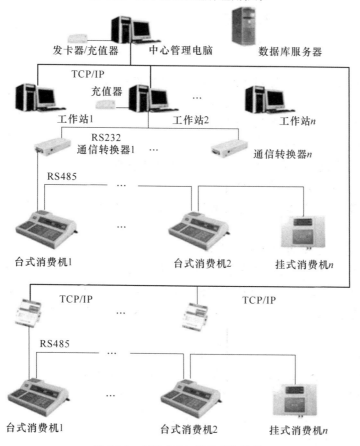

图 6-14 消费/POS 管理系统结构

消费系统的目的是使消费行为变得方便、快捷,提高消费效率和节省消费需配备的人工成本。该系统集感应式 IC 卡技术、计算机技术及通信技术于一体,消费方案的消费方式有两种:不定额消费机消费和 POS 消费。

企业中常用到不定额消费机系统。不定额消费机支持脱机工作,只负责从卡上扣款,可选择配备票据打印机对每次消费自动打印收款票据,针对超市等有第三方系统管理和计算消费金额的地方,所购商品的条码扫描、金额累加和计算都由专业超市管理系统完成。持卡人在最后支付时就像刷银行卡支付一样,工作人员在不定额消费机上输入需支付的总金额,持卡人刷一下 IC 卡即完成支付。消费机中的消费额数据归集到管理中心,即可和超市进行对账和财务处理。

② 基本功能及特点

a. 使用方便,只需轻轻刷一下就完成消费。

b. 采用高可靠性、行业公认的内置电池存储芯片,保证数据的可靠存储,不丢失。

c. 通信加密和严格验证,杜绝了通信过程中的数据丢失。

d. 具有 LED 显示,可显示应扣金额及卡中余额。

e. 卡上金额密码由最终用户第一次启用系统时自行设定,保存了资金的独立和安全性。

f. 卡片数据严格加密,非本系统所发的卡杜绝使用,外人无法复制和修改卡片数据,保证了系统的安全性。

g. 定额消费和不定额消费方式可切换。

h. 可设定每次最高消费限额。

i. 可设定当天最高消费限额。

j. 通过键盘即可查询累计消费次数和累计消费额等信息。

k. 具有挂失、换卡等功能,换卡后卡上金额不会丢失,仍可正常消费。

l. 系统详细记录每次消费的时间、金额等信息。

m. 可脱机或联网使用。

n. 消费机可脱机独立驱动票据打印机打印每笔消费票据。

o. 系统支持补贴发放和方便的自动充值功能。

p. 软件操作简明,功能强大,可按部门、按人、按天、按消费窗口或早中晚时段统计分析消费记录及出报表。

2. 个性定制,DIY 配置专署解决方案

翼卡通的另一大优势,是其差异性。整项应用并非千人一面,而是由考勤统计、身份证明、刷卡消费等几大模块的多项具体应用构成,不同学校可以根据自己的实际情况,选择配置出符合校情的专署翼卡通方案。事实上,不少学校已经体验到了翼卡通这一特性的便利与贴心。

在南京市女子中专,校园翼卡通的方案主要是建设数字校园平台(含统一身份认证的信息门户系统及网络安全系统、翼卡通系统、迎新系统等),满足校方行政管理、教学管理等方面的需要,同时在学校食堂、宿舍、图书馆、电脑室等地布点,构筑以天翼移动手机终端为信息载体,适用于校内支付和管理的计算机网络系统。

无锡科技职业技术学院的翼卡通方案则包括食堂消费、宿舍水控,另增门禁、图书馆接口、校园网接口等。同时,校区内的所有办公电话还与师生的翼卡通手机同建于一个网内,方便师生、学生之间的沟通,学校的各类通知、考试成绩发布以及校园活动等信息也通过学校的数字信息平台直接发布到师生们的翼卡通手机上。

在西安培华学院,针对该校具有新、老两个校区的实际特点,其校园翼卡通方案将两个校区的餐厅、学生活动中心、综合商业楼、图书馆、浴室及办公考勤系统建立在一个共同的平台上,实现资源共享。同时将新、老校区所有办公电话和翼卡通手机建在一个网内,且网内通话免费,在提供便利的同时也节省了学校的开支。

江苏经贸职业技术学院的翼卡通则根据该校新生管理方面的工作需求,为其量身打造个性化的迎新信息系统。该系统既能综合整理学院的招生、财务、教务、宿管等各种专业数据,又支持新生摄像、户口迁移、各种证件办理等具体的操作性事务,使学院管理实现一站式服务,不仅提升了工作效率,还为校园管理、决策提供详细的数据统计分析。刚入学的新生也可通过天翼手机终端所提供的入学向导、学习提醒、校园生活、师生沟通等综合信息,尽快融入校园新生活。

3. 综合应用,智慧校园成发展趋势

综上所述,校园翼卡通应用通过中国电信的天翼网络,向学校提供集校园一卡通刷卡消费、身份认证、信息查询等综合应用服务,充分利用移动终端的便捷性、灵活性,打通手机终端与校内管理服务系统的互动通道,有效提升了学生管理、行政管理和教务管理等工作的效能。

一方面,学校可以利用相关模块,实现校务管理、档案建设、数据分析的一站式服务,既加快效率,减少误差,又节省了人力成本。另一方面,学生以手机这一通信工具为媒介,进行校园各项事务的操作,与校方进行沟通互动,也不失为一种时尚又便捷的全新模式。而这种基于物联网应用的智慧校园模式,也正是中国电信天翼翼卡通所倡导的。可以预见,这一融合资源,打包服务的方式,将成为未来校园信息化的发展方向。

6.2.8 案例8 江苏移动支付平台

1. 开发背景

网上支付作为一种新的服务手段,可以帮助企业,特别是银行在竞争越来越激烈的市场上继续保持优势,同时可以帮助企业扩大其服务范围,获取国内、国际客户,提高企业的竞争实力。

随着中国移动GPRS网络投入商用,GPRS网络快速接入、高速传输、按流量计费、永远在线等特点为建设移动电子商务提供了坚实的基础。江苏移动拥有近800万用户,其中预付费用户占到近70%,为建设移动支付平台提供很好的开发环境。针对SIM(STK)卡功能单一的问题,建设移动支付平台将其功能延伸为具有移动和银行支付功能的一卡通。

2. 系统架构

江苏移动支付平台的网络拓扑图如图6-15所示,移动支付平台是基于BEA TUXDO和J2EE/J2ME体系结构的多层系统,各层之间相对独立,提高了系统的可靠性和负载能力,同时具有良好的伸缩性。

(1) 客户端

使用何种终端需要依据具体的应用。对于个人用户,客户端为具有WAP功能、KJA-

VA 运行环境或 STK 卡功能的手机；对于集团用户，例如厂商，客户端为具有 WAP 功能、KJAVA 运行环境或 STK 卡功能的无线 POS 机。

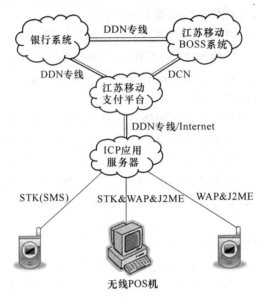

图 6-15　江苏移动支付平台网络拓扑图

（2）协议

ICP 应用服务器支持具有 STK 功能、WAP 功能和 J2ME 功能的客户终端，因此支付系统必须支持 SMTP 协议、WAP 协议和 HTTP 协议等。

（3）接口

终端接口：ICP 应用服务器支持具有 STK 功能、WAP 功能和 J2ME 功能的客户终端，因此 ICP 应用服务器必须有支持 SMTP 协议、WAP 协议和 HTTP 协议的应用接口。

交易接口：ICP 应用服务器与移动支付平台有一个交易接口，通过该接口，可实现交易数据传输。对于采用预付费进行交易的用户，支付系统与 BOSS 系统有一个交易接口，客户的行为分析、交易信用度和交易金额的实时划扣，均由该接口完成。

对于采用银行划账进行交易的客户，支付系统与银行交易系统有接口，为了保证双方系统的安全性，可采用代理服务器，基于 Socket 通信的方式来实现。为了节省资源，实现资源共享，可利用目前 BOSS 系统与银行的接口来实现。

（4）系统安全

① 客户端与支付系统之间。

STK 卡方式：对发送的信息进行卡段加密。

WAP 方式：WAP2.0 协议解决了无线传输中数据的安全性，WAP 终端 WIM 技术实现了用户的认证和加解密技术。WTLS 实现了 WAP 终端与 WAP 网关的安全传输，SSL 实现了 WAP 网关与 ICP 应用服务器端的安全传输。

J2ME(KJAVA)方式：HTTP 协议和 SSL 协议保证了 KJAVA 终端与支付系统的代理服务器端的安全传输。

同时辅助以下安全措施：CA 认证；三要素登录（数字证书＋用户名＋口令）；多道防火

墙;GEMPLUS 读卡器和 CPUIC 卡;交易采用支付密码或数字签名。

② ICP 应用服务器与支付系统之间。

支付系统与 ICP 应用服务器采用 DDN/Internet 相连,两个网络之间采用防火墙进行安全认证等。

③ BOSS 与支付系统之间。

支付系统与 BOSS 系统采用 DCN 相连,两个子网之间采用防火墙进行安全认证等。

④ 银行与支付系统之间。

支付系统与银行系统采用各自系统前的代理服务器进行通信,代理服务器与应用系统之间采用防火墙进行隔离。

3. 系统实现流程

(1) 用户申请和认证

用户到营业前台或通过网上营业厅申请开通移动支付功能,根据 BOSS 系统中用户的信用度判断用户是否有权开通。

① 预付费用户。申请电子钱包功能,将一部分预付费移植到电子钱包里,类似于招商银行的网上支付账号。

② 全球通用户。申请电子钱包功能,该用户电子钱包具有透支功能,根据用户的信用度给以相应的透支金额。

③ 银行划账用户。如果用户不想通过话费来支付,基于 WAP 或 J2ME 的方式可以做到实时扣账;但如果基于 SMS 方式,考虑到 SMS 的延迟因素,可以和银行达成一些协议,银行方收到交易通知消息(包括相应的交易金额)时,先在用户的账户中冻结这部分金额,等收到交易确认时,再扣除。

(2) 交易受理

用户通过手机或无线 POS 机进行商品购买或费用支付(例如煤气费、水电费等)时,在终端输入相应的费用信息进行提交后,应用服务器(网上商场或煤气等交费系统)通过短信方式或 WAP PUSH 方式向用户发送消费确认信息。如果用户确认,则应用服务器向支付系统发送交易数据包,进行解包,并将数据入库,每条记录有唯一的流水号,以便以后用于对账,同时向账务系统或银行系统发送扣账请求。

如果扣账成功,支付系统对此交易数据贴上成功的标志,同时向应用服务器发送交易成功信息;如果交易失败,则取消该交易所有操作,同时以 SMS 或 WAP PUSH 方式通知用户交易失败。

(3) 费用结算

如果通过话费进行支付交易,则每月由移动公司和 ICP 进行费用结算。

4. 应用前景

将该系统成功投入使用,并有许多 ICP 进行配合,应用在商场、宾馆、银行、证券、煤气、水电部门等多个领域,可使移动用户无需信用卡,只需一张 SIM 卡就可以完成购物、住宿、交费等许多交易,真正实现电话消费一卡通的梦想。

进一步阅读提示——捷银支付

上海捷银电子商务有限公司成立于 2001 年,是一家移动支付领域的专业公司。捷银支付的产品服务主要有四种:话费充值、公共事业缴费、在线购卡、其他(彩票、票务等)。

1. 话费充值

话费充值是捷银支付的应用之一,用户通过发送短信的方式,随时随地为手机进行话费充值。其具体的业务流程如图 6-16 所示。

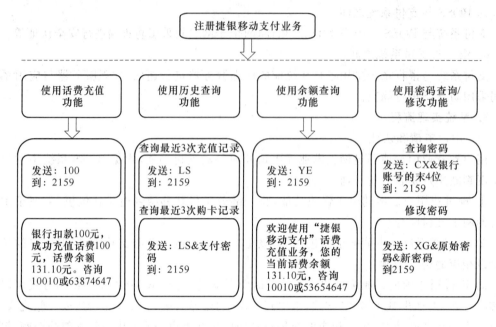

图 6-16 话费充值业务流程

2. 公共事业缴费

捷银公共事业缴费目前仅在上海地区开通,用户通过手机短信的方式即可轻松完成每月的水电煤等费用,具体流程如图 6-17 所示。

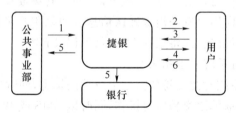

图 6-17 公共事业缴费业务流程

(1) 公用业公司将用户的账单发送给捷银。

(2) 捷银发送短信(账单类型、账单编号、金额、出账年月)给用户,请用户确认是否支付该账单。

(3) 用户确定支付,则回复短信确认支付,不需要输入内容。

(4) 捷银发送短信给用户,内容为账单正在处理中。

(5) 捷银向银行要求扣款,得到扣款结果;然后告诉公用事业公司账单已经完成支付。

(6) 捷银发送短信通知用户该月账单已经完成支付(月份、账单编号、金额、支付成功)。

进一步阅读提示——移动运营商加大移动支付投入的原因分析

中国移动 400 亿元入主浦发银行、世博会高调推广手机世博门票等事件显示,国内运营商纷纷在移动支付业务上进行了较大投入。有人将 2010 年称为国内移动支付规模化商用的元年。

分析 2010 年各大运营商对移动支付较大投入的主要原因,包括以下几个方面:

(1) 网上支付市场的快速发展客观上提供了移动支付业务发展的土壤

截止到 2009 年年底,国内网络购物用户规模已达 1.08 亿人,年平均增长 45.9%,网络购物使用率上升到 28.1%,网络购物已逐渐成为网民的消费习惯。移动支付业务是网络支付的移动化延伸,与当前各大运营商积极推进的移动互联网业务相契合,因此移动支付业务受到各大运营商的重视。

(2) 面对 3G 的激烈竞争,移动支付业务是运营商业务发展的主观要求

自 2009 年信产部发放 3G 牌照宣告国内 3G 时代来临,国内三大运营商围绕移动通信业务展开了激烈的竞争。运营商普遍意识到移动支付作为一项特色业务具有较强的捆绑客户特性,因此加大了对于移动支付业务的投入。

(3) 争夺移动支付标准及产业链主导权是运营商大力投入的直接动因

近年来移动支付业务缺乏统一标准是其在国内未能得到规模化商用的主要原因之一,各大运营商与银行、银联之间就产业链主导地位及移动支付技术标准形成了多年的博弈态势。中国移动入股浦发银行及 2010 年国家颁布《支付清算组织管理办法》和业界盛传的三方金融交易牌照发放等事件使移动运营商打破金融交易业务壁垒,改变博弈的天平,进而实现产业链主导。

复习思考题

1. 请试着画出 NFC 被动支付方式的支付流程图。
2. 基于 NFC 的移动支付系统有什么缺点和不足?

本章参考文献

[1] 王宇伟,张辉.基于手机的 NFC 应用研究[J].中国无线电,2007(6):3-8.
[2] 门凤超.NTT DoCoMo 移动支付业务运作模式分析[J].通信世界,2008(1):A27-A28.
[3] 申玮.NFC 移动支付运营模式研究[D].北京邮电大学经济管理学院,2008.
[4] 胥莉,陈宏民.美国和日本信用卡产业的比较研究[J].国际金融研究,2004(8):25-30.
[5] 刘畅,杨怡.手机钱包掌中行[N].人民邮电,2007-07-27,(7):7.
[6] 王军明,伏海文.浅析江苏移动支付平台[J].电信科学,2002(6):50-51.

[7] 杨婵.移动支付国外典型案例研究[J].通信世界,2009(28):B26.

[8] 刘畅.长江掌中行前途未可量[J].重庆通信业,2007(4):35-35.

[9] 张鹏."世博手机票"成契机中国移动11月十城市推广RF-SIM卡[J/OL].通信世界 2009(41):A4.

[10] 邢婷婷."翼卡通"打造"零现钞"校园手机支付新生活[N].通信信息报:[2010-08-23]. http://www.singbon.com/xinwen/xinwen_12102.html.

[11] 中国移动上海公司.世博手机票——刷手机入园看世博[EB/OL].[2010-01-22]. http://10086.cn/whatsnew/styles/gddt/sh/aintro/201001/t20100122_13787.htm.

第 7 章 移动营销

本章关键词

移动营销	Mobile Marketing
PUSH 营销	PUSH Marketing
4I 模型	4I Model
短信网址	SMS Web Site
二维码	Two-dimensional Code
终端嵌入	Embedded Terminal
WAP 营销	WAP Marketing
无线富媒体	Wireless Rich Media
无线社交	Wireless Social Networking
移动互联网	Mobile Internet
LBS 营销	LBS Marketing

7.1 基本原理

移动营销在国内外发展均较晚,所以至今没有统一的定义与名称。国外称移动营销为 Mobile Marketing。在国内有人称为移动营销,也有人称为无线营销,不过更多人采用的是前者。

美国移动营销协会认为:移动营销就是利用无线通信信媒介作为传播内容、进行沟通的主要渠道所进行的跨媒介营销。该定义是目前业界公认的定义。这里的无线通信媒介主要是指被称为第五媒体的手机。移动营销是在数据业务发展的基础上发展起来的,主要是利用手机媒体进行的各种营销活动,包括收集信息、进行促销活动、销售产品、维系客户关系等。目前国内的主要应用有短信营销、彩信营销、WAP 营销、手机游戏营销、彩铃营销、短信网址互动营销等。

国内移动营销专家朱海松定义移动营销是利用以手机为主要传播平台的第五媒体,直接向分众目标受众定向和精确地传递个性化即时信息,通过与消费者的信息互动达到市场沟通的目标。也称作手机互动营销或无线营销。移动营销是在强大的数据库支持下,利用第五媒体通过无线广告把高度的个性化即时信息精确有效地传递给消费者个人,达到一对一的互动营销目的。这种一对一的营销平台是建立在针对目标消费群的细分市场基础上定向发布个性化信息,进行互动沟通,完成营销的推广活动的。

移动营销的目的主要是增大品牌知名度、收集客户资料数据库、增大客户参加活动或者拜访店面的机会、改进客户信任度和增加企业收入。

总体来说,移动营销是一个既涉及无线通信,又与市场营销有关的跨领域交叉学科,移动营销的第一个概念,即移动营销是网络营销的一个技术性延伸,它们的基础都是市场营销。移动营销是基于一定的网络平台实现的,这个网络平台既可以是移动通信网络,也可以是无线局域网,而对应的接入手段或设备包括手机、PDA、便携式电脑或其他专用接入设备等。移动营销的第二个概念是移动营销是对网络营销的无线延伸,即无线营销可以给市场营销创造无限应用,即所谓的 A 的立方(A^3)的概念,具体而言就是移动营销使人们可以在任何时间(any time)、任何地点(any where)、做任何事情(any thing)。这也是未来移动营销将给人们的学习、生活和工作带来翻天覆地变化的关键之处。

7.1.1 移动营销的运作模式

1. PUSH 模式

(1) 模式介绍

PUSH 模式是指企业通过特定的号码直接向用户发送短信或彩信的形式,目前有两种形式:

① 通过在移动运营商那里申请的统一号码发送。

② 用特定的手机号码向自己所掌握的用户群号码直接发送,该方法的缺点是发送范围较有限,且违规情况较多。

(2) PUSH 模式应用

① 短信营销

短信营销占了移动营销很大份额,其优点有:

a. 费用低廉;

b. 潜在广告对象群体巨大;

c. 可以大大提高手机广告运行的速度;

d. 短信的文本远远比无线上网文件小,无论是传输过程、打开速度还是存储容量,都是一个很大的节约。

② 小区短信营销

短信营销中比较亮丽的一道风景线就是小区短信营销,简单讲就是说在特定的区域(如机场、车站、卖场、酒店、旅游景点)、特定时间(如活动、促销、开业)对特定人群(如本地、外地移动用户)发送特定短信的无线增值服务。

小区短信营销的优点是快捷、高效、准确。其适用对象为区域化商户,尤其是各类的传统商户,这些商户在促销中,运用移动定向、定位技术大大提升营销效果。

(3) PUSH 模式的优缺点

PUSH 模式的优点是可以直接将企业的营销信息迅速发给用户,且覆盖率较广。其缺点是:如果企业对信息的内容、信息发送的时机把握不好,容易引起用户的反感,比较普遍的情况是用户对自己不感兴趣的信息,会在仔细阅读前就把它删除。

(4) 建议

针对 PUSH 模式,企业建立许可与退出机制。无论企业采取何种方式来推送信息,最好建立许可与退出机制,例如,在给消费者发送第一条信息时,应提示消费者可以通过某种方式避免以后接收该公司类似的信息。这样企业在接收到拒收信息后,就会把用户的个人资料加入到它们的屏蔽名单中,以后该消费者就不会再收到类似的信息了。这既保证了以后信息发送的有效性,也增强了用户对企业的友好感。

2. PUSH+WAP 模式

(1) 模式介绍

PUSH+WAP 模式是采用短信或彩信推送的形式加上无线网络的超链接形式进行的移动营销。一条简洁的文字短信或直观彩信发送给手机,对该信息感兴趣的用户可以进行点击或链接进入无线网络的相关介绍,获得更详细更丰富的资料。

(2) PUSH+WAP 模式的优点

① 相对于 PUSH 来说,PUSH+WAP 模式可以将主要内容放在 WAP 站点上,从而减少 PUSH 的内容和花费,节约企业的营销费用。

② 很好确定有效受众。无线网络的点击率可以通过 PUSH 和 WAP 这两种手段轻而易举地计算并统计出来,进而确定进行点击的用户,这些用户才是真正的有效受众。有效受众的确定,提升了营销信息的传播效力和价值,也为广告商的付费和后期用户管理提供了方便。

3. 企业自建互动营销平台

(1) 模式介绍

企业互动营销平台是在数据业务发展的基础上而发展起来的,主要是利用手机进行各种营销管理活动,包括收集信息、宣传企业、销售产品、维系客户关系等。

(2) 企业自建平台优势

由于手机的随身携带性、互动性、便捷性,使得手机相对于其他营销平台而言有了更为显著的信息传播优势。其一,企业可以通过自建平台来发布信息,可以随时随地收集信息、传播信息等,以适应市场变化的需求。其二,消费者对企业的反馈或意见有了发表的地方,通过这个平台可轻松获取对其有价值的信息,及时向企业反馈自己的感想和经验体会,并与企业交流等,这与单纯的推送信息的区别在于消费者与企业有了更深层次的互动。

(3) 企业自建方式

企业自建互动营销平台主要可以采取两种方式:

① 企业向移动运营商申请短信端口号,然后通过互联网连接移动运营商的网关,使用申请的短信端口实现功能强大的短信群发功能。顾客编制指令发送到指定号码即可查询与反馈各种信息。

② 企业向移动运营商直接申请企信通、集信通等业务,由运营商来帮助企业搭建短信平台。例如,联通双向集信通系统是基于手机短消息的多功能双向信息发布平台,通过这个

平台,各企事业单位可以面向客户发送各种商业短信,以无线形式实施市场宣传、信息、客户管理等。

4. 短信网址模式

(1) 模式介绍

短信网址是指移动互联网上用自然语言注册的网址,短信网址模式是利用 SMS 短信方式或 WAP 寻址方式为移动终端设备快捷访问无线互联网内容和应用而建立的寻址方式。短信网址与互联网的域名概念相同,短信网址在移动网络上针对用户做营销,而且可以使企业营销达到反馈及时、传达迅速的效果。

(2) 短信网址模式应用

① 企业注册短信网址后,手机用户就可以通过发送其注册名称到短信网址统一号码50120 实现和企业的信息互动。

② 企业也可以更加方便地面向手机用户进行营销和服务。企业通过短信网址可开展短信咨询、短信留言、短信投诉等一系列客户服务活动,降低企业客服成本、获得客户资料、了解客户需求、解决客户问题,实现与客户无线互动。

③ 在各个行业,短信网址都有广泛的应用。商场可以发布打折促销信息,餐饮行业可以实现短信订餐,服务行业可以组建 VIP 俱乐部。除此之外,注册短信网址极其方便,每年的注册费也较低,且无需专业人士进行维护,只需不时地更新回复栏目的信息即可。

5. 在知名 WAP 网站上宣传的模式

随着移动营销的发展驶入快车道,其对企业的吸引力也越来越大。但面对陌生的领域,不少擅长传统营销方式的企业仍旧犹豫不决。其实,对于他们而言,除了短信、彩信的推送外,还有一种比较可行的方式,就是与知名 WAP 网站合作,在 WAP 上做信息宣传或开展互动营销活动。

目前国内比较知名的 WAP 网站有:移动梦网(http://wap.monternet.com)、3G 门户(http://wap.3g.cn)、空中网(http://kong.net)、摩网(http://wap.moabc.com)、手机新浪(http://sina.cn)等。

2005 年,亚洲最大的金融服务集团之一新加坡星展银行开始在空中网的无线互联网上投放品牌广告,这是国际金融服务机构首次尝试将无线互联网作为其品牌推广的渠道,也是国内无线互联网门户获得的第一笔金融行业的广告订单。

6. 终端嵌入模式

终端嵌入模式是将广告以图片、屏保、铃声和游戏等形式植入手机。

摩拜美迪公司是终端嵌入营销模式的代表,摩拜美迪将广告以图片、屏保、铃声和游戏等形式植入了国内每年出产的 3 000 多万台彩屏手机里,摩拜美迪通常以买断的方式,在一个品牌的每部手机里投放 3~4 个广告,并将 1/3 的广告收入分给手机厂商。对终端的占有,是一个行之有效的模式,但终端的覆盖率是广告主特别关心的问题。这种模式是最具创新性也最具难度的模式,捆绑嵌入模式值得无线营销策划者借鉴。

以上便是目前移动营销领域的主要模式,企业在运用这些营销模式时,还应综合考虑其他营销手段,如投放营销信息时给用户一定的折扣或优惠。广东移动开展的听广告,得话费以及天津联通的看广告,拿大奖都体现了这样的业务思想。企业在采用移动媒体时,还可与其他传播渠道交叉配合,进行市场推广活动。比如在新产品上市前期,已经通过电视、户外等媒体的轰炸建立了足够的市场知名度,在随后进行不定时的特价销售等活动时就可以通过手机广告发送相关信息。

7.1.2 移动营销的4I模型

从营销理论的发展可以了解,无线营销在本质上仍然是在4P、4C、4R这三种理论所讨论的框架之中,只不过无线营销更加精细化,特别是相对于关系营销的4R理论,无线营销更加丰富和细腻。无线营销具有鲜明的量化和互动的特征,且具有识别、锁定和即时等特点,而这些是与消费者本身紧密地结合在一起的,即对客户关系营销的更深层次的发展。朱海松提出了可以更好地应用在无线营销上的4I模型,4I分别代表分众识别与锁定(Individual Identification)、即时信息(Instant Message)、互动的沟通(Interactive Communication)、我的个性化(I Personality),如图7-1所示。

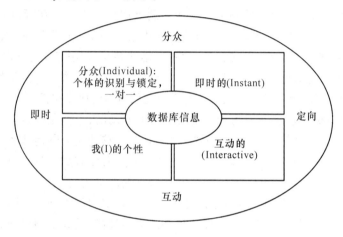

图7-1 无线营销的4I模型

1. 识别(Identification)

识别沟通分众对象并与其建立一对一的关系。分众的精细化就是目标个体,目标个体是指目标消费者已经不是抽象的某一个群体了,而是差别化的个体。移动营销就是利用第五媒体的手机与差别化的个体进行一对一的沟通。同时,这种目标个体是可识别的,即分众的量化。这种识别包括不同消费者之间的个性需求识别,以及同一消费者在不同地点、不同时间段的特定需求。个体可识别,就可对目标消费的个体进行量化管理。在传统营销理论中,回避了到底是哪个消费者的问题,消费者的关系建立是模糊的、不可识别的,消费者的见利忘义体现在大量的促销活动可以轻易地使消费者转移品牌,消费者的品牌忠诚度更难把握和琢磨,而移动营销可做到识别分众,锁定个体,对其定向发布广告。

2. 即时(Instant)

即时性体现出了移动营销的随时性和定时性。移动终端的便利性使得移动营销可以及时地与目标消费者进行沟通。移动营销的即时性可快速提高市场反应速度。在相互影响的市场中,对经营者来说最现实的问题不在于如何控制、制定和实施计划,而在于如何站在顾客的角度及时地倾听顾客的渴望和需求,并及时答复和迅速做出反应,满足顾客的需求,移动营销的动态反馈和互动跟踪为这种营销策略提供了一种可能。移动营销的即时性意味着企业发布广告可以定时。当企业觉察到消费者的消费习惯时,可以在消费者最有可能产生购买行为的时间发布产品信息,这需要对消费者的消费行为有量化的跟踪和调查,同时在技术上要有可以随时发布信息的手段。另外,也要求在识别用户地理位置后即时触发营销行为,主动推送营销信息。

3. 互动(Interactive)

互动就是参与。顾客忠诚度是变化的,他们会随时转移品牌。要保持顾客的忠诚度,赢得长期而稳定的市场,一对一的无线互动营销,可以与消费者形成一种互动、互求、互需的关系。在移动营销活动中,移动营销中的一对一互动关系必须对不同顾客(从一次性顾客到终生顾客之间的每一种顾客类型)的关系营销的深度、层次加以甄别,对不同的需求识别出不同的个体,才能使企业的营销资源有的放矢,互动成为相互了解的有效方式。

4. 个性化(Individuation)

手机等移动终端的特性为个性化、私人化、功能复合化及时尚化的实现提供了得天独厚的优势,这些也逐渐形成评价一部移动终端能否满足用户需求的默认标准。这使得利用第五媒体手机进行的移动营销活动具有强烈的个性化色彩。在消费生活中,人们高喊的"让我作主!"、"我有我主张"、"我的地盘我作主"、"我运动我快乐"、"我有,我可以!"和"我能!"等口号已经传达出市场越来越明显的个性化特征,这种消费诉求要求市场的营销活动要具有个性化,所传递的信息要具有个性化。人们对于个性化的需求将比以往任何时候都更加强烈。

3G 时代的移动营销模式就是可识别的、即时的、互动的、个性化的。

移动商务营销在国内方兴未艾,发展尚不成熟,对于移动商务营销从业者而言依然有较长一段路要走。不管是基于 4P 模型还是 4I 模型,依然需要有数据库和用户许可的支持。在国内用户的隐私权保护意识不断增强、法制监管日趋严格的情况下,在企业实施移动商务营销的同时必须注意法制和道德的界限问题。数据库是实现可识别、个性化、即时性和互动性的基础,没有数据库的支撑就没有个性化营销的方向指南,最终依旧只能完成传统的大众化营销。因此,对于移动商务运营商和营销企业而言,营销数据库的建设是今后较长一段时间内亟需解决的问题。

用户许可是实现长期移动营销的通行证。没有用户许可的小区短信、PUSH 短信、彩信等推广方式只能被用户打入骚扰短信的行列。移动商务个性化营销的重点是与用户产生互动,互动需要用户乐于参与,获得用户许可是实行移动商务营销的前提,以避免营销信息被用户列入垃圾短信,使其后续的所有营销行为成为空谈。因此,移动商务服务商以及营销公司如何实现在营销开始之前获得目标对象的许可是仍待解决的重要门槛。

当前,手机正逐渐演变成个人多媒体信息终端,越来越多的人习惯通过手机获取信息,手机已经成为一种新兴的媒体平台。

7.2 案 例

7.2.1 案例1 Nokia 神话般的移动营销

1. 案例背景

2005 年,Nokia 推出了一款新的手机 6101,并在热映的影片《神话》中植入该款手机的广告,此外,Nokia还将该款手机的信息PUSH给了潜在的营销受众,在北京某外企工作的李明是潜在营销受众中的一员。

2005年9月,一个周五的下午,李明一边继续手头的工作,一边迫切等待即将来到的周末。因为他早已约了女朋友,共同去观看影片《神话》。早在周三时,李明就收到了一条以《神话》为背景的彩信:"在线寻宝赢Nokia手机或电影票!"他随即浏览了相关WAP后按照提示参加了活动,并赢得了两张电影票。

"影片的确不错",李明看完电影后感慨,"手机也很好。"李明在回家的车上又通过其手机上网浏览了Nokia 6101的相关信息(手机在彩信和电影中均出现过),感觉应该换款新手机了。

2. 营销策略

2005年,Nokia中国营销的主打策略是和各部即将上映的电影大片合作,推出新款手机。

在本案例中,移动营销就像调味盐,一个完整、完美的整合营销活动有了移动营销的加入才够味。Nokia在2005年与各部即将上映的大片合作,从《天下无贼》、《三岔口》到《神话》,每次合作,必有移动营销的配合。

根据调查,18~30岁的年轻消费者,对于手机Banners广告有着强烈的点击表现。以《天下无贼》这部片子为例,Nokia赞助《天下无贼》的移动营销活动主要分三步:

(1) 确认用户群

在空中传媒提供的300万用户群的详细资料中,通过一些参数的制定,如年龄、所用机型、消费偏好等,空中传媒帮助Nokia进行用户甄别和区域甄别,将内容发送到Nokia 6101的目标用户群手机上。同时采取MMS(彩信)+WAP(手机网页)+SMS(短信)的形式发送。

(2) 建设WAP品牌专区

设计了SMS在线互动答题、MMS广告转寄、WAP在线游戏、视频下载、剧照活动。

(3) 根据数据结果进行改进

通过对数据(到达率、打开率、WAP访问量等)的收集和对用户参与的轨迹(WAP的浏览轨迹、MMS广告转寄等),来统计此次营销效果,并且为下一次营销活动的改进做准备。

3. 谋略解析:一对一互动的拉动式营销

奇智创库营销业务总监张翚文认为:"手机这样个人化的媒体,就等于进行一对一营销。"移动营销下的目标群众不再是混沌的消费者,电信用户的数据经过身份证号确认,纯净度高,除了人口特性以外,包括账单金额和通话形态,都可以成为精细区隔的应用方法,而且准确度高达90%以上。

在本案例当中,Nokia通过移动营销,真正从PUSH信息,消费者被动接受,变成了以产品或服务信息吸引消费者,通过PULL的力量,让Nokia和消费者的关系更加紧密。这种营销方式还更加有利于企业追踪消费者,计算营销成本。

7.2.2 案例2 三星:双赢天下三星双卡商务手机双剑合璧

1. 案例背景

无线通信技术使世界距离无限缩小,一个人同时使用两个甚至更多的手机号码已经成为一种普遍现象。通过不同的手机号码区分不同的联系人群、实现不同功用,是众多商务人士的必然选择。商务精英们更讲究事业与生活并重,懂得如何把握工作与生活的平衡。所以双卡双待手机,无疑将成为精英们实现工作与生活、时尚与商务双赢梦想的绝佳选择。

2010年9月,三星推出了两款新的双卡双待手机,B5722C和C6112C。三星双卡双待商务手机,作为三星投放市场的高品质商务手机,给商务用户带来了解决不同号码不同手机烦琐问题的应用,高品质的产品和三星品牌影响力为手机领域带来新的动力。

2. 营销策略

三星双卡手机的品牌及产品宣传投放,采用了整合式无线营销手段,全方位地扩展了手机终端无线领域品牌整合推广应用,在无线传播领域具有一定的代表性。

(1) 彩信推广传播

三星面向会员及目标客户人群集中投放品牌及新产品彩信广告。第一时间将产品信息投放到目标用户手机上,引发此类用户的关注。彩信投放可以直观传达三星产品品牌信息。

(2) 彩信互动营销

结合并继承了产品彩信传播方式,通过彩信及互动内容引导受众群体参与活动。互动营销采取有奖问答及互动调查的方式,通过短信回复以及WAP网站链接等形式来进行互动参与,并对参与用户予以手机充值卡奖励,获得了良好的互动收益。

(3) 三星产品WAP建站

三星建立了三星手机无线WAP品牌网站,手机用户可以随时随地使用手机登录网站,并注册参与网站举办的各项活动。三星手机采用的WAP建站模式自动适用不同手机版本的浏览器,使用户登录访问更加方便。

三星通过建立手机WAP网站引导用户使用手机注册并参与WAP网站活动,同时结合彩信以及互动宣传来整合推广达到全方位效果。

(4) Lsense高价值整合投放

Lsense是基于移动互联网2.0的精准、互动式整合营销平台;平台拥有精准云计算广告匹配系统,通过智能四维定向(终端定向、时空定向、行为定向、属性定向),致力为客户提供最具价值的移动互联网广告服务。

精准选择广告的投放联播网频道、时间段、目标用户的所属区域、运营商、手机型号、手机类型等。三星双卡手机WAP网站投放推广采用了定位投放形式,定位面向北京、上海、广东、天津、浙江、江苏等地,选择各大优势WAP资源网站定位首页、新闻、财经、数码等频道智能投放。三星根据自身需求和市场反应,及时对广告投放做出调整,如更换版本、调整投放规则等。

3. 营销效果

通过手机彩信、彩信互动、WAP建站应用以及整合WAP网站广告投放,此次三星双卡手机推广获得了显著效果,如图7-2所示。彩信投放覆盖28万人次,参与活动的用户达到了20 000人次。WAP网站访问量达到了60万人次,用户注册量4万个。有效地提高了三星双卡手机的市场占有率和销售量。

通过此次活动,三星不仅达到了推销双卡手机的目的,而且还通过WAP站点获得了大量的客户信息,从而为以后的精准移动营销打下了坚实的基础。从长远来看,意义非凡,三星不仅可以通过WAP网站获得用户反馈,而且可以和用户进行良好地互动和沟通,从而提高客户忠诚度。

图 7-2　三星手机无线营销

7.2.3　案例 3 星巴克：借力手机即时传递艺术之声

1. 案例背景

2010 年年初,星巴克推出采用中国云南咖啡豆的综合咖啡凤舞祥云,并以一场展现云南环境之美与现代风情的现代艺术绘画新星赛热力奏响新春序曲。通过竞立媒体(Mediacm)和亿动广告传媒(Madhuse)整合无线互联网、传统互联网以及门店海报传播,星巴克延续其独特的消费者体验方式激发人们寻找生活中的灵感,邀请人们近距离欣赏云南环境之美与民间风情,如图 7-3 所示。特别是亿动创建的手机即时回呼平台,让消费者可在第一时间倾听艺术新星的倾诉。

2. 营销策略

建立手机即时回呼平台,以简单而直接的互动为消费者创造新鲜的体验。

(1) 手机即时回呼平台——星巴克店内海报、无线互联网和传统互联网活动网站上都登载了入围彩云之南现代艺术绘画新星赛决赛的 12 幅作品。在欣赏作品时,消费者可以拿起随身携带的手机,通过短信发送作品编号到 106695887671。手机即时回呼平台会立刻识别相应的作品,回拨电话到该消费者的手机。消费者接通电话即可倾听到该作品的作者讲述其创作理念,了解作品背后的故事。

(2) 手机互动平台——在亿动建设的手机活动网站上,手机用户不仅可以欣赏到全部入围作品,还可以为喜欢的作品投票,或转发给朋友们为其拉票,也可以把作品下载到手机中,设为手机壁纸。

3. 营销效果

在 19 天的活动期间,超过 123 万的手机用户访问了星巴克手机活动网站,并积极参与投票、下载和转发等互动。手机即时回呼达到 5 256 次,远远超出广告主的预期,并充分体现出手机媒体实时互动的特点,帮助星巴克为消费者带来更意味深长的体验。

4. 延伸阅读——手机网络电话

(1) 手机网络电话简介

手机网络电话就是通过回拨的形式为用户接通通话的一种通信服务,回拨的原理:话务发起方(以下称用户)拨打回拨平台接入码,平台接收到用户主叫号码后主动挂掉连接,在设定时间内以运营方的身份回拨到用户的话机上(实际上的第一主叫方)用户摘机后第一个通话链路建立(此时对任何方均无话费产生),系统播放提示语音,用户拨打被叫号码(真正意义的被叫),回拨平台收全被叫号后发起第二次呼叫,同时给用户播放相应的提示音,如被叫摘机则第二条链路建立同时回拨平台把两条链路搭通,主被叫通话建立,通话完毕,系统记录下第二条链路产生的话单并按照相应费率,在用户的账户(或卡)上扣除。

图7-3 星巴克无线营销

(2) 使用方法

① 通过手机WAP拨打和手机软件拨打

这两种拨打方式是利用手机GPRS功能,将用户的通话请求通过互联网送达服务器,由服务器完成呼叫、计费等。这是一种用WAP发起通话请求的新型技术,使用此种话务要求手机能上网并开通GPRS服务;在建立通话前需要用手机WAP发起通话请求(请求时长为2～3秒),在这个过程中是要消耗流量的,每次用WAP发起呼叫的过程大概消耗15～20 kb的流量,产生的流量费由移动或联通等运营商收取;通话过程中不会消耗任何流量,只收取相应的话费。以广东为例:5元包月开通GPRS流量30 M。1 M流量平均可打50个电话,流量超出部分为1元/M。

② 短信拨打

短信拨打方式是首先发短信到接入号平台,费用与供应商提供的接入号有关,如果接入号不收短信费用,则不产生任何费用,如果接入号收费,其收费标准也是一样,例如,国内多使用移动号码的接入号,如果用户给移动号码发短息不需要交纳费用,给这个接入号发短息也不产生任何费用。

③ 预约号码拨打(接入号)

预约号码拨打方式,是拨打一个接入号码,只要用户能使用,这种是没有任何费用产生的。

由于手机网络电话资费较便宜,影响了相关部门的收益,在国内没有得到正式的批准运营,所以现在的短信拨打和预约号码拨打很容易被封杀。

(3) 功能优点

① 回拨电话系统不但能避免在被叫忙或网络阻塞时主叫方不得不多次拨打被叫方的麻烦,更能进一步提供最低资费的国际漫游功能,用户在任意地点都能通过Web或IVR向服务商发出通话申请,而后由CALLBACK回拨电话系统通过服务商的骨干网为用户建立最经济路由的通话连接。

② 该系统能接收用户通过短消息、IVR 和 Web 提交的通话申请,自动记录主叫号码和被叫号码,自动为主叫方和被叫方建立最经济路由的话路连接。通过一个智能的多渠道交互界面,CALLBACK 系统为用户在任意时间、任意地点享用最低资费的国际长途 IP 电话服务提供了方便。

③ 使用 CALLBACK 回拨电话系统,用户不需要投资增加设备,只是使用已经有的固定电话或者手机。

(4) 客户分析

① 话费营业厅

手机话费的消费群体往往是通过话费营业厅渠道购买话费,而回拨的优势同手机整合可以有效降低话费开支,通过发展大量话费营业厅的销售渠道,可以迅速拓展回拨的客户市场,赢得市场竞争的主导权,并且得到良好有效的推广,获得良好的话务资源和收益。

② 企业

企业客户对长途电话需求及国际话务需求很大,因此开拓企业市场可以使运营商迅速获得良好的收益。一方面企业利用回拨系统具有使用方便,话费低廉等特点;另一方面对于运营商而言,通过推广回拨系统,可以帮助运营商迅速接近、发展、积累企业客户群体,为 VoIP 平台的发展打下良好的基础,同 VoIP 平台整合后可以获得市场竞争的绝对优势。

③ 学校

学校拥有大量的使用长途电话消费需求的学生(高校外地学生对长途电话的通信需求量很大),学生使用手机已经非常普遍,且学生对话费比较敏感,使用回拨系统正是迎合了这些学生的需求,因此发展学校客户可以轻松获取大量的话务流资源。

④ 发展其他各地区的代理商

批发话务流量。通过发展各级区域代理,一方面可以使运营商迅速树立良好的品牌形象,另一方面又可以有效帮助运营商化解企业经营风险,并通过大量的话务流量获得良好的盈利空间。

⑤ 网上客户

网络营销已经成为市场销售的主要模式之一,系统支持网页回拨的方式,运营商可以通过建立自己的网站进行有效地推广,一方面,针对网上没有建立销售渠道的地区,销售回拨话费卡可以发展用户和代理商,迅速积累客户群。另一方面,运营商可以利用网上系统为客户进行实时演示,帮助客户及代理商获得良好的收益。

7.2.4 案例 4 蒙牛冠益乳:千里之外速递关爱

1. 案例背景

2009 年年初,流感来袭,友人间的聚会只能用打电话、聊 MSN 来代替。很多人开始戴口罩出门,唯恐 H1N1 病毒窜入自己的鼻腔,这让本来就不那么紧密的都市人际关系又拉开了距离。美国 MSNBC 新闻网报道过 9 大增强免疫力的食品,其中酸奶名列这 9 大食品之首。作为国家食品药品监督管理局批准的健字号酸奶,冠益乳拥有健康功效双认证:调节肠道菌群、增强免疫力。有乳业大王之称的蒙牛乳业适时地抓住了这一宣传的契机,在全国发起了蒙牛冠益乳肠道关爱速递活动,并且为这一活动赋予了一个非常有创意的名字——给肠道做 SPA,通过最健康、最时尚的方式传递关爱、抵御流感!很快这一活动也受到了国内各写字楼白领们的关注,并在白领圈中掀起了一场"肠道 SPA"风潮。

2. 营销策略

活动从5月31日开始至7月31日结束,为期2个月。在这2个月的活动时间里,分别在北京、天津、大连、广州、杭州等全国19个大中城市分三个阶段进行。计划在活动期间向消费者免费送出50万瓶、价值200多万元的冠益乳酸奶。消费者只需登录活动网站,在线填写好友信息,即可与好友互递惊喜,在这个流感季节为好友送出贴心的健康问候。而每位参与者同时可为多位好友进行配送申请,但每个手机号每天最多只能收到一条获赠信息。获赠冠益乳的用户只需编辑短信"MNN"发送到12114,确认递送地址,即可获赠冠益乳。

(1) 填写信息(对应4I模型的识别)

在活动期间消费者登录蒙牛的官方网站,输入自己的信息,并正确填写好友的真实信息,包括姓名、城市、商圈、大厦、地址、手机、E-mail。

(2) 短信验证(对应4I模型的即时)

当消费者正确填写并提交好友的信息后,系统会自动向获赠者发送信息,告知获得好友赠送一瓶冠益乳,以及确认时间和确认方式。获赠者须在短信提示的时间内及时确认递送地址,赠送方能生效。

(3) 短信确认(对应4I模型的互动)

依照验证信息的方式,获赠者发送"MNN"到12114,确认递送地址,并将会收到系统的确认信息及冠益乳赠品7位的唯一码,此唯一码与系统获赠者信息一一对应,转发无效。如果获赠者24小时内未回复短信确认递送地址,将被视为自动放弃接收本次赠予;如果获赠者无意删除了系统的确认信息,也可发送"MNN♯1"到12114重新获取赠品唯一码短信,不影响领取赠品。

(4) 递送(对应4I模型的个性化)

蒙牛递送员将在确认获赠者信息后五个工作日内安排派送。派送时间周一至周五上午9:30~11:30;下午13:00~17:00。获赠者在签收时出示系统确认信息,并提供下发的7位赠品唯一码,即可获得赠品。

3. 营销效果

此次活动是蒙牛继蒙牛欧罗旋、万人安检员招募活动之后再一次启用信息名址服务。在这次活动中通过信息名址与互联网的结合,以及与线上线下的宣传和推广的结合,取得了非常不错的市场效果。

这是一个成功的整合营销应用,表现在以下四点:

(1) 通过将平面媒体、网络媒体以及移动互联网信息名址相结合,取得了非常不错的市场效果。该活动是一次非常成功的市场宣传和公益相结合的市场活动,通过与当前热点事件完美结合,使得活动从单一的市场宣传转化成了一次公益事件,通过与消费者的沟通,不仅传递关爱产生公益效果,更使消费者对蒙牛以及其品牌有了新的认识和了解,对产品产生良好的印象和偏好,蒙牛的品牌知名度和美誉度也由此得到进一步的提高。

(2) 通过开展冠益乳肠道关爱速递活动提示大家用实际行动关爱自己和朋友的肠道健康。在为社会贡献自己的一份爱心、为广大消费者送去关怀的同时,为自身的品牌传播提供了非常好的方式,有效地塑造了品牌形象,进一步推动了终端产品销售。

(3) 通过两个月的活动,有40多万的消费者参与其中,对于蒙牛来说这是一笔巨大的财富,通过互联网与信息名址的完美结合,掌握了受赠者的所有信息,在后期产品推广以及市场活动中,能够第一时间与消费者建立起联系,进一步加强与消费者的互动和沟通。

（4）通过此次活动,消费者不花一分钱就能为朋友送去一份关爱,不仅体验到了一种新的互动方式,更进一步加深了朋友之间的友情,传递了一份关爱。于无形中,提高了消费者对企业的忠诚度。

7.2.5 案例5 惠普:试鲜无线富媒体广告

1. 案例背景

2009年6月,惠普推出了上网本Mini 110,该款上网本外形典雅时尚,机身娇小,适合随身携带。为更鲜明地展现产品特色、创造强烈的视觉效果、吸引消费者眼球,亿动广告传媒为惠普创作了Flash广告,投放到手机搜狐网。这是中国第一个无线互联网富媒体广告,惠普上网本Mini 110借此惊艳亮相。

2. 营销策略

（1）目标市场

惠普在无线互联网进行智能定向广告投放,锁定年轻时尚的消费者定向推广其最新时尚笔记本电脑Mini 110。

（2）实施方法

通过亿动无线广告系统(MadServing)、亿动广告传媒向两个类别的手机用户投放不一样的广告和活动网站版本——娱乐、音乐、拍照和时尚类手机用户,将看到粉色Mini 110的广告,进入粉色调的网站;商务、智能和游戏类手机用户,将看到黑白色Mini 110的广告,进入黑白色调的网站,如图7-4所示。除了Flash广告,多个版本的图片和文字链广告自动轮播,点击率高的版本将得到优先播放。同一手机用户在整个广告网络内,最多只可看到3次该广告。

用户访问惠普Mini 110活动无线网站,可以了解产品信息,下载墙纸,咨询和订购产品。同时参加惠普炫色迷城活动,为参赛的摄影作品投票赢取Mini 110。此外,将活动网站转发给好友就可以进入幸运抽奖。

3. 营销效果

活动期间,惠普Mini 110在无线互联网的定向广告展示量达到305 074 504次。Flash广告的点击转换率达到10.7%,是图片和文字链广告的15倍。共有844 402个手机用户访问活动网站,转发好友142 634次。

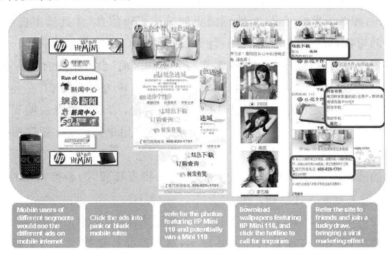

图7-4 惠普无线富媒体广告

7.2.6 案例 6 LG 甜蜜系列：无线社交，聊到爽

1. 案例背景

对于手机终端制造厂商来说，随着互联网应用的不断发展，社交手机无疑将有更加广阔的市场空间。作为全球前三手机厂商，LG 不断开拓手机应用及相关技术创新，并始终坚持智能科技与时尚设计完美结合的产品设计理念。

2010 年，在移动互联平台发展与互联网应用成熟的趋势下，LG 仍然将以用户需求为前提，在关注移动终端与 SNS、视频网站和社区网站的结合和发展趋势的同时，继续致力于为消费者提供更多丰富、精彩的移动终端应用，打造全新的移动社交体验。

2. 营销策略

针对时下年轻人热衷社交网络、聊天的习惯和潮流，2010 年下半年，LG 公司推出社交派 GT310 和曲奇 T310，为甜蜜系列手机的最新款，在保持甜蜜系列时尚外观的基础上，增添了强大的手机社交功能。这两款手机最引人瞩目的地方是它们都内置了人人网、新浪微博、手机 QQ，带来全新手机触控社交的生活体验。

根据目标受众的特征，主要的营销活动分为以下几种：

从 LG 甜蜜系列社交派 GT350 和曲奇 T310 的定位来看，其目标受众是追求时尚潮流的年轻女孩，以及热衷于社交网络交流的社交聊天达人。

（1）特征一，求新。9 月 17 日，联合 3G 门户网站举办了颠覆传统社交实现无缝沟通的移动互联网高端对话论坛，在会上正式推出 LG 甜蜜系列新品曲奇手机和社交派手机。

（2）特征二，崇拜偶像，爱好幻想。10 月 17 日，LG 携手郭敬明，助力全国大型写作新人选拔赛文学之新 45 强进 15 强的比赛。本场比赛中，选手将以 LG 最新推出的甜蜜系列手机——社交派 GT350 和曲奇 T310 为创作对象，以"甜蜜 Me"为话题撰写一篇文章。而在地铁、公交等处所均有 LG 甜蜜系列的户外广告。

（3）特征三，女性，喜爱社交。悠易互通选择了国内知名的女性网站——瑞丽女性网作为广告投放的平台，吸引时尚人士。

（4）特征四，相对于男性网民，女性网民更加关注娱乐信息，并且较多在网上进行阅读行为。结合产品定位，MSN 门户、小说阅读网成为传播 LG 甜蜜信息的载体。

而从网络消费者的消费习惯来看，通常在购买实物之前，会上相关的网站进行购买物品信息的查询。对于数码类产品，比特网与天极网作为国内较为权威的 IT 专业网站，提供了大量的产品性能、用法及定价信息。基于 LG 手机知名度，结合消费者的购买习惯，悠易互通在比特与天极网上都投放了 LG 手机广告，以吸引更多用户关注 LG 新款手机。

3. 营销效果

线下活动的陆续进行与成功举办，户外广告的大幅度覆盖，为新推出的社交派 GT350 和曲奇 T310 积累大量的人气与曝光量。

在广告投放的第一个星期内，达到 1 204 561 的曝光量，平均点击率达到 4.11%。取得了良好的宣传效果，在对 LG 品牌认知的基础上，对其产品有更加深入的了解，提高广大女性消费者的消费意识，深度挖掘消费者的购买能力。

7.2.7 案例7 百事:群音无线音乐革命

1. 案例背景

2009年夏,百事群音乐队大赛在浙江卫视、有线互联网和无线互联网同步开展,实现360度电视和网络滚动直播。亿动广告传媒携手空中网,为百事创建无线互联网直播和互动舞台,实现虚拟与现实的互动。

2. 营销策略

(1) 无线网站与电视同步直播比赛实况。亿动广告传媒联手空中网为百事群音创建无线互联网活动平台,定制百事专属播放器,每周六与浙江卫视同步直播比赛实况,并提供新闻和赛事视频点播。

(2) 手机游戏结合线上和线下,与互联网数据同步,实现虚拟和现实的互动。为本次活动特制群音梦之队手机游戏。在游戏中,用户可以在所有乐队中选出自己喜欢的成员,组成专属自己的百事群音梦之队。每位乐手在实际比赛中的表现和网友的投票数将影响其在游戏中的价值。最终拥有最高价值的乐队,将成为百事群音梦之队。

(3) 无线互联网网站与有线互联网活动网站同步更新赛事新闻、乐队博客、投票和竞猜。创建互动粉丝圈,支持用户为喜爱的乐队/乐手加油和投票,参加百事大竞猜。

同时,亿动广告传媒为百事群音进行智能定向无线互联网广告投放,根据年轻用户的兴趣爱好,将广告投放到亿动无线广告网络(MadNetwrkTM)内的娱乐、游戏、社区等频道,包括空中网和手机搜狐网等。

3. 营销效果

赛事期间,1 500多万个独立用户访问百事群音无线网站,站内用户互动4 352 334次(观看视频、下载、投票、竞猜、参与群音梦之队游戏),互动转换率达到28%。115 008名用户用手机观看赛事直播,674 469名用户点播了赛事及新闻视频。参与群音梦之队游戏的用户数达到83 337,在高峰时刻平均每个用户每天交易高达161次。

7.2.8 案例8 移动互联网营销——LBS营销应用案例

1. 案例背景

(1) 位置服务介绍

位置服务为用户信息增加新的标记维度,具有巨大的市场应用潜力。中国移动、谷歌、苹果、Facebook、Twitter等各领域的领先企业都已着力竞逐位置服务市场。位置服务同社交网络、手机支付、手机广告、应用服务分销和数字内容发行等诸多移动互联网重点业务领域的融合深度和广度与日俱增。与此同时,位置服务与物联网、云计算等IT前沿发展领域同样密不可分,市场应用前景广阔。

① 位置服务(Location Based Service,LBS)

通过电信运营商的移动通信网络,采用GPS/基站等相关定位技术,结合GIS地理信息系统,通过手机终端确定手机用户实际位置信息,以短信、彩信、语音、网页以及客户端软件等方式为用户提供的地理位置信息服务。

② 社交网络服务(Social Networking Service)

帮助用户构建和发展人际关系和人际网络的互联网应用服务。

③ 位置社交服务(LBSNS＝LBS＋SNS)

融合位置和社交网络的一体化网络应用服务。

(2) Foursquare 简介

Foursquare 是美国一家基于地理位置信息的社交网络服务企业，提供整合位置服务、社交网络和游戏元素的平台服务，在此基础上创建聚合用户、软件开发者以及广告主的产业链生态系统。Foursquare 创建于 2009 年 3 月，总部位于美国纽约。2010 年 4 月，Foursquare 注册用户规模超过 100 万，用户登录次数实现倍增。目前，Foursquare 的用户规模发展态势超过当年的 Twitter。尽管 Foursquare 业务快速发展，但是位置社交网络市场竞争日趋激烈。

与传统网络媒体不同，Foursquare 选择智能手机等移动设备作为承载其应用服务的核心媒介。Foursquare 客户端软件适配于 iPhone、Android、Blackberry、Palm 四大智能手机平台。其他智能手机平台或非智能手机的用户，可以通过文本信息和手机网站获取 Foursquare 服务。

Foursquare 通过整合移动互联网和互联网的无缝网络服务，帮助用户寻找朋友位置和关联信息，同时激励用户分享位置等信息内容。用户可以通过文本信息和手机客户端软件签到(Check-in)所处位置信息，并且告知朋友。当签到信息发生变更的时候，用户能够通过 Foursquare 账号实现 Twitter 和 Facebook 同步更新，方便快捷地与朋友分享更新内容。作为签到位置信息的激励，用户将获取 Foursquare 的积分或者虚拟徽章。此外，Foursquare 还授予签到位置次数最多的用户市长荣誉，该荣誉用户将享有位置关联企业给予的优惠券、免费产品服务等特殊回馈。

① Foursquare 用户激励方式

a. 市长荣誉 Mayor

➢ Foursquare 授予签到某处位置次数最多的用户市长荣誉。

➢ 市长用户享有位置关联企业给予的优惠券、免费产品服务等特殊回馈。

b. 虚拟徽章 Badge

➢ 虚拟徽章是对用户签到位置信息的激励措施。

➢ 徽章分为系统徽章和品牌徽章，系统徽章是 Foursquare 根据用户行为特征和激励效果设置的虚拟徽章，品牌徽章通常是 Foursquare 的品牌合作伙伴定制的虚拟徽章，用于激励其用户或粉丝。

c. 签到积分 Pint

➢ Foursquare 用户每次签到都将获得积分。

➢ Foursquare 积分政策具有较强的拓展性和灵活性，积分条件有趣而且变化多。

d. 其他激励 Other

➢ 通过与品牌媒体或企业战略合作，Foursquare 不断探索新的激励模式，与百事可乐合作签到积分兑换慈善募捐是其最佳实践。

➢ Foursquare 鼓励用户成为制定激励机制的参与者。

② Foursquare 应用服务

Foursquare 应用服务如表 7-1 所示。

表 7-1　Foursquare 应用服务

移动应用	主要是基于 iPhone 和 Android 两个智能手机平台的客户端软件,其他操作系统平台的应用数量较少。结合 Foursquare 产品线,开发应用服务内容涉及社交网络、音乐、健康保健、生活旅行、应用聚合等多个热点应用领域
Web 网站	与 Foursquare 应用服务关联应用的互联网网站,提供位置分享,多媒体服务、搜索和交友互动等多种应用服务,除手机媒体以外,互联网网站丰富用户获取 Foursquare 相关应用服务的体验
应用插件	将 Foursquare 应用服务集成到其他媒体平台,例如更新 WorldPress 发布内容,在 Facebook 上展示虚拟徽章等
可视化应用	Foursquare 应用服务结合跨平台媒体或其他 IT 技术领域,创造全新的可视化服务模式和用户体验,例如通过楼宇内部或商业区的液晶屏关联 Foursquare 相关应用服务
游戏	基于位置信息和社交网络的手机游戏

③ Foursquare 用户激励策略

a. 在位置服务中引入游戏元素,形成竞争和激励机制,是 Foursquare 增加用户活跃度和黏性,增强个人用户和企业互动性,提高本地广告营销价值的关键因素。

b. 用户激励和企业促销相互作用,促使 Foursquare 创建的商业生态系统形成正向循环。

c. 在满足位置信息交流分享需求的同时,Foursquare 充分结合积分奖励、虚拟徽章和市长荣誉等虚拟激励以及物品馈赠和优惠券等实物激励,深度挖掘用户的社会需求。

d. 对等竞争在很大程度上契合用户价值维度,满足用户心理需求。

e. 实现虚拟激励和实物激励转化,提高用户对位置应用服务的感知度,激发用户的参与意识。

2. 案例分析

(1) Foursquare 商业模式关键因素

① 位置服务为用户信息增加新的标记维度,帮助用户与外部世界创建更加广泛和密切的联系;

② 整合社交网络服务,通过 Facebook/Twitter 等延伸位置服务的网络体验;

③ 具有吸引力的用户激励机制:积分、徽章和市长荣誉;

④ 与品牌企业战略合作,拓展业务领域,提升品牌影响力;

⑤ 本地广告服务以及实时分析工具;

⑥ 开放 API,鼓励开发者进行应用服务开发。

(2) Foursquare 位置促销广告的商业价值

Foursquare 的广告服务能够帮助企业吸引快速增长的手机上网用户,更多关注和参与企业的商业活动,发现忠诚用户和发展潜在用户,拓展产品服务营销渠道,提升品牌影响力。

Foursquare 的广告营收主要来自于品牌广告主,餐饮、娱乐、零售、快速消费品、传统媒体等行业的品牌企业是其潜在的广告客户。

未来本地中小型企业将在 Foursquare 的业务体系中发挥独特价值,具体体现在两个方面:一方面,数量众多的中小企业拥有广泛的用户受众覆盖面,中小企业关联地理信息的广度和深度对 Foursquare 的媒体价值具有关键性影响;另一方面,相比较其他媒体的广告服务,Foursquare 的位置广告服务能够更好地帮助中小企业提高营销效果,降低营销成本,形成口碑效应,受益于此的中小企业必将助力 Foursquare 实现营收持续增长和业务快速发展。

Foursquare 开放应用程序编程接口(Applicatin Prgramming Interface,API)给软件开

发者,意味着未来软件应用商店以及软件内置广告服务或将成为其新的营收增长点。

(3) Foursquare 实时分析工具

个人用户可以通过 Foursquare 提供的分析工具,随时了解签到状况,好友也可以看到相关分析信息。Foursquare 的实时分析工具能够帮助企业维护网络服务的基础数据,了解用户到访指定地理位置的具体情况,包括用户签到的频率、频次和时间以及通过 Facebook 和 Twitter 广播的比例等多项关键指标。

当前,Foursquare 的指标分析更多是满足广告主的基本需求,对于有效进行广告媒介投放选择和广告效果评估的深度需求尚存差距。在完善现有网站及服务分析能力的基础上,Foursquare 需要逐步扩展用户、应用软件和媒介计划等分析功能。

随着平台化发展战略深入实施,Foursquare 的实时分析工具将在未来本地广告市场竞争中表现出巨大的商业价值。

3. LBS 用户行为学

国外 JiWire 的调研报告,如图 7-5、图 7-6 所示,显示:

(1) 地图及签到依然是 LBS 最受欢迎的操作

不过突出一点是:打折信息,优惠券是排名第二的需求,可以看出 LBS 带来的商业价值和用户需求的对接。

(2) LBS 人群特性

LBS 人群特性:男性更喜欢分享(显摆)所在的地方,秘密行动时间除外(情人约会类):

① 25~34 岁和 35~44 岁两个年龄段比低于 25 岁或大于 44 岁的群组更喜欢分享 LBS 地址;

② LBS 地址定位比较多的地方是家庭居住地周围。

(3) LBS 位置对商业生态系统影响的数据

① 超过 50% 的用户希望接收到特定地区化的广告(LBS);

② 36% 的用户对 LBS 特定地区周围的商场更感兴趣;

③ 37% 的用户使用 LBS 来作为旅行或出行工具;

④ 47% 的男性和 40% 的女性喜欢通过手机与当前定位地区的广告进行互动、参与(engage)。

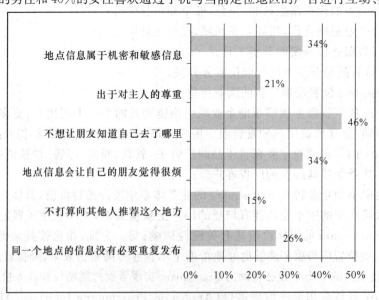

图 7-5　调研:你为什么要隐蔽你的位置

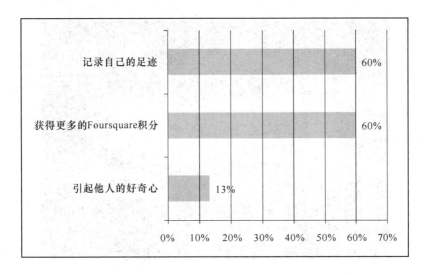

图 7-6　数据：为什么你这么喜欢签到呢

4．LBS 的商业价值挖掘

（1）协助地区商家推广

一般意义的移动广告是帮助品牌提升形象服务，而定位式的移动广告则帮助本地企业和社区商家找到推广的契机。定位式广告的最大优势在于，它能够直接推动用户进行消费。正如手机广告网络 Millennial Media 公司总裁兼 CEO 保罗·帕美瑞所说，"手机可以把消费者直接领到你的店里。你没法一边用笔记本电脑一边逛商场，但你手里可以拿着智能手机。"

以 Foursquare 为例，商家可以通过 Foursquare 发布自己的促销活动信息，而且信息将根据用户的身份不同而有不同的呈现效果，如图 7-7 所示，如果你已经是该地的市长，你会看到最右边彩图的内容，否则会看到中间的灰图。而如果是彩图的时候，你就可以直接凭彩色 Offer 享受店家的折扣优惠。

图 7-7　通过 Foursquare 发布促销信息

拉斯维加斯的购物中心 Miracle Mile Shops，将 Foursquare 中 Check-in 这个地方最多的用户以及用户的点评定期投放在大屏幕上，如图 7-8 所示。

图 7-8 拉斯维加斯购物中心 Miracle Mile Shops

(2) 实体商家与社交网站结合,加强忠诚度

已经有越来越多的商家关注到移动广告的另一潜力——提升顾客忠诚度。2010 年 5 月 21 日,星巴克宣布将与美国地理信息和微博社交网站 Foursquare 展开合作,推出市长奖励计划,如图 7-9 所示。公司希望正式通过一次全国范围的市长奖励活动,启动一项实验性的 Foursquare 忠诚度计划。

图 7-9 Foursquare 市长奖励计划

市长奖励计划:用户只需进入 Foursquare 网站并建立自己的社区,并在社区中签到星巴克咖啡店,如果该用户进入次数最多即可获得该网络社区的市长称号,可以凭此在星巴克咖啡店享受 1 美元的折扣奖励。

市长奖励计划更重要的意义在于,帮助商家探索如何借助地理位置,利用共享服务展开营销活动。现阶段的定位式广告,主要帮助商家强化区域性营销;在未来,新颖的定位应用营销会越来越多地出现,定位式广告将会更丰富。可以说定位为移动广告开拓了一个新的舞台。

5. 延伸阅读——LBS:签到背后的百亿市场

根据市场研究公司 ABIResearch 的预测,LBS 在 2014 年的营收将增至 140 亿美元。本案例涉及的街旁、贝多等创业团队,目前还仅是冲击这百亿大浪的一叶小舟,同时这个行业的竞争也才刚刚开始。

一位年轻女白领萍萍最近发现许多好友在微博上频繁更新诸如"我在某某地"之类的信息,感觉很好奇,忍不住也进去试用了一个名叫街旁的产品,孰料一发不可收地玩上了瘾,如今她已是 14 个地方的地主,并赢得了 16 枚徽章……这可以说 2009 年以来由 Foursquare 引爆的全球 LBS Check-in 热潮的一个缩影。萍萍可能并不清楚,正是千千万万她这样的玩家,在酝酿一个价值百亿的大产业。目前,全球互联网巨头们正纷纷厉兵秣马:Google 推出 Latitude、Facebook 推出 Facebook Places、Twitter 则是 Twitter Places……在中国,不仅运营商对此业务给予了浓厚的兴趣,一些互联网企业,如腾讯,也开始关注、考量。与此同时存在的质疑:LBS 会不会又是一场团购泡沫呢?

(1) 位置服务:五大冲击波

LBS 从内涵上讲,包括两层含义:

① 确定移动设备或用户所在的地理位置;

② 提供与位置相关的各类信息服务。

早在 2002 年,中国几大运营商相继看好并且开通了移动位置服务,如中国移动的移动梦网品牌下面的"我在哪里"业务、中国联通在其 CDMA 网上推出的"定位之星"等。但是由于当时移动通信的带宽较窄、GPS 的普及率较低,更重要的是用户对定位服务不认同,导致整个市场没有像预期的那样火爆,处于长期无人问津的尴尬之中。真正掀起国内 LBS 热潮的,是随着 2010 年 Foursquare 风靡美国,国内一批 LBS 的应用应势而生,如玩转四方、街旁、拉手、开开等。

除了近年无线技术和硬件设施的完善为 LBS 提供了更加广阔的施展空间外,还有什么原因使其获得大众的垂青呢?

玩家萍萍认为:"首先是能够记录自己的行踪,并与朋友分享。其次是一些商家营销的诱惑。比如前两天去 MaLivehuse 看何韵诗的演唱会,如果用街旁签到的话可以拿到徽章,凭徽章还能拿到何韵诗的签名海报。此外,街旁还和一些咖啡店合作,当上地主就能获赠咖啡、饮料等,觉得蛮有趣的。还有一项乐趣就是集徽章。街旁的徽章让我想起了'雏鹰争章'的少年时代。而且这些徽章很可爱,比如多啦A梦,要在他生日的那天签到才可获得。平时我和朋友之间也经常会比较徽章的多少。"

另一位 LBS 用户废老师则认为:"乐趣主要来源于分享自己,发现别人。任何 SNS 都具有自我展示的一面。同时也能通过别人的分享,通过他们的眼睛、足迹去发现有意思的地方、有意思的事情。街旁的用户有些很有创造性,比如把自己的住处建成地点,天天签到,发布一些私人的、日常的或者有趣的生活点滴。有些人建立了虚拟场所,比如飞碟加油站、发泄墙等,成为了有趣的公共交流空间。"废老师记得某次去绍兴出差,在某场所签到时居然邂逅了该县城唯一一个街旁用户,那种惊喜感令他至今难忘。

从以上两位玩家的体验来看,移动地理位置服务之所以那么吸引人,是因为体现了"LBS＋SNS＋商业＋娱乐"的整合。综合来看,全世界流行的LBS服务有如下五类:

① 类Latitude:侧重和熟人、好友之间的地理位置信息和相关服务的分享。国内的应用主要有:邻讯、贝多、图钉、碰友、区区小事等。

② 类Foursquare:结合签到模式的地理位置应用,是目前的主流应用。国内有街旁、玩转四方、冒泡、开开、多乐趣、微妙空间等。

③ 类Mytwn:是Foursquare签到模式＋网游的整合,国内的典型应用是16fun。

④ 类Getywa:实现基于地理位置的精准商业消费信息推动。国内主要有么卡、大众点评、钱库等。

⑤ 类GrupTabs:将地理位置与团购两大最热门的应用整合在一起。国内的典型应用是拉手网。

以上可谓当今LBS热点应用的五股主要冲击波,但本质都是一致的,都是定位技术与各传统互联网流行应用不同形式的组合。

(2) 创业要素:积累和时机

以上五种模式本身,无所谓孰优孰劣,关键在于经营团队的行业积累和执行力,是否能够提供比竞争对手更加专业的产品和服务。来看看街旁和贝多创业团队的组建。

街旁创始人刘大卫说:"很多人觉得Foursquare这类应用很独特,看起来也很简单。但是我觉得街旁是我做过最复杂的一个项目,它要跨越技术、娱乐、商业的很多层面。比如说它是一个SNS,具有交友的产品特性;同时是移动应用,又有一点像游戏,因为有一些徽章、地址这样的应用概念;它还结合了营销的特质,需要考虑很多线下、线上的合作可能性,甚至它还需要和硬件厂商合作……好像方方面面的事情都要考虑到,所以我觉得做这样的产品是很酷的一件事情。"

刘大卫说:"街旁也曾经考虑过团购模式,但考虑我们的团队成员来自校内、饭否、豆瓣,在SNS上有很深的积累;我们希望能在一件事上做到最好,所以最后决定还是专注于SNS。"对刘大卫本人来说,关注SNS也由来已久:"我从小到大一直在玩SNS。甚至还没有出现SNS这个词的时候,我已经在泡一些online的网络社区。"这些经历使得刘大卫和他的团队希望能在SNS有所作为,但放眼国内,各种成熟的经营模式早已占领了市场:人人网、开心网、新浪微博、豆瓣等。刘大卫希望能做一个未来的、下一代的SNS应用,而Foursquare的横空出世,使得他眼前一亮,很快,2010年2月,街旁诞生了。

与刘大卫的创业故事不同的是,广达友讯CEO穆荣选择LBS产业,更多是基于对时机的权衡,自2005年以来,他带领团队研发了三款LBS产品:贝多、驴博士、开开,构建了一个小型的LBS产业链。他们公司刚刚开始成立时,主要业务是手机上的即时通信,但时逢中移动统一做飞信,便预感移动即时通信领域将会是运营商的天下,而互联网上又有强势的QQ,于是他们觉得必须独辟蹊径。穆荣说:"当时我们评估了很多方向,认为选择的项目,既要避免运营商来抢食,也要规避未来互联网巨头向移动互联网渗透。我们觉得移动位置服务这方面既体现了移动的特性,同时该特性在互联网上又不是那么明显,再加上我们本身也有些位置服务的积累,所以我们就从2006年开始做移动位置服务。"

在LBS已经成为包括运营商、互联网巨头在内的各路兵家必争之地时,穆荣继续因势利导,不断调整其产品策略:

① 最早推出的贝多,是针对年轻人群的移动位置交友社区,已经拥有近 600 万的手机验证注册用户;

② 2009 年上线的驴博士,是一个开放的移动定位平台,旨在为第三方合作伙伴提供基于 GPS/Wi-Fi/基站/IP 的混合定位服务,已经达到每月数千万的定位量;

③ 2010 年 8 月推出的开开,更是应 Foursquare 签到模式大势所趋,提供针对都市白领人群的移动位置社交服务。

(3) 山寨有道:复制加改良

当然本土创业者如果只是机械地模仿 Foursquare 等国外经典,是没有出路的,如何结合国内用户需求,做好本地化的专业服务,是业界需要考量的课题。

街旁团队对此颇有心得。

首先,街旁是首家实现与中国大型 SNS 网站同步与互动的应用。刘大卫说:"Foursquare 本身没有提供互动功能,只是对 Facebook、Twitter 做了一个简单的同步。所以我们一开始就定位成和中国大型的 SNS 进行互动合作,比如人人、开心、新浪微博、豆瓣等,这已经成为街旁用户体验的重要组成部分。"

其次,街旁对 Foursquare 现有功能进行了一番改良。刘大卫说:""Foursquare 的用户在签到完毕后往往就直接关掉程序,因为他们不知道签到之后还能够用这个软件来做其他什么事。同样的问题我们在中国用户身上也看到了。为了解决这个看上去比较致命的问题,街旁推出了'探索',让用户可以方便地查看自己当前所处位置 500 米、1 000 米或 2 000 米范围内,最近有没有朋友出没、有没有朋友在这些地方留下的玩乐攻略,甚至还可以看到周围有没有餐馆提供折扣、有没有团购网站组织的团购等有趣或有价值的内容。街旁创新的'探索'功能帮助用户探索城市,发现身边常常被遗忘的小细节,推出后短时间内便在用户间得到如潮好评。"

此外,街旁还对徽章做了一番优化,融合了更多本土元素,街旁的徽章数目前已经有 200 多个。

玩家废老师恰好同时是 Foursquare 和街旁的用户,他认为:

① Foursquare 国际风格明显,页面简洁,主题明确,徽章的设计精致美观;但用户相对高端,老外居多,而且最常光顾的是餐厅,相对于中国人来说有点脱节。

② 反观街旁,尽管在页面设计上不如 Foursquare,但是对于国内用户更有亲近感。比如回复功能、站内信等,加强了用户互动,更接近人人、开心这样的传统 SNS 网站。街旁的合作面也比较广,除了餐饮,还通过各种娱乐演出进行合作,像何洁专辑发布、各种音乐节等,迎合了年轻人的娱乐习惯。

(4) 制胜诀窍:快速占领市场

大多数 LBS 创业团队的普遍特征是都没有盈利。但大家目前并不为此发愁,大家真正关心的是当下如何吸引更多的用户,占领更大的市场。互联网创业已经提供了各种前车之鉴,比如腾讯靠用户群成长为互联网大佬,王兴低价售卖校内网错过更大机遇,都是经典案例。面对群雄和大佬们的虎视眈眈,新兴创业者目前唯一能倚仗的法宝就是一个字——快,即在最短的时间内提供最满足用户需求的应用,并迅速扩大影响力。

对此,街旁的思路是首先在技术上采用 HTML5 作为实现框架。刘大卫说:"我们选择 HTML5,第一是因为我们不是最先做中国 LBS 的,所以很有动力想更加快速地实现;第二根据我们团队以前在 PCWeb 上做 SNS 的经验,需要不断地改变用户体验。但是如果通过 MobileApp 的方式,比如 Foursquare 从 1.0 升级到 1.2,或者是 1.5,很多用户,包括我自己都会懒得去做 Update。这样 MobileApp 和 SNS 体验之间就产生一种不明显但客观存在的冲突。而采用了 HTML5 后,我们的 Update 可以立刻让用户用到,无论用户使用 iPhone 还是 Android,都无需手动升级软件,就可以立刻使用最新版客户端和新功能。"

此外,街旁迅速在线上、线下与业界展开了广泛的合作。刘大卫说:"我们希望能以最快速的方式去尝试最广泛的合作途径,中国的市场既激烈又很细分,如果认为一个人可以做所有事情的话,真的会很快被淘汰。所以我们希望能找到好的合作伙伴来共同经营这个事业。"街旁目前主要采取三种合作方式,对象分别是 SNS 网站、硬件厂商、实体店铺和品牌厂商。例如,在新浪微博开发平台上推出"街博",即在微博的基础上增加签到定位功能;与 HTC 的 700 多所分店达成协议,网友去签到可以获得相关优惠。类似的合作还有上海 Apple 实体店(400 多人签到)、Nike 在北京东单体育场的营销(500 多人签到)。签到的玩家本身处在 SNS 网络中,通过他们的口碑传播,可以帮助厂商将品牌辐射在广度和深度上提升一个台阶。

(5) 东风借力:何时开放 API

除了快速执行、提供更好的用户体验等主观要素外,在宏观层面,健康的产业环境,是 LBS 创业成功的关键。目前来看,如果以国外 LBS 市场环境为标杆,摆在中国 LBS 创业者面前的障碍主要有三个方面:

首先,国内业务准入限制多。国外准入限制比较少,比如没有地图、测绘这方面的限制,而国内往往出于国家安全的考虑,控制更加严格。

其次,国内互联网的开放性不强。比如 Ddgeball、Foursquare 的前身,在经历了五六年失败之后,终于获得成功,实际上在很大程度上借助了 Twitter 和 Facebook 的传播力量。目前国内走在开放前列的新浪微博,其影响力毕竟还差了一些,具备影响力最大的是 QQ,也包括开心和人人,它们实际上都不如 Facebook 那样开放。所以开放性是目前 LBS 创业公司需要认真考虑的问题。

最后,手机平台问题。由于目前 iPhone、Android 等高端智能机还没有覆盖主流用户群,限制了 LBS 的推广速度。

(6) 未来趋势:标配和精准

展望未来,穆荣认为,LBS 首先会成为整个行业应用的标配,在移动互联网上,不管是搜索、社区、门户还是广告都会用到 LBS,并成为标准配置。同时从这个角度会衍生出形形色色的应用,比如提供开发平台供第三方厂商开发 LBS 应用等。其次从某种意义上讲,LBS 是从一个新的维度来重新整合当前互联网信息,因此未来诸如基于位置的数据挖掘、本地搜索等应用大有可为。

从技术的层面,刘大卫对新近的 Gefencing 技术情有独衷。Gefencing,又称为地理栅栏技术,是用一个虚拟的栅栏围出一个虚拟地理边界。当用户进入或是离开这个区域的时候,就会收到信息。目前美国的 ShpAlerts 已经利用该技术开展相关的商业服务。刘大卫认为这种技术的价值在于能实现精准的签到:"比如走进国美,商家可以精确地知道您在逛它的手机销售区域。"刘大卫认为基于 Gefencing 的 LBS,极有可能是下一代的地理位置服务。

中国的移动营销总结——多个环节亟待发展

在中国,移动营销还没有形成一个完整的、受关注的产业。关键的问题有几点:

(1) 缺乏明星公司;

(2) 中国的移动营销目前因为终端的限制,可能更多的是一些小产品,例如图片或小的流媒体。

这种现状的形成是由于移动营销是一个产业链的问题。在发展中,运营商应该主动一点,一些基础性的工作需要运营商来做。

1. 移动营销与手机定位功能搭配

如果某消费者的手机漫游到某一个区域,这个区域的商家可以自动捕获到这个信号及和这个信号相关的资料。如果是卖高档香水的商家,发现是位女士路过,就可以给她发一个短信告诉她"我这有一些新产品,你可以过来买"。

联通和移动已经研究了两年的定位系统,但依旧需要很高的投入和解决大量的问题。如果再往高级发展的话,就必须和手机支付功能搭配。

2. 客户信息的整合和利用

目前一些企业拥有的手机用户的信息登记是较详细的,包括性别、收入水平、就职公司等。这些信息从法律上来说是不能随便使用的,但是从某种意义上来说又是可以使用的。这就像如果敲一次门,这是不犯法的;如果频繁地去敲门的话,这是犯法的。现在可以用正常的"敲一次门"的方法,例如发一个短信问是不是可以成为企业免费的受众。如果后面有增值业务要收费,那也要先发一个说明,消费者可以选择接受或是不接受。

3. 第三方内容服务公司不断成熟

短信或者彩信、流媒体的这种平台的建立,促使一些独立的中小型内容服务公司要去挖掘传统行业的资源。这种创新的公司现在正不断出现。例如快钱公司挖掘移动支付商业模式。

客户关系管理很重要,需要客户和上下游维持关系,之前是打电话,发 E-mail,现在增加了一种发短信、发彩信的手段。同时,移动营销也促进了商家和消费者之间更方便地沟通。当定位系统跟进的时候,移动营销还能促进消费者的冲动购物需求。移动营销的确像是从海量信息中挖出金子,潜力很大。但这需要技术、法律、内容服务商等多方面合作发展。

复习思考题

1. 移动营销与传统营销之间是什么关系?

本章参考文献

[1] 朱海松.无线广告——手机广告的发布形式与应用标准[M].广州:广东经济出版社,2007:59-63.

[2] 科特勒,凯勒. 营销管理[M]. 梅清,译. 上海:上海人民出版社,2006:107-114.

[3] 冯和平. 移动营销:企业营销的终极武器[M]. 广州:广东经济出版社,2007:203-211.

[4] 朱海松. 第五媒体——无线营销下的分众传媒与定向传播[M]. 广州:广东经济出版社,2005:151-162.

[5] Nokia:"神话"般的移动营销[EB/OL]. http://www.seo-jia.cn/html/yx/297.html.

[6] 三星:双赢天下三星双卡商务手机双剑合璧[EB/OL]. http://case.iresearchad.com/html/201006/1907561913.shtml.

[7] 星巴克:借力手机即时传递艺术之声[EB/OL]. http://www.medianet.cn/sem/adcase/180522010180521805218052051805208.htm.

[8] 手机网络电话优势好处[EB/OL]. http://www.5icall.cn/wangluodianhua/html/1055.html.

[9] 蒙牛冠益乳:千里之外速递关爱[EB/OL]. http://hi.baidu.com/lidahahaha/blog/item/dbcf873cba8599d27d1e710f.html.

[10] 惠普:试鲜无线富媒体广告[EB/OL]. http://www.17emarketing.com/20100712/3514.html.

[11] LG 甜蜜系列:无线社交,聊到爽[EB/OL]. http://www.medianet.cn/sem/adcase/27791201027791277910927791111.htm.

[12] 百事:群音无线音乐革命[EB/OL]. http://case.iresearchad.com/html/201006/1804163513.shtml.

[13] 移动互联网营销——LBS 营销应用案例[EB/OL]. http://blog.sina.com.cn/s/blog_4e6c9fcb010019f6.html.

[14] LBS:签到背后的百亿市场[EB/OL]. http://www.programmer.com.cn/4172.

第8章 移动商务安全

本章关键词

移动安全	Mobile Security
移动设备	Mobile Devices
无线网络	Wireless Network
手机病毒	Mobile Phone Virus
手机木马	Mobile Trojan
手机银行	Mobile Banking
电子签名法	Electronic Signature Law
无线攻击	Wireless Attacks
远程访问	Remote Access

8.1 基本原理

8.1.1 移动商务的安全需求

在移动商务中,任何与交易有关的信息都是通过互联的网络进行交换的,存在被篡改、窃听、冒名使用或交易后否认的安全风险。移动商务的安全应确保双方的合法权益所涉及的内容不受非法入侵者的侵害,应满足数据的公平性、认证性、可追究性、不可否认性、保密性、完整性。主要涉及以下几个方面的内容:

1. 公平性需求

公平是一个合法的参与方能按照协议规范产生消息并根据某些特定的消息推导规则处理消息。公平性建立在可追究性的基础上,即如果协议不满足可追究性,意味着同时也不满足公平性。验证该属性时,在协议每进行一步都记录下收发消息的双方(即验证是否公平的双方)在收发消息前后对重要信息知晓的状态,如果消息中断(只有发送没有接收),对比此时双方记录的内容是否相等。

2. 认证性需求

认证是主体进行身份识别的过程。认证是最重要的安全性之一，其他安全性的实现都依赖于认证性。认证是分布式网络系统中的主体进行身份识别的过程。发送方与接收方共享一个秘密，通过对拥有此秘密的证明，主体可建立对其的信任。当入侵者修改消息、重发消息、故意发送错误消息、消息不全或在网络数据丢失的情况下，不能导致任意一方在支付或产品上的损失。针对实现认证性的攻击，当声称者与验证者的共享密钥缺乏新鲜性时，入侵者者可实现重放攻击；或是交互认证的协议中存在漏洞，入侵者冒充声称者的身份。

3. 可追究性需求

可追究是指电子商务交易发生纠纷时，可通过历史信息获取交易当时的情况，从而获得解决交易纠纷的能力。可追究性的两个基本目标是仲裁者验证接收方和发送方提供的证据，即发送方非否认证据和接收方非否认证据。如果仲裁者能够判断出正确的消息来源，协议就符合可追究性。

4. 不可否认性需求

不可否认性是电子支付商务协议的一个重要性质。其目的在于通过通信主体提供对方参与协议交换的证据来保证其合法利益不受侵害，即协议主体必须对自己的合法行为负责，不能也无法事后否认。不可否认协议主体的目的在于收集证据，以便事后当一方否认时能够向仲裁方证明对方主体的确发送或接收了消息。证据一般是以签名消息（或多重共享密钥加密）的形式出现的，从而将消息与消息的发送方和接收方进行绑定。

5. 私密性需求

私有交易重要信息不能被其他人截获及读取，没有人能够通过拦截会话数据获得账户信息，同时还需满足订单和支付信息的保密性。入侵者攻击的途径：在一次交易过程中，入侵者很难解密消息并获得重要信息（订单、账户信息），所以只能在机密信息的密钥缺乏新鲜性的情况下，从首次交易中得到密钥应用到之后的交易，从而获得重要信息。

6. 完整性需求

完整性可以发现信息未授权的变化，防止信息的替换。攻击方式是入侵者截获发送者发出的消息，篡改部分信息（如账户、订单信息等），或重新生成消息，将结果发送给接收者。

8.1.2 我国的电子商务立法情况

电子商务的迅猛发展推动了相关的立法工作，2004年3月24日，国务院第45次常务会议讨论通过《中华人民共和国电子签名法》草案。根据我国电子商务发展的实际需要和实践中存在的问题，借鉴联合国及有关国家和地区有关电子签名立法的做法，草案将我国电子签名立法的重点确定为：一是确立电子签名的法律效力；二是规范电子签名的行为；三是明确认证机构的法律地位及认证程序；四是规定电子签名的安全保障措施。2005年4月1日，中国首部真正意义上的信息化法律《电子签名法》正式实施，电子签名与传统的手写签名和盖章将具有同等的法律效力，标志着我国商务向诚信发展迈出了第一步，《电子签名法》立法的重要目的是为了促进电子商务和电子政务的发展，增强交易的安全性。

8.1.3 移动设备的安全问题

移动商务所用的终端设备主要包括个人数字助理 PDA、智能手机、便携式计算机、GPS

导航设备等。由于这些终端设备计算能力和存储能力、屏幕显示能力、存储空间、电池续航能力均有限,限制了复杂加密程序的使用,使加密和认证等安全措施难以有效使用,从而带来安全隐患。

尽管现在的移动设备的计算能力已经有了较大地提高,但是移动设备进行大量数学函数运算的能力仍较弱,与计算机还有相当大的距离。而许多安全性相对较好的加密和认证措施都需要客户端有比较强大的运算能力和存储能力来支撑。为降低加密所需的计算强度,同时又保证较高的安全性,移动设备目前主要利用椭圆曲线(ECC)加密技术。ECC基于一种复杂的数学算法,很难破译,而且所需要的密码位数较少,这样运行速度快,需要传送的密码字节较少,适合在移动环境下使用。

另外,移动设备体积小,很容易由于不小心跌落或进水而造成损坏,而手机和PDA失窃的事件也是屡见不鲜。目前,移动终端存储了大量的公司机密信息,但还很少有公司将移动终端的安全问题纳入公司IT安全考虑的范围,相关的安全制度和安全技术应用也很少。比如,很多公司的移动业务在PDA上运行,如查看电子邮件、存储公司的数据等,但设置密码保护的公司并不多,这就给数据窃贼以可乘之机。当以上情况出现后,如何保证设备上的信息安全是我们当今面临的重要挑战。

8.1.4 无线网络的安全问题

1. 网络本身的威胁

无线通信网络不像有线网络那样受地理环境和通信电缆的限制,可以实现开放性的通信。无线信道是一个开放性的信道,在给无线用户带来通信自由和灵活性的同时,也带来了诸多不安全因素:如通信内容容易被窃听、通信双方的身份容易被假冒,以及通信内容容易被篡改等。任何拥有一定频率接收设备的人均可以获取无线信道上传输的内容。对于无线局域网和个人网用户,其通信内容更容易被窃听。因为这些通信网络工作在全球统一开放的工业、科学和医疗频带(2.5 GHz 和 5 GHz 频带)。任何团体和个人都不需要申请就可以免费使用该频段进行通信。无线窃听可以导致通信信息和数据的泄露,而移动用户身份和位置信息的泄露可以导致移动用户被无线追踪。这对于无线用户的信息安全、个人安全和个人隐私都构成了潜在的威胁。

2. 网络漫游的威胁

无线网络中的攻击者不需要寻找攻击目标,攻击目标会漫游到攻击者所在的小区。在终端用户不知情的情况下,信息可能被窃取和篡改。服务也可被经意或不经意地拒绝。交易会中途打断而没有重新认证的机制。由刷新引起连接的重新建立会给系统引入风险,没有再认证机制的交易和连接的重新建立是危险的。连接一旦建立,使用SSL和WTLS的多数站点不需要进行重新认证和重新检查证书,攻击者可以利用该漏洞来获利。

无线媒体为恶意用户提供了很好的藏匿机会。由于无线设备没有固定的地理位置,它们可以在不同区域间进行漫游,可以随时上线或下线,因此它们很难被追踪。

3. 无线Ad hoc应用的威胁

除了互联网在线应用带来的威胁外,无线装置给其移动性和通信媒体带来了新的安全问题。我们经常提及的移动通信网络一般都是有中心的,要基于预设的网络设施才能运行。例如,蜂窝移动通信系统要有基站的支持;无线局域网一般也工作在有AP接入点和有线骨干网的模式下。但对于有些特殊场合来说,有中心的移动网络并不能胜任。比如,战场上部队快速展开和推进,地震或水灾后的营救等。这些场合的通信不能依赖于任何预设的网络设施,而需要一种能够临时快速自动组网的移动网络,Ad hoc 网络可以满足这样的要求。

Ad hoc 网络和传统的移动网络有着许多不同,其中一个主要的区别就是 Ad hoc 网络不依赖于任何固定的网络设施,而是通过移动节点间的相互协作来进行网络互联。Ad hoc 网络也正在逐步应用于商业环境中,比如传感器网络、虚拟会议和家庭网络。由于其网络的结构特点,使得 Ad hoc 网络的安全问题尤为突出。Ad hoc 网络的一个重要特点是网络决策是分散的,网络协议依赖于所有参与者之间的协作。敌手可以基于该种假设的信任关系入侵协作的节点。例如,入侵一个节点的敌手可以给网络散布错误的路由信息,甚至使所有的路由信息都流向被入侵的节点。同样,移动用户会漫游到许多不同的小区和安全域。通信由一个小区切换到另一个小区时,恶意的或被侵害的域可以通过恶意下载、恶意消息和拒绝服务来侵害无线装置。

8.1.5 移动商务的主要安全技术

1. 数据信息安全原则

企业移动商务环境涉及移动终端、企业认证服务器、应用服务器、无线网络、互联网以及可信任第三方服务器。其安全威胁可能来自于移动终端、无线基础设施、无线网络、黑客等。为保证企业移动商务的安全运作,企业移动商务系统必须遵循以下的信息安全原则:

(1) 接入控制:通过授权等安全机制来保证只有合适权限的用户才能访问相应的数据、应用和系统,使用相应的功能。

(2) 数据完整性:利用信息分类和校验等手段保证数据在整个商务活动过程中没有被修改,所收到的数据正是对方发送的数据。

(3) 不可否认性:通过数字签名等手段来保证商务活动各参与方对整个商务活动过程中的指令和行为不可抵赖。

(4) 数据保密性:通过一些加密手段来保证数据在整个商务活动过程中不被未经授权的人员正确读取。

(5) 身份认证:系统应该能够通过密码、标识或数字认证等来对用户的身份标识进行认证,来确保这一身份标识确是代表了合法的用户。

(6) 身份标识:对于每一个用户,应该都授予一个唯一的用户 ID、识别名称等对其身份进行标识的要素以保证用户身份的可识别性。

2. 移动网络安全

移动通信技术从基于模拟蜂窝系统的第一代移动通信技术发展到当前的基于宽带 CDMA 技术的第三代移动通信技术(3G)的过程中,移动网络的安全机制不断完善。

(1) 第一代移动通信系统几乎没有采取安全措施,移动台把其电子序列号(ESN)和网络分配的移动台识别号(MIN)以明文方式传送至网络,若二者相符,即可实现用户的接入。用户面临的最大威胁是自己的手机卡有可能被克隆。

(2) 第二代数字蜂窝移动通信系统采用基于私钥密码体制的安全机制,在身份认证及加密算法等方面存在着许多安全隐患。以 GSM 为例,在用户 SIM 卡和鉴权中心(AUC)中共享的安全密钥可在很短的时间内被破译,从而导致可对接触到的 SIM 卡进行克隆;此外,

GSM 系统没有提供端到端的加密,只对空中接口部分(即 MS 和 BTS 之间)进行加密,在固定网中采用明文传输,这给攻击者提供了机会;同时,GSM 网络没有考虑数据完整性保护的问题,难以发现数据在传输的过程被篡改。

(3) 第三代移动通信系统提供了双向认证机制,而且在改进算法的同时把密钥长度增加到 128 bit,还把 3GPP 接入链路数据加密延伸至无线接入控制器(RNC),既提供了对接入链路信令数据的完整性保护,还向用户提供了可随时查看自己所用的安全模式及安全级别的安全可视性操作。

3. 端到端安全

根据木桶定律,一个水桶无论有多高,它盛水的高度取决于其中最低的那块木板。系统整体的安全性取决于其最薄弱环节的安全性。在移动计算环境中,由于移动终端计算资源的有限和移动网络安全机制的缺陷,移动终端上的信息安全和移动网络中信息传输安全成为其薄弱环节。因此,对于移动安全研究的焦点都集中在移动终端的安全和移动网络中信息传输的安全上。

在移动计算环境中尤其是移动商务环境中,参与活动的各个主体属于不同的拥有者,执行着不同的安全策略。如某个用户通过移动终端发出一个信息,该信息将经过 ISP、电信运营商(甚至会跨越多个不同的运营商)和商家。对移动商务用户来说,在整个传输过程中希望能够得到一致的、自己所期望的安全保护。因此,业界采用端到端的安全策略来保护移动商务安全。信息在传输过程中是透明的,即信息只能被接收方所理解,传输方即使截获也不能获得机密信息。

使用加密技术和安全认证技术来保证端到端的信息传输安全。实现端到端的安全通常有两种思路:一种是在收发主体之间建立一个安全通道,对所有的信息采用同样的措施进行安全保护,如 TLS/SSL 协议;另一种是采用一定的安全机制对需要保护的内容进行保护。在移动应用中,采用保护内容而非连接的方式有很多优势。但在移动终端上实现对内容的保护,还需要解决以下问题:

信息传输的格式和安全标准,统一的信息传输格式和安全标准将对各系统之间协同工作带来很大的便利。

如何在资源有限的移动终端上,进行高效或者用户可以接受的安全操作。

8.2 案　　例

8.2.1 案例 1 手机钱包带来的便利与担忧

1. 案例描述

(1) 手机钱包办理简单

2010 年年初,北京移动推出了一项新业务——手机钱包。要办理这项业务,需要购买一张 150 元的手机钱包专用射频 RFID-SIM 卡,替换掉原来的普通 SIM 卡,通过营业厅现金充值或网上银行等方式为手机钱包账户存钱后,即完成开通手续,在此过程中不需要更换手机,也无需更换手机号码,而且没有任何手续费,最后在营业厅现场对安装新 RFID-SIM

卡的手机进行校准并开通刷卡功能。全新升级后的手机钱包业务由于刚刚开启,目前移动全球通、动感地带、神州行的用户都可以开通使用手机钱包业务。

(2) 用户顾虑

在此之前,手机钱包的应用领域仅停留在话费充值和购买点卡等网上小额支付,而升级后推出的新手机钱包业务则在多个领域内增加了现场刷卡支付功能。那么,现阶段的手机钱包业务究竟带给消费者怎样的刷手机买单感受?消费者对于轻松、快捷的手机支付服务又为何心存顾虑?

用户对手机钱包虚拟账户进行充值存钱后,钱款首先到达手机的"我的支付账户",从"我的支付账户"转入"我的钱包",就如同消费者从银行取钱后放入自己的钱包口袋中。从"我的支付账户"到"我的钱包"这一过程,有个人设定的消费密码保护,但是到达"我的钱包"后的金额,便没有任何保护了。

"把手机往收款机的特定部位一放,没有最后的消费密码保护,'嘀'的一声钱就被划走,而且手机都是随身携带,一旦失窃,挂失后能否找回钱包的损失?如果没有安全保障,那么再有吸引力的支付手段我都不会去轻易尝试,哪怕仅仅是二三十元的小额尝试。"在外企工作的李先生表达了他的担忧。

工行理财师李敏表示:"手机支付服务的潜在用户最为担心的便是安全问题,手机钱包要想在消费者心目中建立起与现金、信用卡同等的支付地位,安全隐忧无疑是个大问题。"

(3) 网银保险

2009年12月,太平洋产险携手交通银行在全国范围内首次推出银行账户盗窃保险新产品,为银行借记卡个人客户使用网上银行、手机银行账户提供安全保障,有需要的人只要交5元保费,便可给自己的网上银行或者手机银行购买一份总金额达5万元的盗窃保障。

根据保险条款规定,个人必须是以实名身份与银行签订个人网上银行服务协议,且使用动态密码、数字证书等安全保障工具,方可投保个人网上银行账户盗窃保险;个人手机银行账户盗窃保险的投保程序也类似。两款产品每份保险保费5元,保额为5万元,保险期限1年。在保险期限内,如果个人网银或者手机银行资金被盗窃,那么保险公司将在最高5万元限额内进行赔偿。

以下四种情况网银被盗不能索赔:

① 个人未用动态密码、数字证书等工具时账户遭窃;

② 个人发现网银账户、密码被他人知悉,或丢失数字证书、接收动态密码的手机后未在24小时内变更账号、密码或通知银行冻结网银账户;

③ 个人遭受诈骗主动将资金转入他人账户;

④ 他人用银行卡(折)盗取网上银行账户内的资金。

2. 案例分析

在一项新技术或者新业务推出的同时,除了该项技术或业务带来的便利之外,也会出现一些之前没有考虑过的问题,这些问题一方面可能成为用户拒绝使用的理由,另一方面也有利于商家发现新的盈利点。在本案例中,虽然手机钱包办理简单,使用方便,充分发挥了移动商务在人们生活中的作用,但是与此同时,由于相关配套技术和措施的不完善,潜在风险的存在——手机一旦丢失,手机钱包就无法找回,使得一些消费者不敢或者不愿意使用该项业务。参考案例中提到的手机银行保险,通过给自己的手机钱包投保来消除潜在的安全顾虑，可以推动手机钱包的普及速度，给人们的生活带来更多的便利。

8.2.2 案例2 定位资料易曝光 GPS需注意安全隐私

1. 案例描述

(1) 手机GPS定位

2010年，著名科普节目流言终结者(图8-1)的主持人Adam Savage，在Twitter上发布了一张他自己的汽车照片，殊不知因为手机中的地理定位(手机定位)标记功能让他的影迷们都知道了他现在的住处，更可怕的是这有可能让小偷盯上他的家。

图8-1 著名科普节目流言终结者

目前许多带有GPS功能的手机产品都支持地理标记功能，这样人们在上传照片(视频)之后可以直接将照片定位在拍摄地点。

虽然不一定每一家网站都支持地理标记功能的相册，但是GPS信息会自动添加在EXIF信息中，所以用户自己很难察觉，一旦有人别有用心的时候，就有可能通过照片信息找到用户的家。当然对普通人来说没有什么太大的关系，但是对于事件中名嘴被曝光住处还真是一件非常头疼的事。

(2) Check-in背后的隐忧

听起来像是个甜蜜的交易：报告用户的位置给一个社交网站，然后用户就得到折扣和奖励。代价呢？广告商和其他第三方有可能知道关于用户在哪里以及用户曾到过哪里的隐私。

一份皮尤互联网与美国生活项目(Pew Research Center's Internet & American Life Project)的最新调查显示只有4%的互联网用户接纳LBS手机定位。维护隐私倡导者们认为，人们在商家Check-in参加社交网络的优惠券计划，实际是在拿自己的一点隐私去换取省钱的机会。据电子隐私信息中心(EPIC)称，第三方可能已经未经用户的同意，获取了用户位置的历史数据。

例如，Facebook 应用开发者能把他们自己的 Check-in 数据储存在 Facebook Places 数据库，并从数据库检索信息。但 Facebook 还不是手机定位位置数据泄露的唯一源头。

EPIC 援引一篇 AT&T 的研究报告，发现某种隐私数据已泄露给了全部 20 家移动线上社交网络。这篇报告仔细检查了包括 Facebook、MySpace、Twitter、Flickr、Foursquare、Yelp 以及 Loopt。虽然他们都有很强的隐私保护政策，但和他们合作的广告商和开发员的安全性就略差点。

Frederic Lardinois 曾在 Read Write Web 上说，Please Rob Me 网站收集了来自几家 LBS 方的信息。这些信息指明了谁家没有人在，像是一本小偷选择轻松作案对象的指南书。

2. 案例分析

案例 1 与案例 2 中提到的问题都是当今消费者比较关注的问题，安全性问题一直以来都很受人们关注，而隐私权问题则是随着互联网的发展才慢慢受到重视的。个人隐私有许多，但是仔细分析隐私概念的外延，大致可以分为三类：

（1）关于个人及家庭的单项资料，如身高、体重、血型、女性三围、身体缺陷、健康状况、财产收入状况、心理性格特征等；

（2）私人活动和关系，如婚姻爱情生活、夫妻两性关系、求学工作经历和活动、家庭和社会关系、爱好与信仰活动、未成年时期的犯罪及不光彩历史等；

（3）私人空间和领域，如住宅隐秘、通讯秘密、生活安宁、感情空间秘密等。

随着互联网与人们日常生活的交集越来越大，个人隐私问题受到了人们的关注，解决这类问题一般有三个途径：

（1）消费者自己注意不要轻易泄露信息；

（2）商家提高自我约束，不滥用客户信息；

（3）通过国家立法保障互联网个人隐私权。

由于移动商务具有位置相关性，使得在移动商务时代，用户的位置信息也成为了隐私的一部分。如案例中提到的，许多人都不愿意别人得知自己的位置，无论是出于安全考虑（盗窃），还是出于隐私考虑，都希望自己的隐私应该掌握在自己的手中。

8.2.3 案例 3 手机银行存款被盗起诉银行败诉

1. 案例描述

时下，轻松便捷的手机银行风头正劲，张强却因为轻信他人后使用了这个时髦玩意儿而懊恼不已。原来，前不久，他收到一条短信称可以为其提供大额贷款，最具诱惑的是，这个贷款不需要任何担保。刚巧张强经营的公司遭遇经济危机，他为这个雪中送炭的短信着实兴奋了一番，于是立即与对方联系。

对方表示，贷款没有问题，但需要张强先证明自己有还款能力，要求向指定的账户中存入 6 万元。根据对方指示，张强到某银行开立了 74011 账户，设置了对方指定的密码但未存入钱款。

一天后，张强又开立了一个 74037 账户，设置了只有他自己知道的密码，并存入 6 万元。当天下午，张强为 74011 账户开通了手机银行，并设置了登录密码，登录密码与 74011 账户密码相同，而捆绑该账户的手机号码是对方指定的。随后又修改了 74011 账户的密码及手机银行的登录密码。一切就绪后,他将74037账户中的人民币6万元转存入74011账户。然而,不到一个小时,这6万元便不翼而飞。张强大吃一惊立即向公安机关报案。

6万元被骗后,张强觉得银行在此次事件中负有不可推卸的责任,一纸诉状将银行告上了法庭。而银行表示:从银行数据库查询相关信息可以看出张强为手机银行转账作了各项准备,转账是其本人的行为或是授权他人的行为。并且,在其修改74011账户密码前他人已经通过原密码登录手机银行并始终处于查询状态。

最终,法院驳回了张强的诉讼请求。

2. 案例分析

本案例中,张强按照他人指示设置了账户密码,并用他人指定的手机号码及密码开通手机银行,已经使其账户处于一种不安全状态,其应该知晓可能产生的后果。因此,张强作为存款人没有履行保密义务,为他人划转存款提供了便利条件,具有明显过错。银行按照一般业务流程为张强办理各项业务并无不当,且张强并无证据证明他人划转存款的行为不是其本人授权。

8.2.4 案例4 电子签名法颁布后第一案

1. 案例描述

2004年1月,杨先生结识了女孩韩某。同年8月27日,韩某发短信给杨先生,向他借钱应急,短信中说:"我需要5 000元,刚回北京做了眼睛手术,不能出门,你汇到我卡里。"杨先生随即将钱汇给了韩某。一个多星期后,杨先生再次收到韩某的短信,又借给韩某6 000元。因都是短信来往,两次汇款杨先生都没有索要借据。此后,因韩某一直没提过借款的事,而且又再次向杨先生借款,杨先生产生了警惕,于是向韩某催要。但一直索要未果,于是起诉至北京市海淀区法院,要求韩某归还其11 000元钱,并提交了银行汇款单存单两张。但韩某却称这是杨先生归还以前欠她的欠款。

为此,在庭审中,杨先生在向法院提交的证据中,除了提供银行汇款单存单两张外,还提交了自己使用的号码为1391166×××××的飞利浦移动电话一部,其中记载了部分短信息内容。后经法官核实,杨先生提供的发送短信的手机号码拨打后接听者是韩某本人。而韩某本人也承认,自己从2004年7—8月开始使用这个手机号码。

法院经审理认为,依据2005年4月1日起施行的《中华人民共和国电子签名法》中的规定,经法院对杨先生提供的移动电话短信息生成、储存、传递数据电文方法的可靠性,保持内容完整性方法的可靠性,用以鉴别发件人方法的可靠性进行审查,可以认定该移动电话短信息内容作为证据的真实性。根据证据规则的相关规定,录音录像及数据电文可以作为证据使用,但数据电文直接作为认定事实的证据,还应有其他书面证据相佐证。

杨先生提供的通过韩某使用的号码发送的移动电话短信息内容中载明的款项往来金额、时间与中国工商银行个人业务凭证中体现的杨先生给韩某汇款的金额、时间相符,且移动电话短信息内容中亦载明了韩某偿还借款的意思表示,两份证据之间相互印证,可以认定韩某向杨先生借款的事实。据此,杨先生所提供的手机短信息可以认定为真实有效的证据,证明事实真相,法院对此予以采纳,对杨先生要求韩某偿还借款的诉讼请求予以支持。

2. 案例分析

在本案中,法官引用了电子签名法的有关规定裁判了本案,根据对本案的描述,依据电子签名法,本案中的手机短信可以作为证据。

电子签名法的核心内容,在于赋予数据电文、电子签名、电子认证相应的法律地位,其中数据电文的概念非常广泛,基本涵盖了所有以电子形式存在的文件、记录、单证、合同等,我们可以将它理解为信息时代所有电子形式信息的基本存在形式。在电子签名法出台实施之前,缺乏对于数据电文法律效力的最基本的规定,如数据电文是否符合书面形式的要求、是否能作为原件、在什么样的情况下具备什么样的证据效力等,十分不利于我国信息化事业的发展,甚至可以说,由于缺乏对于数据电文基本法律效力的规定,构建的信息社会缺乏最基本的法律保障。

3. 思考

结合案例1~4以及移动商务的安全需求,你觉得解决移动商务安全需求最有效的方法或途径是什么?

8.2.5 案例5 手机木马产业链惊人黑洞:年入10亿

1. 案例描述

2009年12月,谭志彪(化名)在最近一周都比较清闲,由于中移动最近展开了扫黄行动,直接影响到他的生意。

谭志彪供职于深圳一家小型SP公司,他平日主要的工作就是与深圳华强北的一些手机设计公司合作,将手机木马病毒植入到山寨手机中,而手机设计公司通过华强北这一手机集散地,将已植入木马病毒的手机分发到全国各地。

手机木马病毒在用户不知情的状态下,悄悄收扣机主的信息费,俗称暗扣。仅深圳就有近百家这样的SP小公司。由于获利丰厚,目前已经形成一个手机木马产业链,很多三码、五码山寨手机厂家因为在低价竞争中无法获利,就主动与这些SP合作,通过暗扣机主信息费来获取利润,保守估计这个产业每年收入高达10亿元。

2. 手机木马获利

手机木马一般都是通过内置业务来收费,暗扣的形式也多种多样。目前普遍采用的还是开关机扣费,即厂家事先设定一个具体时间,保证用户的手机在关机状态下能够自动开机,然后通过上行发送到服务器后台,进行扣费,扣费结束后手机会自动关机,或者定时扣取信息费。

一般一个机主每月都被扣2~10元,由于扣费数字较小,加上手机木马会屏蔽扣费信息,因此,除非是机主主动向移动运营商投诉,否则就连移动运营商也很难发现。手机作为通道,一般占据分成比例的7~8成。暗扣的信息费的分配模式是:移动运营商占10%,手机厂家收益超过70%,而SP的获利在20%以下。

像谭志彪所做的这样的SP的生意秘诀是广撒网,每天都有山寨手机厂家新生和倒闭,而有些也是赚一笔就卷铺盖走人。

谭志彪说,很多小型SP公司和山寨机厂家在积累资金的初期,都会走暗扣这一步棋。深圳一家手机生产厂家的高层也表示,手机木马是一个非常简单的技术,在内置业务上做了手脚,用户只要插入手机卡,即使不做任何动作,也可被内置软件定时开通的某项业务而扣费。为了不引起客户的投诉,往往不会把费用设得太高,每月仅仅几元,常被用户忽视。这种违规的现象目前在行业内已经见惯不怪,甚至有稍微大些的 SP 公司也在从事内置吸费的业务。

3. 案例分析

以往,对于设备的安全问题,人们一般将关注点集中在设备失窃造成的数据泄露上面,事实上,对于企业级应用来说,的确如此,但是对于家庭和个人用户来说,像案例中所描述的植入木马带来的损失可能更大,随着移动设备和互联网的进一步普及,企业需要更进一步地关注日益壮大的个人和家庭市场,而对于消费者来说,则需要进一步提高自己的维权意识,在享受移动商务带来的便利的同时,要注意保护好自己的权益。

8.2.6 案例 6 智能手机病毒

1. 案例描述

2010 年 11 月 7 日,手机僵尸病毒的名词解释出现在百度百科词条上。第二天,央视《每周质量报告》报道称,在 9 月的第一周,全国就发现将近一百万部手机感染手机僵尸病毒,感染病毒后的僵尸手机以不易被人察觉的方式自动向他人发送短信传播病毒,并暗中扣取用户的手机话费。这些手机数量相加,算起来每天约有 200 万元话费被僵尸吸干。

这只是手机病毒近年来的又一次发威。

最早的手机病毒出现在 2000 年的西班牙,其威力远远不及今天的僵尸,只是向用户发送脏话等垃圾短信,被称为短信炸弹。真正意义上的手机病毒是 2004 年的 Cabir 蠕虫病毒,通过 Nokia S60 系列手机寄生,在安装了蓝牙的手机上迅速泛滥。

2010 年是手机病毒大肆泛滥的一年。

(1) 1 月,钓鱼王手机病毒在用户安装一些手机游戏后生成诈骗短信窃取银行卡账号和密码;

(2) 2 月,手机骷髅病毒,主要针对 S60V3 版操作系统的智能手机,超过十万部手机被其感染,直接经济损失超过 2 000 万元;

(3) 3 月,手机骷髅的变种短信海盗病毒迅速蔓延,让用户话费耗尽,隐私外泄;

(4) 4 月,同花顺大盗直接盗窃用户的股票账号;

(5) 5 月,老千大富翁大量消耗用户流量并盗取用户隐私;

(6) 6 月,QQ 盗号手直接偷走用户的 QQ 账号;

(7) 7 月,专门针对 Android 平台手机的安卓短信卧底不但能窃取短信,还能监控用户的通话记录;

(8) 8 月,伪装成正常的媒体播放器的木马病毒再次侵袭 Android 手机用户,骗取手机用户的话费余额;

……

无一例外,这些手机病毒统统针对的是智能手机。

2. 案例分析

手机病毒的传播和运行,离不开数据传输,离不开支持 Java 等高级程序写入的手机操作系统,而这些正是智能手机的特性。

据统计,截至 2010 年 6 月,我国手机网民用户达 2.77 亿,庞大的手机网民群体对手机病毒的制造者而言,自然是一块诱人的大蛋糕。

中国科学院心理研究所公布的2010年《智能手机用户对手机安全威胁的感知与应对行为》调研结果显示,68.6%的手机用户正面临移动安全威胁。

《2010中国手机安全市场白皮书》中显示,截止到2010年6月底,在中国被截获的手机病毒及恶意软件总数超过1 600个,到2010年年底手机病毒及恶意软件数将达到2 400个。照此趋势发展,中国将在2014年成为全球最大的手机安全市场。

如果时光倒流5~10年,手机信息安全主要是指通讯录外泄。但如今的智能手机中,除了各类IM软件、邮箱、游戏账号,还有炒股账号、银行账号等重要信息。手机已经成为每个人的第二身份,一旦遭受病毒入侵,损失可想而知。病毒已经成了在我国迅速普及的智能手机难以承受之痛。

8.2.7 案例7 网络安全:无线攻击何时休?

1. 案例描述

太平洋西北国家实验室(Pacific Northwest)是主要因特网骨干网汇集的地方:西雅图一幢32层高的威斯汀大楼,这里汇集了许多大大小小的因特网服务提供商。这里还设有50多个无线网络,大部分明显缺乏安全措施。

"威斯汀大楼是太平洋西北国家实验室连接各条光纤的中枢,行业所有知名提供商都在这里",西雅图的安全公司IOActive的CEO兼首席顾问乔希·彭内尔在参观了他们公司在此地的服务器后说:"你可以想象有人进入此地后会造成多大的破坏。这会引起恐慌局面。"

这种情况在整个美国都非常普遍。安全研究人员和无线技术爱好者发现,在许多城市和郊区的一些地方,许多不安全的网络使黑客可以趁机连接到因特网发动攻击,几乎难以跟踪源头。不过网络被攻击的隐患并没有促使个人和许多公司建立加强保护措施的无线接入点。安全专业人员和许多律师为此提醒公司:他们可能要对从因特网某一角落发起的攻击负法律责任。

今后要求对这类攻击负责的呼声可能会更高,因为无线入侵者能很轻易消失在无线网络中。利用价格通常不到几百美元的相应设备,网络破坏者就能从几英里之外接上网络。凭借另一些技术,他们很容易把踪迹掩藏得天衣无缝。

彭内尔说:"如果躲在货车里面的攻击者利用无线网络入侵了某雇员的工作站,并发动攻击,看起来就象是这名雇员发动攻击的。攻击者可能会利用你的无线网络窥视FBI.gov,结果FBI却找到你头上。"

(1) war chalking

更糟糕的是,无线黑客和爱好者发明了一种在街道或者墙壁上类似涂鸦的系统,给无线连接区域作了标记。这种所谓的Wibo runes,即最初所称的war chalking概念自前不久提出以来,就在因特网上迅速传播开来,这会使无线网络被发现的机率大大提高。

"它非常有用,因为这种视觉线索表明那里有什么东西",英国BBC电视台的设计师兼信息建筑师马特·琼斯说,他是这种标记的创始人。"有人为你留下了线索,告诉你如何连接上去,这不需要什么高深技术。"

这无疑会给高科技带来严重后果,为此安全顾问人士不无担忧。他们说,不必求助于

Wibo runes,就已经非常容易发现安全薄弱的地区。

迈克尔·斯托克斯是无线技术公司 CD/Help 的首席安全官,最近他去看了北卡罗莱纳州的一家医疗服务提供商。该提供商的整个场所到处使用无线连接,但因为缺乏安全,病人的医疗数据通过无线网络随意传送。

(2) 毫无保护的无线接入点

还有一个例子:一位客户因为无线连接出了问题,打电话给斯托克斯,劳驾他去客户在旧金山的办事处跑一趟。结果,他发现根源在于半个街区之外的四大金融公司之一的敞开无阻的网络。他很快查到了这个网络,结果发现投资者的投资信息四处广播,谁都能看到。"你到处都能看到许多设计不良或毫无保护的接入点",斯托克斯说,"我认为这是要负重大责任的一个问题。"

居民区里面没有防护的网络也非常多。几个跟从 IOActive 的彭内尔学习黑客和安全技术的学生在西雅图一个住宅小区内的办公楼顶层找到了 30 多个无线接入点,大部分没有安全措施。数字安全公司 @Stake 的安全总设计师大卫·波里诺担心,现在很少有人重视无线问题。他说:"许多人在购买接入点时,从盒子里取出来,插上了事。"

此外,"因为在家里使用无线网络的那些人通常不会保留访问日志,他们面临的危胁不仅仅在于为破坏承担法律责任,他们很可能被指控为不法分子",波里诺警告说。

(3) 病毒

1999 年 3 月臭名昭著的病毒梅丽萨爆发时,执法官员很快追踪到梅丽萨最初来自被黑客入侵的美国在线账户。美国在线的日志表明,发布梅丽萨病毒的人是通过不属于该账号主人的电话号码拨入上网的。

"现在,这个账号的主人可以喝着啤酒大侃一番了",波里诺说,"但今天如果发布病毒的那名黑客通过家庭(无线)网络进入美国在线,情况又会怎样呢?受害者对调查人员找上门来可能会大吃一惊,而且很可能被逮捕。"

此外,"倘若攻击造成了严重损失,要是自己的账户被用来非法攻击,个人或公司就可能被指控承担重大责任",约瑟夫·伯顿律师说,他供职于关注信息安全问题的杜恩·莫里斯律师事务所。

(4) 无线网络安全问题

"直到现在为止",伯顿说,"公司还不敢因为安全问题而起诉别人。公司不愿提起诉讼,这好比住在一个玻璃房子里面,谁要是扔石头,大家都面临危险。"

"如果一家公司因为另一家公司的薄弱安全而受到危害,它就会说:'他们都是白痴。他们本该更明白一点的,我为此损失了 2 200 万美元'",伯顿说。

如今伯顿在代理俄罗斯软件公司 Elcomsoft 与指控 Elcomsoft 侵犯版权的一方打官司,他认为明年会出现一两桩案子,提出来的极可能是要求补偿损失的保险公司。"一旦闸门打开,相应的案子就会蜂拥而来",他说,"这就是为何到目前为止你还没有看到这种情况。"

也正是基于同样的理由,其他律师认为这类案子不会很快就会出现。"我认为就目前而言,很难说专业人员有责任关注别人的网络安全",斯坦福大学因特网和社区中心的医疗主任詹妮弗·格兰尼克说。在学术界和企业界就这个问题争执不一的同时,大街小巷的粉笔记号却一清二楚:连接这里!

2．案例分析

无线局域网被认为是一种不可靠的网络，除了加强网络管理以外，更需要测试设备的构建、实施、维护和管理。但 WLAN 以其便利的安装、使用，高速的接入速度，可移动的接入方式赢得了众多公司、政府、个人以及电信运营商的青睐。WLAN 中，由于数据是利用无线电波在空中辐射传播，无线电波可以穿透天花板、地板和墙壁，发射的数据可能到达预期之外的、安装在不同楼层、甚至是发射机所在的大楼之外的接收设备，数据安全也就成为最重要的问题。

（1）问题一：容易侵入

无线局域网非常容易被发现，为了能够使用户发现无线网络的存在，网络必须发送有特定参数的信标帧，这就给攻击者提供了必要的网络信息。入侵者可以通过高灵敏度天线从公路边、楼宇中以及其他任何地方对网络发起攻击而不需要任何物理方式的侵入。

解决方案：加强网络访问控制

容易访问不等于容易受到攻击。一种极端的手段是通过房屋的电磁屏蔽来防止电磁波的泄漏，当然通过强大的网络访问控制可以减少无线网络配置的风险。如果将 AP 安置在像防火墙这样的网络安全设备的外面，最好考虑通过 VPN 技术连接到主干网络，更好的办法是使用基于 IEEE802.1x 的新的无线网络产品。IEEE802.1x 定义了用户级认证的新的帧的类型，借助于企业网已经存在的用户数据库，将前端基于 IEEE802.1x 无线网络的认证转换到后端基于有线网络的 RASIUS 认证。

（2）问题二：非法的 AP

无线局域网易于访问和配置简单的特性，使网络管理员和安全官员非常头痛。因为任何人的计算机都可以通过自己购买的 AP，不经过授权而连入网络。很多部门未通过公司 IT 中心授权就自建无线局域网，用户通过非法 AP 接入给网络带来很大安全隐患。

解决方案：定期进行的站点审查

像其他许多网络一样，无线网络在安全管理方面也有相应的要求。在入侵者使用网络之前通过接收天线找到未被授权的网络，通过物理站点的监测应当尽可能地频繁进行，频繁的监测可增加发现非法配置站点的存在几率，但是这样会花费很多的时间并且移动性很差。一种折衷的办法是选择小型的手持式检测设备。管理员可以通过手持扫描设备随时到网络的任何位置进行检测。

（3）问题三：未经授权使用服务

一半以上的用户在使用 AP 时只是在其默认的配置上进行很少的修改。几乎所有的 AP 都按照默认配置来开启 WEP 进行加密或者使用原厂提供的默认密钥。由于无线局域网的开放式访问方式，未经授权擅自使用网络资源不仅会增加带宽费用，更可能会导致法律纠纷。而且未经授权的用户没有遵守服务提供商提出的服务条款，可能会导致 ISP 中断服务。

解决方案：加强安全认证

最好的防御方法就是阻止未被认证的用户进入网络，由于访问特权是基于用户身份的，所以通过加密办法对认证过程进行加密是进行认证的前提，通过 VPN 技术能够有效地保护通过电波传输的网络流量。一旦网络成功配置，严格的认证方式和认证策略将是至关重要的。另外还需要定期对无线网络进行测试，以确保网络设备使用了安全认证机制，并确保网络设备的配置正常。

(4) 问题四：服务和性能的限制

无线局域网的传输带宽是有限的，由于物理层的开销，使无线局域网的实际最高有效吞吐量仅为标准的一半，并且该带宽是被 AP 所有用户共享的。无线带宽可以被几种方式吞噬：

① 来自有线网络远远超过无线网络带宽的网络流量——如果攻击者从快速以太网发送大量的 Ping 流量，就会轻易地吞噬 AP 有限的带宽；

② 如果发送广播流量，就会同时阻塞多个 AP；

③ 攻击者可以在同无线网络相同的无线信道内发送信号，这样被攻击的网络就会通过 CSMA/CA 机制进行自动适应，同样影响无线网络的传输；

④ 传输较大的数据文件或者复杂的 Client/Server 系统都会产生很大的网络流量。

解决方案：网络检测

定位性能故障应当从监测和发现问题入手，很多 AP 可以通过 SNMP 报告统计信息，但是信息十分有限，不能反映用户的实际问题。而无线网络测试仪则能够如实反映当前位置信号的质量和网络健康情况。测试仪可以有效识别网络速率、帧的类型，帮助进行故障定位。

(5) 问题五：地址欺骗和会话拦截

由于 802.11 无线局域网对数据帧不进行认证操作，攻击者可以通过欺骗帧重定向数据流和使 ARP 表变得混乱，通过非常简单的方法，攻击者可以轻易获得网络中站点的 MAC 地址，这些地址可以被用来恶意攻击。

攻击者除通过欺骗帧进行攻击外，还可以通过截获会话帧发现 AP 中存在的认证缺陷，通过监测 AP 发出的广播帧发现 AP 的存在。然而，由于 802.11 没有要求 AP 必须证明自己真是一个 AP，攻击者很容易装扮成 AP 进入网络，通过这样的 AP，攻击者可以进一步获取认证身份信息从而进入网络。

解决方案：同重要网络隔离

在 802.11i 被正式批准之前，MAC 地址欺骗对无线网络的威胁依然存在。网络管理员必须将无线网络同易受攻击的核心网络脱离开。

(6) 问题六：流量分析与流量侦听

802.11 无法防止攻击者采用被动方式监听网络流量，而任何无线网络分析仪都可以不受任何阻碍地截获未进行加密的网络流量。目前，WEP 的漏洞可以被攻击者利用，它仅能保护用户和网络通信的初始数据，并且管理和控制帧是不能被 WEP 加密和认证的，这样就给攻击者以欺骗帧中止网络通信提供了机会。

早期，WEP 非常容易被 Airsnort、WEPcrack 一类的工具解密，但后来很多厂商发布的固件可以避免这些已知的攻击。作为防护功能的扩展，最新的无线局域网产品的防护功能更进了一步，利用密钥管理协议实现每 15 分钟更换一次 WEP 密钥。即使最繁忙的网络也不会在这么短的时间内产生足够的数据证实攻击者破获密钥。

解决方案：采用可加密的协议进行加密

如果用户的无线网络用于传输比较敏感的数据，那么仅用 WEP 加密方式是远远不够的，需要进一步采用像 SSH、SSL、IPSec 等加密技术来加强数据的安全性。

(7) 问题七:高级入侵

一旦攻击者进入无线网络,它将成为进一步入侵其他系统的起点。很多网络都有一套精心设置的安全设备作为网络的外壳,以防止非法攻击,但是外壳保护的网络内部却非常的脆弱容易受到攻击。无线网络可以通过简单配置快速地接入主干网络,但这样会使网络暴露在攻击者面前。即使有一定边界安全设备的网络,同样也会使网络暴露从而遭到攻击。

解决方案:隔离无线网络和核心网络

由于无线网络非常容易受到攻击,很多公司把无线网络布置在诸如休息室、培训教室等公共区域,作为提供给客人的接入方式。应将无线网络布置在核心网络防护外壳的外面,如防火墙的外面,接入访问核心网络采用 VPN 方式。

3. 延伸阅读——加强防范认识无线网络八大常见攻击方式

无线网络可能受到的攻击分为两类,一类是关于网络访问控制、数据机密性保护和数据完整性保护进行的攻击。这类攻击在有线环境下也会发生;另一类则是由无线介质本身的特性决定的,基于无线通信网络设计、部署和维护的独特方式而进行的攻击。

(1) WEP 中存在的弱点

电气与电子工程师学会(Institute of Electrical and Electronics Engineers,IEEE)制定的 802.11 标准最早是在 1999 年发布的,它描述了无线局域网(Wireless Local Area Network,WLAN)和无线城域网(Wireless Metropolitan Area Network,WMAN)的介质访问控制(Medium Access Control,MAC)和物理层的规范。为了防止出现无线网络用户偶然窃听的情况和提供与有线网络中功能等效的安全措施,IEEE 引入了有线等价保密(Wired Equivalent Privacy,WEP)算法。和许多新技术一样,最初设计的 WEP 被人们发现了许多严重的弱点。专家们利用已经发现的弱点,攻破了 WEP 声称的所有安全控制功能。总的来说,WEP 存在如下弱点:

① 整体设计:在无线环境中,不使用保密措施是具有很大风险的,但 WEP 协议只是 802.11 设备实现的一个可选项。

② 加密算法:WEP 中的初始化向量(Initialization Vector,IV)由于位数太短和初始化复位设计,容易出现重用现象,从而被人破解密钥。而对用于进行流加密的 RC4 算法,其头 256 个字节数据中的密钥存在弱点,目前还没有任何一种实现方案修正这个缺陷。此外用于对明文进行完整性校验的循环冗余校验(Cyclic Redundancy Check,CRC)只能确保数据正确传输,并不能保证其未被修改,因而并不是安全的校验码。

③ 密钥管理:802.11 标准指出,WEP 使用的密钥需要接受一个外部密钥管理系统的控制。通过外部控制,可以减少 IV 的冲突数量,使得无线网络难以攻破。但这个过程形式非常复杂,并且需要手工操作。因而很多网络的部署者更倾向于使用默认的 WEP 密钥,这使黑客为破解密钥所作的工作量大大减少。另一些高级的解决方案需要使用额外资源,如 RADIUS 和 Cisco 的 LEAP,花费很昂贵。

④ 用户行为:许多用户都不会改变默认的配置选项,这令黑客很容易推断出密钥。

(2) 执行搜索

NetStumbler 是第一个被广泛用来发现无线网络的软件。据统计,有超过 50% 的无线网络是不使用加密功能的。通常即使加密功能处于活动状态,无线基站(wireless Access Point,AP)广播信息中仍然包括许多可以用来推断出 WEP 密钥的明文信息,如网络名称、安全集标识符(Secure Set Identife,SSID)等。

（3）窃听、截取和监听

窃听是指偷听流经网络的计算机通信的电子形式。它是以被动和无法觉察的方式入侵检测设备的。即使网络不对外广播网络信息,只要能够发现任何明文信息,攻击者仍然可以使用一些网络工具,如 Eth real 和 TCPDump 来监听和分析通信量,从而识别出可以破坏的信息。使用虚拟专用网、安全套接字层(Secure Sockets Lave,SSL)和(Secure Shel1,SSH)有助于防止无线拦截。

（4）欺骗和非授权访问

因为传输控制协议/网际协议(Transmission Control Protocol/Internet Protocol,TCP/IP)的设计原因,几乎无法防止 MAC/IP 地址欺骗。只有通过静态定义 MAC 地址表才能防止这类攻击。但是,因为巨大的管理负担,这种方案很少被采用,因此只有通过智能事件记录和监控日志才可以应对曾经出现的欺骗。当用户试图连接网络时,只要通过另外一个节点重新向 AP 提交身份验证请求就可以很容易地欺骗无线网身份验证。许多无线设备提供商允许终端用户通过使用设备附带的配置工具,重新定义网卡的 MAC 地址。

使用外部双因子身份验证,如 RADIUS 或 SecurID,可以防止非授权用户访问无线网络及其连接的资源,并且在实现的时候,应该对需要经过强验证才能访问资源的访问进行严格地限制。

（5）网络接管与篡改

同样因为 TCP/IP 设计的原因,某些技术可供攻击者接管无线网络。如果攻击者接管了某个 AP,那么所有来自无线网的通信量都会传到攻击者的机器上,包括其他用户试图访问合法网络主机时需要使用的密码和其他信息。欺诈 AP 可以让攻击者从有线网或无线网进行远程访问,而且这种攻击通常不会引起用户的重视,用户通常是在毫无防范的情况下输入自己的身份验证信息,甚至在接到许多 SSL 错误或其他密钥错误的通知之后,仍像是看待自己机器上的错误一样看待它们,这让攻击者可以继续接管连接,而不必担心被别人发现。

（6）拒绝服务攻击

无线信号传输的特性和专门使用的扩频技术,使得无线网络特别容易受到拒绝服务攻击。拒绝服务是指攻击者恶意占用主机或网络几乎所有的资源,使得合法用户无法获得这些资源。造成这类的攻击,最简单的办法是通过让不同的设备使用相同的频率,从而造成无线频谱冲突。另一个可能的攻击手段是发送大量非法(或合法)的身份验证请求。第三种手段,如果攻击者接管 AP,并且不把通信量传递到恰当的目的地,那么所有的网络用户都将无法使用网络。为了防止拒绝服务攻击,可以做的事情很少。无线攻击者可以利用高性能的方向性天线,从很远的地方攻击无线网。已经获得有线网访问权的攻击者,可以通过发送大量无线 AP 无法处理的通信量来攻击它。

（7）恶意软件

凭借技巧定制的应用程序,攻击者可以直接到达终端用户查找访问信息,例如访问用户系统的注册表或其他存储位置,以便获取 WEP 密钥并把它发送回攻击者的机器。用户在使用过程中注意保持软件更新,尽量遏制攻击的可能来源(Web 浏览器、电子邮件、运行不当的服务器服务等),这是唯一可以获得的保护措施。

(8) 偷窃用户设备

只要得到一块无线网网卡,攻击者就可以拥有一个无线网使用的合法 MAC 地址。也就是说,如果终端用户的笔记本电脑被盗,他丢失的不仅仅是电脑本身,还包括设备上的身份验证信息,如网络的 SSID 及密钥。而对于别有用心的攻击者而言,这些往往比电脑本身更有价值。

8.2.8 案例8 德保罗大学安全远程访问

1. 案例描述

(1) 背景介绍

位于芝加哥的德保罗大学(DePaul University)成立于 1898 年,是美国最大的天主教大学,在校学生有 23 000 名。这些学生来自不同的地区,有不同的种族背景、宗教信仰和经济背景,但他们都有一个共同的愿望,就是能通过无线连接方式快捷、安全地访问学校资源。

德保罗大学网络工程师 Nicola Foggi 表示:"越来越多的学生希望能够使用简单易用的 Wi-Fi。目前,许多大学都提供这一服务。"

鉴于该校庞大的学生数量及其广阔的校园面积,德保罗大学必须选用一种无线安全解决方案:既要方便学生的使用,又要促进 IT 管理人员对德保罗大学校园无线网访问的集中化控制。

(2) 面临的挑战

如何快捷、安全地无线访问学校资源?德保罗大学的信息服务协理副总裁 Joe Salwach 说:"过去,德保罗大学主要是通过为终端用户分发复杂的 WEP 键值来实现访问,但是这种方法存在很多问题,容易造成混乱、丢失键值以及大大增加呼叫 Help Desk 的次数。"作为无线网络的安全协议,WEP 解决方案由于其固有的验证漏洞,容易遭到恶意威胁。"我们之所以选择 SonicWALL Aventail E-Class 解决方案,是因为它不仅提高了易用性,还增强了安全性",Joe Salwach 解释说。

德保罗大学的 IT 管理人员需要一种解决方案来保障网络、数据和学校应用的安全。该解决方案必须能以更经济的方式轻松融入该校现有的复杂网络环境,以便能够进行及时、快速地部署,从而满足繁忙的秋季学期的使用需求。该方案还必须具备透明的跨平台支持功能,这样,IT 管理人员就无需对多种操作系统以及非可控的学生终端设备上的客户端软件提供支持。

除此之外,这种解决方案还必须为德保罗大学的学生、管理人员及全体员工提供简单、安全的应用访问能力。Foggi 表示:"我们衡量解决方案好坏最重要的标准之一是它是否方便学生的使用。我们需要一种具有自我修复功能的解决方案,那样的话,我们才不会被大量的支持呼叫搞得焦头烂额。"

(3) 解决方案——具有无线网络访问控制能力的 Aventail SSL VPN

德保罗大学放弃了 IPSec 解决方案,因为这种方案要求学校对非可控的学生设备上的客户端软件进行维护。对比多种解决方案后,该校采用了 SonicWALL Aventail 公司的获奖产品——E-Class SSL VPN 解决方案。

Foggi 表示:"我们研究了大量的无线安全解决方案,最后选择了 SonicWALL Aventail E-Class SSL VPN,是因为它提供了最佳的用户体验,并且能轻松融入学校现有的复杂网络。"而且,Foggi还赞扬了SonicWALL Aventail公司对SSL VPN技术的执着,称赞SonicWALL解决方案满足了德保罗大学的独特要求。

Foggi带领的团队部署了两台运行于SonicWALL Aventail的增强型SSL VPN平台的SonicWALL Aventail E-Class EX-2500设备。这两台设备将用作德保罗大学的网络访问控制(NAC)网关,确保所有用户能够通过德保罗大学的校园无线网进行安全远程访问。

德保罗大学的无线网络大约部署了350个Wi-Fi接入点,其中包括180个安装在学生宿舍的无线集线器。为了确保安全,所有无线用户从校园Wi-Fi热点进行连接时,首先会被连接到隔离网络,不能访问任何内部或外部(公共互联网)资源。为了进一步减少Help Desk呼叫次数,SonicWALL Aventail E-Class SSL VPN解决方案还能让用户在IT可控的或非可控的设备平台之间进行无缝连接,不论他们采用的是Windows、Macintosh、Linux设备还是Windows Mobile终端设备进行连接。

2. 案例分析

(1) 优点

部署SonicWALL Aventail E-Class SSL VPN解决方案后,根据登录凭据以及连接桌面、笔记本电脑或无线移动设备的身份信息和完整性,德保罗大学的管理人员、员工以及超过23 000名学生可以安全地远程访问内部或外部应用和文件。

通过采用基于SSL的三层网络连接,SonicWALL Aventail Smart Tunneling(智能隧道)技术让学生和员工可以在任何终端环境下无缝访问学校资源。

SonicWALL Aventail E-Class SSL VPN解决方案在默认状态下提供的是闭合隧道,这就为德保罗大学提供了比其他解决方案更高的安全性。

(2) 满足未来需求

为过时的操作系统提供隔离区,以进行自我修复易于配置的SonicWALL Aventail端点控制功能,让德保罗大学可以更细致地检测一系列终端设备的身份信息和完整性。为了扩展SonicWALL Aventail E-Class SSL VPN设备的容量,德保罗大学采用了EPC和SonicWALL Aventail一体化策略区来创建隔离区。隔离区可阻止用户采用过时的操作系统设备进行访问,并为用户提供了自我修复方法。

在此环境下,用户一旦在校园Wi-Fi热点区域内开启浏览器,将被立即重定向到SonicWALL Aventail E-Class SSL VPN登录页面,进行验证。随后,SonicWALL Aventail端点控制代理程序将对用户终端设备进行快速背景扫描,以检测其身份信息和完整性,包括采用的Windows补丁是否是最新的。如果设备符合扫描标准,授权用户将会被导航到SonicWALL Aventail门户,经此门户,用户可以访问其职务和权限范围内的网络文件、应用和目录。如果设备不符合扫描标准,用户将被导航到隔离网站,该网站会为用户提供自我修复的具体步骤,帮助其更新软件。这样一来,不仅确保了高度的安全性和控制能力,还减少了IT人员的用户支持量。

3. 延伸阅读——SonicWALL Aventail E-Class SSL VPN

(1) 综述

SonicWALL Aventail E-Class安全远程访问(SRA)解决方案提供了完整的远程访问控制解决方案,而且不会增加基础架构的成本或复杂性。SonicWALL Aventail E-Class SRA还提供了全面的应用访问,同时实现了高度的安全性、端点控制和统一策略管理。该解决方案使用简单、易于控制,利用 SSL VPN 无与伦比的安全性,让员工和外网商业合作伙伴可在任何地方使用任何设备安全访问所需资源,而且无需安装客户端软件,从而极大地提高了用户的工作效率。

作为 SonicWALL 公司全新发布的高品质 E-Class 企业级解决方案系列的一部分,SonicWALL Aventail E-Class SRA 不仅提供了卓越的安全防护能力和性能,还实现了操作的简便性,体现了不可比拟的价值。E-Class 产品和服务组合包括全面的网络安全、电子邮件安全和远程访问安全等系列解决方案。

(2) 主要特点与优势

① 提高生产效率。利用无线或有线网络,SonicWALL Aventail E-Class SRA 可应用于各种设备,包括家用 PC、自助服务终端、PDA 以及非受控设备。SonicWALL Aventail SRA 可在不同网络环境下让用户轻松访问各种应用,包括 Windows、Linux、Macintosh 以及各种移动设备,因此,相对于其他任何安全访问解决方案,该方案可以极大地提高用户的生产效率。

② 降低 IT 开销和总拥有成本。采用 SonicWALL Aventail E-Class SRA,网络管理员只需轻松部署和管理一个安全访问网关,利用此网关,内部和外部用户就可经由 SSL VPN 远程访问所有网络资源——包括基于 Web 的应用、客户机/服务器应用以及基于主机的应用,从而大幅降低 IT 成本。此外,SonicWALL Aventail SRA 无需安装客户端软件即可使用,也可使用 Web 交付的轻量级客户端,因此,可降低管理开销和减少技术支持呼叫数量。

③ 所有终端设备都可实现轻松访问。SonicWALL Aventail E-Class SRA 技术让用户可在任何网络环境下通过任何设备透明地访问各种网络资源。SonicWALL Aventail SRA 只需一个网关就可支持所有用户访问,而且,用户利用可控或非可控设备在多个平台所获得的访问体验都是一致的,包括 Windows、Windows Mobile、Linux 和 Macintosh。采用反垃圾邮件引擎与端到端攻击监控功能,SonicWALL Aventail SRA 可针对垃圾邮件攻击提供有效、先进的防护功能。

④ 强健可靠的移动解决方案。SonicWALL Aventail E-Class SRA 为移动 PDA 和智能手机提供了最强健可靠的安全访问解决方案,用户在办公室、家里或移动 IP 地址间切换时,可持续访问应用,无需重新验证。

⑤ 可访问所有的应用平台。利用其独特的融合了 SSL 应用层控制能力与第 3 层隧道技术的架构,SonicWALL Aventail Smart Tunneling 技术让用户可快速、轻松地访问所有应用,包括基于 Web 的应用、客户机/服务器应用、基于服务器的应用和基于主机的应用。

⑥ 支持 VoIP 和远程 Help Desk。SonicWALL Aventail Smart Tunneling 技术为反向连接应用,如 VoIP 和远程 Help Desk 提供了细粒度控制和双向访问控制能力。

⑦ 消除路由冲突。自适应选址和路由功能可动态适应网络变化,从而消除了其他解决方案中常见的选址和路由冲突。

⑧ 单个访问网关。SonicWALL Aventail E-Class SRA 只为网络管理员提供了一个安全的访问网关,利用此网关,管理员可以让所有内、外部用户访问所有网络资源,并且可全面控制用户访问。另外,采用最新增强的 SonicWALL WorkPlace 门户,管理员可以更好地控制门户访问、内容和设计。

⑨ 快速安装和部署。所有 SonicWALL Aventail E-Class SRA 解决方案的安装和部署

均可在几分钟内完成。重新设计后的 SonicWALL Aventail 安装向导进一步加快了安装和部署,提供了轻松、直观的即装即用体验。另外,改进的管理工作流程有助于更轻松地了解和管理策略对象。

⑩ 策略管理简化了访问控制。SonicWALL Aventail Unified Policy 可对所有用户、用户组、资源和设备进行简单的、基于对象的策略管理,同时可根据用户身份验证和终端设备审查情况强制实施细粒度控制。此外,策略区(Policy Zones)的使用让管理员可拒绝或隔离未经授权的访问,以及时采取补救措施。

复习思考题

1. 一项新技术的出现,往往能给人们带来便利,但同时也会人们产生担忧,对于案例 1 中人们的担忧,你是如何考虑的?
2. 对于案例 2 中提到的隐私权问题,作为一名消费者,你觉得需要考虑哪些因素?
3. 案例 3 中体现了移动安全的哪些需求?
4. 除了安装手机杀毒防毒软件外,用户自身在使用智能手机时,还需要注意哪些问题?

本章参考文献

[1] (中)张彦,(中)胡宏林,(日)富士司(Fujise,M.).无线网络与移动通信的资源、移动与安全管理[M].北京:电子工业出版社,2008:75-80.
[2] 朱红儒,胡志远,冯登国.第三代移动通信系统安全[M].北京:电子工业出版社,2009:210-215.
[3] 袁雨飞.移动商务[M].北京:清华大学出版社,2006:103-108.
[4] 手机银行竞争白热化"刷手机"购物不带卡也能取款[EB/OL]. http://money.hexun.com/2010-03-28/123133009.html.
[5] 填补空白 太平洋保险首推银行账户盗窃险[EB/OL]. http://www.shfinancialnews.com/xww/2009jrb/node5019/node5069/userobject1ai51660.html.
[6] 定位资料易曝光 GPS 需注意安全隐私[EB/OL]. http://www.91dingwei.com/2010/11/gps-positioning-easy-exposure-has-been-questioned-privacy.
[7] 手机银行存款被盗 起诉银行败诉[EB/OL]. http://wireless.people.com.cn/GB/164387/170779/10185500.html.
[8] 《电子签名法》全国第一案,短信作为重要证据[EB/OL]. http://www.chinaeclaw.com/News/2005-07-25/3864.html.
[9] 揭秘手机木马产业链惊人黑洞:年入 10 亿[EB/OL]. http://mobile.people.com.cn/GB/79431/10499865.html.
[10] "僵尸"智能手机病毒来袭[EB/OL]. http://tech.163.com/10/1111/07/6L6MP8E6000915BE.html.

[11] 网络安全:无线攻击何时休[EB/OL]. http://tech.163.com/tm/030603/030603_96386.html.

[12] 加强防范认识无线网络八大常见攻击方式[EB/OL]. http://tech.ccidnet.com/art/1084/20080703/1495395_1.html.

[13] 德保罗大学安全远程访问案例分析[EB/OL]. http://tech.ccidnet.com/art/1103/20080924/1577523_1.html.

[14] SonicWALL Aventail E-Class SSL VPN[EB/OL]. http://www.ixpub.net/thread-924305-1-1.html.